KB036038

네트워크와 혐오사회

네트워크와 혐오사회

조화순 엮음

한울
아카데미

차 례

머 리 말

/

2020년, 재택근무, 비대면 회의, 비대면 강의가 세계를 움직이는 새로운 일상이 되고 있다. 인류가 드디어 산업사회의 한계를 극복하고 정보기술이 주는 혜택을 온전히 누릴 것인가? 인류가 지리적인 공간을 초월해 다른 국가의 사람들과 자유롭게 소통하고 자유를 누릴 수 있다면 얼마나 멋진 일인가? 1990년대에 컴퓨터를 통해 전 세계 사람들이 정보를 공유하는 월드와이드웹(World Wide Web: WWW)을 고안한 사람들이 꿈꾸던 유토피아가 드디어 구현될 순간인가? 인터넷이 본격화되기 시작한 1990년대 후반과 비교하면 현재 온라인 플랫폼을 이용한 사회적 관계들은 인터넷을 통해 정보를 검색하거나 표피적인 의견을 개진하는 수준을 넘어서고 있다. 정보기술은 산업사회의 제약들을 해결하고 새로운 차원의 일상과 관계를 형성하고 있는 것이다. 네트워크 사회에서 시민들은 새로운 커뮤니케이션 수단을 통해 현실을 비판하는 의견을 표출하면서 새로운 세상을 꿈꾸게 되었다. 사람들은 네트워크를 이용해서 소기업도 쉽게 시장에서 성공할 수 있고 소외된 시민도 의견을 표현할 수 있으며 시간과 공간을 초월해 이성적이고 공개적인 토론이 가능한 이상사회에 대한 기대에 부풀어올랐다.

그런데 현실은 유토피아와는 괴리가 있다. 글로벌하게 작동하는 네트워크에는 정보가 넘쳐나지만 유용하고 좋은 정보 못지않게 사생활을 침해하거나 불필요한 정보도 넘쳐난다. 기술이 활용되는 과정에서 불평등이 오히려 심화되거나, 기술 활용이 의도하지 않은 부정적인 결과로 이어지기도 한다. 특히 온라인에서는 현실보다 빈번하게 욕설이 사용되고, 가짜뉴스가 넘쳐나며, 의견을 달리하는 상대방에 대한 공격과 비난이 난무하고 있다. 트위터나 페이스북을 통해 시간과 공간을 초월한 글로벌 커뮤니케이션이 이루어지고 있지만, 몇몇 정치인이나 유명 유튜버의 과도한 영향력에 의해 인류가 그토록 원했던 사상과 표현의 자유는 진정성을 잃어버렸다. '혐로사회(嫌老社會)', '약육노식(若肉老食)', '틀딱', '꼰대'라는 단어가 시사하듯이 타인에 대한 비난과 혐오는 더욱 노골적으로 표현된다. '대안적 진실'이라는 해괴한 단어가 생겨나 다른 편을 공격하기 위해 사실이 아닌 정보를 그럴듯하게 포장하는 비상식적인 일을 정당화한다. 서로에 대한 혐오가 극단적으로 표출되고 상식과 합리성이 통하지 않는 사회에서는 평화적으로 공존하는 미래를 상상하기 어렵다.

　한국 사회에서 혐오를 전파하는 일등 주범은 소셜 미디어이다. 비용이 거의 들지 않는 소셜 미디어는 정보의 생산과 유통에 개인이 손쉽게 참여할 수 있도록 만들었다. 예를 들어 미국 대선에서 상대 후보를 조롱하는 트럼프 후보의 짧은 트윗은 ≪뉴욕타임스≫ 같은 언론보다 여론에 강력한 영향을 줄 수 있다. 문제는 소셜 미디어가 근대 이후 인류가 만들어온 여론 형성의 검증 메커니즘을 무력화시켜 버린다는 점이다. 소셜 미디어를 통해 유통되는 트럼프의 비난과 조롱의 트윗은 지지자들을 결집하는 데 유용할 수 있지만, 사회의 양극화와 파편화를 더욱 심화시킬 수 있다. 참과 거짓을 구별하기 어렵고 서로에 대한 혐오와 비난이 난무하는 사회에 건설적인 미래는 없다.

이 책의 저자들은 한국 사회의 핵심적인 문제를 '혐오'로 진단하고, 네트워크 사회로 들어서면서 혐오가 더욱 격화되고 있다는 문제인식을 공유하고 있다. 온라인 공간이 특정 개인과 집단에 대한 혐오와 차별을 위한 창구로 활용되고 있다면 정보기술에 기반한 사회를 무조건적으로 낙관하는 상황은 재고될 필요가 있다. 이 책은 온라인에서 발현되는 혐오의 원인과 양상을 다학제적 접근을 통해 고민하고 그 해결책을 모색하려는 시도이다. 혐오의 문제와 영향력을 진단하려는 이러한 시도가 한국 사회의 문제를 명확히 이해하고 토론하는 계기가 되기를 희망한다.

이 책은 2020년 대한민국 교육부와 한국연구재단의 지원을 받아 수행된 연구이다(NRF-2020S1A5C2A03093177). 책의 출판을 위해 편집을 도와준 한울엠플러스에 고마운 마음을 전하고 싶다. 또한 책의 기획 단계에서부터 저자들과 활발하게 교류하면서 원고 내용을 조율하고 교정해 준 임정재 박사와 자료의 수집을 도와준 김예나, 박준기, 홍수민 조교에게 고마움을 전한다.

2021년 2월

연구자를 대표하여 조화순

제1장

혐오의 원인과 메커니즘을 찾아서

조화순·임정재

오늘날 개인과 집단은 온라인 공간을 이용해 서로를 노골적으로 비난하고 혐오하고 있다. 혐오를 드러내는 것은 한국 사회의 보편적인 정서가 되었다. 소셜 미디어에는 외국인 근로자, 다문화 가정, 성소수자, 여성과 남성 등 특정인에 대한 혐오와 비난이 넘쳐난다. 혐오는 특정 인물이나 대상뿐만 아니라 그 사람이 소속된 특정 집단에 대해서도 내면의 부정적이고 적대적인 감정을 노골적으로 드러내는 차별적 행위이다.

혐오는 개인이나 집단이 자신이 평가하기에 위협적이거나 사회적 통념에 벗어난다고 생각할 때 생기는 감정이다(Glaeser, 2005: 49). 혐오를 느끼는 사람들은 일관적으로 그 대상이 악하다고 믿는 경향이 있다(Glaeser, 2005: 46). 온라인 공간에서 혐오는 적대적인 말이나 글뿐만 아니라 기호, 그림, 사진, 문학, 영화, 광고 등 다양한 표현과 행위로 나타난다. 혐오는 단순한 감정 표현에 그치는 것이 아니라 신상 털기, 사이버 폭력에 이르기까지 광범위한 방식으로 확대된다.

혐오는 특정 개인과 집단이 자신의 행복, 성공, 건강한 삶에 위협이 된다고 느낄 때 나타나는 감정이다. 특정 개인과 집단은 혐오의 대상을 악으로 규정하고 혐오의 대상을 신체적, 사회적, 또는 상징적으로 파괴하려는 경향을 만들어낸다. 더 나아가 혐오는 잠재적으로 고통을 줄 것으로 예상되는 사실이나 사람들을 피하도록 이끌기도 한다. 혐오로부터 생겨나는 부정적인 현상의 예로는 플레밍(fleming) 현상을 들수 있다. 플레밍 현상이란 커뮤니케이션 과정에서 의도적으로 잘못된 정보를 게시하면서 타인의 공격성을 이끌어내는 것으로, 온라인 토론집단이나 뉴스 게시판 등에서 빈번하게 나타난다. 그뿐만 아니라 인터넷 공간에서는 타인에 대한 폭력적이고 부정적인 표현이 불특정 다수에게 신속하게 파급되는데, 플레밍은 혐오를 더욱 강화시킬 소지가 크다. 결국 단순한 역사관의 차이, 정치적 입장의 차이, 단순한 사회적 비판을 넘어 특정 개인과 집단에 대한 혐오가 넘치는 사회에서는 개인과 집단의 극화(polarization)가 더욱 심화된다.

1. 개인적 혐오 혹은 집단적 혐오

혐오라는 감정은 인간에게서 보편적으로 드러나는 감정이다. 같은 소셜 미디어를 이용하더라도 개인과 집단에 따라 혐오는 다르게 나타난다. 연구에 따르면, 어떤 개인이 경멸받을 만하다고 생각할 때 대상화가 진행되며, 이는 특정 대상 혹은 개인에 대한 혐오(object-abuse)로 이어진다(Brewer and Hewstone, 2004). 혐오는 기존 특정 대상이나 집단의 불의한 행동 또는 해악 등을 인지하고 이에 대해 대응하는 반응적(reaction) 현상으로 분석될 수 있다. 예를 들어, 관계의 이별, 질투, 집단 따돌림, 집단에 대한 비관용 등에서 이미 거절감과 해악을 인지한 개인 혹은 집단은 보복의 감정을 바탕으로 혐오와 증오를 표현할 마음을 더욱 쉽게 느끼게 된다(Runions, 2013). 이러한 반응적인 혐오 발화의 기저에는 복수, 분노, 정복욕의 해소 동기가 존재한다(Hoff and Mitchell, 2009). 나아가 개인에게 혐오의 감정은 타인에 대한 두려움과 자신에 대한 두려움에서 기인할 수도 있다. 혐오는 사랑과 공격성의 두 가지 감정에서 비롯되는데, 자신 또는 내집단에 대한 사랑, 그리고 자신과 다르고 위협이 된다고 여겨지는 타인 혹은 외집단에 대한 배타성 및 공격성이 바로 그것이다(Abrams, 2017). 또한 해런(Harron)은 투사(projection)로 인해 혐오의 감정이 발생할 수 있다고 지적한다. 이는 자신에 대한 두려움으로 인해 타인에 대한 혐오 감정이 발생할 수도 있다는 것인데, 이는 자신이 가지고 있는 어떠한 면에 대해 두려움을 느낄 경우, 유사한 측면을 가지고 있는 타인에게도 그 감정이 동일하게 발생한다는 것을 의미한다. 쉽게 말해 사람들은 자신의 '나쁨'을 외부에 '투사'하고 그것을 공격한다(Abrams, 2017). 따라서 기능주의적 관점에서 혐오는 개인 또는 집단의 안정적이고 부정적인 기질에 대한 인식에 기반을 두고 있다. 즉, 혐오는 혐오 대상자의 행위(what they do)보다 그들의 존재(who they are) 때문에 발생하는 감정이다.

카롤린 엠케(Carolin Emcke)는 사람들은 자신들이 만들어낸 정체성을 기준으로 자신과 타인을 구분한다고 보았다(엠케, 2017). 특히 그 정체성을 규정짓는 특성으로 동질성, 본원성, 순수성을 제시하며, 정체성을 규정하는 과정에서 적어도 한 가지 요소가 반드시 사용되거나 세 가지 요소 모두 등장하는 경우가 많다고 지적한다. 이러한 요소들이 혐오와 연결되는 과정에 대해서 엠케는 먼저 동질성이 생물정치학적 측면에서 혐오와 연결될 수 있다고 주장한다. 대부분 유럽국가의 민족 보수주의, 우익대중주의 정당들은 문화적·종교적으로 동질적인 국가(국민) 관념을 주장한다. 그러나 엠케에 따르면 이러한 동질적인 국민 개념은 허구이다. 동질적인 국민이라는 것은 모든 사람이 자유롭고 평등한 이들로 구성되었다는 것을 의미하는데, 이는 역사적으로나 사회적으로나 실재하지 않는 가정이라는 것이다. 중요한 점은 동질성을 추구하는 것은 사회를 하나의 신체로 상상하는 언어적 이미지를 통해 몸의 완결성, 질병으로부터의 취약성, 하나의 단일한 전체라는 개념으로 사회에 적용된다는 것이다. 엠케는 동질성이라는 정치의 언어는 위생이라는 개념과 연결되면서 타인에 대한 혐오를 추동할 수 있다고 본다. 이방인과 접촉하면 감염될 것이라는 공포가 다른 관습과 신념에 대한 공포로까지 확장된다는 것이다.

이러한 경향은 한국의 이슬람 이민자 혐오 현상을 통해서도 쉽게 살펴볼 수 있다. 한국에서 나타나는 이슬람 혐오의 특징은 첫째, 이슬람교도들을 마치 테러리스트처럼 국가 안보에 위협적인 존재로 생각한다는 것이다. 둘째, 이슬람교와 관련된 의례와 관습에 대해 혐오하는 경향을 띤다는 것인데, 이는 특히 개신교도들에게서 강력하게 나타난다(박종수, 2017). 이러한 경향은 모두 우리 사회의 구성원들과는 이질적인 특성을 가진 집단과 접촉할 경우, 우리 사회에 치명적인 위협이 되리라는 것과 일맥상통한다. 따라서 개신교도들에게서 이슬람 혐오 경향이 나타나는 이유는 '민족'도 다르고 '종교'도 다른 이슬람교도의 존재가 자신들의 정체성을 위협하는 존재로 받아들여지기 때문일 수 있다.

정체성을 규정하는 두 번째 특성은 본원성이다. 본원성이 가치 판단의 기준으로 사용될 경우, 자신이 가지고 있는 신념이나 정체성은 본원적인 이데올로기나 본연의 질서에서 기인했으므로 더 훌륭하고 더 중요하며 더 가치 있다고 믿게 될 수 있다. 엠케(2017)는 이러한 본원성이 개별적 속성이나 특정한 신체적 특징, 혹은 삶의 방식에 '부자연스러운 것' 또는 '거짓된 것'이라는 꼬리표를 붙임으로써 혐오의 기제가 될 수 있음을 지적한다. 특정한 개념이나 질서가 과거와 달라진다면 원래 그랬던 바를 유지하지 않는 것이고, 이는 자연적인 사회적 질서에 이의를 제기하는 것으로 받아들이게 된다. 따라서 이는 '부자연스러운 것' 혹은 '원래의 것이 아닌 것'에 대한 비판으로 연결된다. 본원성에 기초한 혐오는 남자다움 또는 여자다움에 대한 판단 기준, 동성애자나 양성애자 또는 성소수자에 관한 시선, 전통적인 이성애 가족과 다른 형태의 가족을 인정할 것인지 여부 등과 관련된 이슈에서 쉽게 찾아볼 수 있다. 한국 사회에서도 이러한 집단에 대해 본원성을 바탕으로 혐오가 자행되는 것을 쉽게 찾아볼 수 있다. 특히 엠케는 어떠한 특성이나 삶의 형태가 지닌 본원성이 사회적이나 법적인 가치판단의 절대적인 기준이 되는 현상을 비판한다. 즉, 과거에 존재했던 형식을 띠었다는 사실이 왜 권리주장이나 더 높은 지위의 근거가 될 수 있는지,

과거의 종교적 특성이 왜 오늘날 가치의 높낮이를 결정하는지에 대해 의문을 제기한다.

마지막으로 순수성이다. 엠케(2017)는 사람들이 자신의 집단이나 이데올로기를 더 우월한 것으로 묘사하고 '순수성'을 주장함으로써 '우리'와 '타자들'을 구분하는 전략을 사용하고 있다고 주장한다. 엠케는 테러 네트워크 IS(Islamic State)의 폭력과 테러에 이용되는 순수성의 프로파간다를 지적한다. IS가 보여주는 순수의 이데올로기는 다양한 종교적 신념과 실천방식이 서로 공존할 수 있음을 인정하지 않는다. IS는 사람들이 각자 특정한 종교적인 실천과 신념을 실행할 수 있고 이들 모두가 존엄성을 지니는 민주적이고 세속적인 질서를 세울 수 있다는 것을 인정하지 않는다. 이는 일종의 극우파의 이데올로기와 유사하다. 자신들의 이념적·정치적 '교리'에 맞지 않다는 이유만으로 다양성을 훼손하는 것은 다양성이 만들어낼 수 있는 사회의 발전 가능성을 저하시킨다.

혐오는 집단적 수준에서도 자주 관찰된다. 혐오는 관계에 대한 욕구의 결과물일 수도 있다. 즉, 상대방에 대한 혐오를 느끼는 것은 서로 극복할 수 없는 믿음이나 가치를 가졌거나 윤리적 입장 차이를 가진 두 집단 사이의 이해와 소통이 무너진 상황에서 관계를 유지하는 안전하고 친밀한 방식으로 이해될 수 있다. 다시 말해, 혐오란 일반적인 친밀함(intimacy)을 지속하기 어려울 때 집단 사이에 갖는 연계의 형태(form of affiliation)인 것이다(Yanay, 2002: 54). 사람들은 혐오감을 적극적으로 표현함으로써 상대방을 처벌하고 관계를 회복하는 것, 그리고 공동체의 일부가 될 수 있도록 행동의 변화를 촉구하는 것, 두 가지의 목적을 달성하고자 한다(Yanay, 2002: 56). 혐오에는 혐오의 모순(paradox of hatred)이 숨겨져 있는데, 상대방에 대한 가장 가혹하고 강력한 혐오 속에는 상대방과의 접촉에 대한 욕구(need for contact)가 숨어 있다(Yanay, 2002: 59).

집단은 필연적으로 '우리'와 '그들'에 대한 차별적 인식에서 기인하는 내집단 편향성(in-group-bias)을 가진다. 집단이론에 따르면, 우리는 외부인에 의해 위협받는다고 느낄 때 본능적으로 내집단으로 몰입하는 경향이 강한데, 이는 생존을 위한 자연스러운 메커니즘이다. 사람들은 자신을 기준으로 사회적 집단을 정의하고, 자신의 그룹에 속하지 않는 사람들을 쉽게 폄하한다. 즉, 특정한 요소를 공유하는 타인들은 내집단에 속하는 것으로 판단하며, 그렇지 않은 타인들은 외집단으로 분류한다(Whitbourne, 2010).

내집단 편향은 사회에서 쉽게 발현되고 만연할 수 있다. 내집단 편향이 얼마나 쉽게 생기는지는 1981년에 이루어진 실험에서 입증되었다. 7세에서 11세 사이의 아이들을 각자 선호하는 색깔을 기반으로 빨간 그룹과 파란 그룹으로 나누고 서로 돈을 나눠 가진 후 돈을 주고받게 했다. 이 실험에서 빨간 그룹과 파란 그룹의 아이들은 모두 각자의 내집단에 더 많은 돈을 주었다(Vaughan, Tajfel and Williams, 1981). 연구에 따르면, 그룹이 무작위로 배정되고 어느 집단도 상대 집단보다 우월하다고 전제되지 않은 상황에서조차 내집단 편향이 나타났다. 내집단에게 보다 우호적인 편향은 무작위로 나눠진 아이들에게서조차 쉽게 발생할 수 있는 것이다. 유사하게 집단 간 혐오를 발생시키는 원인을 연구한 제인 엘리엇(Jane Elliot)의 교실 실험도 인종적 편견과 같은 집단 감정이 쉽게 생겨난다는 것을 밝히고 있다. 학생들은 파란색 눈이 갈색 눈보다 더 우월하다는 표현을 듣는데, 실험 시작 후 파란색 눈의 학생들은 갈색 눈을 가진 학생들을 멍청하다고 놀리기 시작했다. 이러한 표현을 들은 이후에는 7살밖에 되지 않은 학생들조차 손쉽게 다른 집단의 학생들에게 혐오를 일삼는 선동자가 되었고, 이러한 행동은 실험이 끝난 후에도 이어졌다(Whitbourne, 2010). 즉, 혐오는 쉽게 유발될 수 있으며, 그 파급력과 영속성이 거대해서 우리의 교정 노력으로는 쉽게 따라잡을 수 없다.

집단 내에서의 혐오는 더 빠르게 퍼지는 경향이 있다(Fischer et al., 2018). 사람들은 자신과 다른 것에 대해 두려움을 느끼는데, 이는 타인에 대한 혐오 감정을 가지는 근거가 된다. 자신이 직접적으로 피해를 받지 않았더라도, 내집단의 사람이 공격을 당한 경우 그를 대신해 보복하는 제3자에 대한 보복(third-party revenge) 현상에서 집단에 대해 가지는 혐오의 원천을 발견할 수 있다. 사람들은 생김새, 옷차림, 언어 등의 문화적 요소에 따라 자신이 속하는 집단, 즉 내집단(in-group)을 정의하고, 내집단에 소속되지 않은 여러 외집단(out-group) 중 어느 집단이 '적(enemy)'인지 감정적으로 분류(category)하는 학습 과정을 거치게 된다(Michener, 2012: 39). 예를 들어, 외집단의 구성원이 내집단의 구성원에게 공격을 가하는 경우, 내집단 구성원들은 그 외집단의 모든 구성원을 적으로 인식하며, 혐오, 두려움, 냉담함 등의 감정을 가진다. 특히 온라인에서 일어나는 혐오는 반일감정처럼 불특정 다수에 대한 증오 또는 특정 집단에 대한 적대감으로 표현되는 경우가 대다수이다. 주목해야 할 점은, 사람들은 외집단에 속하는 개인의 행위를 그 집단의 모든 구성원이 행한 것으로 인식한다는 점이다. 즉, 내집단의 사람들은 혐오의 본질적인 원인을 개별적으로 평가하기보다는 집단적 인식을 받아들이게 된다(Michener, 2012: 42). 혐오는 혐오의 대상인 외집단에 대한 적대적 감정과 분류를 통해 무차별적으로 확산되며, 이때 집단에 대한 개개인의 시각과 평가는 무시된다. 즉, 개인이 개별적으로 반일 감정에 대해 다른 의견을 가진다 하더라도 이런 감정은 무시된다.

혐오는 일시적인 감정 또는 장기적인 정서의 두 가지 모습을 지닌다. 혐오는 특정 사건에 대한 일시적이고 단기적인 감정일 수 있지만, 하나의 사건에서 시작해 특정 집단 혹은 개인에 대한 일반화 과정을 통해 장기적인 정서로 자리 잡는다(Fischer et al., 2018). 개인의 경험과 이야기를 통해서 타인 또는 외집단에 대해 형성된 혐오는, 인지적 과정을 통해 그 타인 또는 그 외집단이 악하다는 믿음을 갖는 결과를 낳는다(Glaeser, 2005: 51). 외집단에 대한 혐오의 감정과 사실은 실제로는 관련이 적을 수 있지만, 부정적인 이야기를 반복하는 것(repetition)은 혐오감을 형성하는 데 힘을 실어준다(Glaeser, 2005: 45~46). 즉, 혐오는 단일한 반응적 감정에서 시작되어 반복의 과정을 거쳐 장기적인 정서의 형태를 가지게 된다.

2. 인지적 차원에서 본 혐오

먼저 개인과 집단의 심리적 차원에서 혐오의 동기를 찾을 수 있다. 혐오 표현은 기존의 특정한 대상이나 집단에 대해 불의한 행동 또는 해악 등을 인지하고 이에 대해 반응하는 것이다. 예를 들어, 이별, 질투, 집단 따돌림, 집단에 대한 비관용 등에서 거절을 경험한 개인과 집단은 보복하기 위해 혐오와 증오 표현에 대한 강한 욕구를 느낄 수 있다. 즉, 개인이 분노와 두려움을 많이 느끼는 사회일수록 복수, 분노, 정복욕을 해소하려는 동기가 커질 수 있다(Hoff and Mitchell, 2009). 따라서 혐오 표현과 이에 기반을 둔 온라인 폭력이나 집단의 양극화는 혐오 대상의 위협과 도발에 대한 분노와 두려움을 가지고 상대방에게 해를 가하고자 하는 목적에서 촉발된다(Vitaro and Brendgen, 2005: 178). 흥미롭게도 혐오는 정의, 평등 같은 이상적인 가치를 실현하자는 슬로건으로 시작될 가능성이 높으며, 이는 혐오 주체에게 스스로 정당성을 부여하는 결과를 낳는다. 혐오 발화자는 이러한 표현을 통해 자기만족과 자기 정체성을 재정립하고자 한다.

집단적 선입견이나 집단극화가 강한 사회는 혐오의 양상과 영향력도 강한 경향을 보여준다. 사람들은 자신과 다른 그룹의 개인 또는 집단에 있는 사람들을 경멸하거나 혹은 그들과 경쟁하고자 하는 열망을 지닌다. 개인은 자신이 속한 사회적 집단의 구성원을 위해 '우리(us)'와 '그들(them)'을 극명하게 비교하고, 그룹 내에 있지 않은 사람 혹은 집단에 대하여 차별적인 마음을 가진다. 온라인에서 일어나는 혐오는 불특정 다수에 대한 증오나 특정 집단에 대한 적대감의 표시로 나타나는 경우가 대다수이다. 즉, 혐오는 사회정체성을 형성하려는 동기에서 비롯되어 성별, 인종, 성적 지향성, 장애 등을 가진 외집단에 대한 차별로 나타날 수 있다.

사회인지이론은 사람들이 사회적 정보를 처리하는 방식을 분석함으로써, 어떻게 혐오가 쉽게 발생되고 변하지 않으며 지속할 수 있는지에 대해 인지적(cognitive) 측면에서 근거를 제시하고 있다. 인간은 인지왜곡(cognitive distortion)의 위험을 가지고 살아가며, 자신에게 일어난 일을 과거 경험에서 습득한 특정한 믿음(belief)과 선입견(preconception)을 바탕으로 해석한다(Navarro, Marchena and Menacho, 2013). 인간은 효율적인 정보 처리를 지향하도록 설계되어 있다. 따라서 많은 양의 정보를 접했을 때 뇌는 두 가지 접근법을 사용한다. 첫째, 해마(hippocampal) 학습/기억 체계는 굉장히 빠른 속도로 작동해 사람들로 하여금 사건에 대한 즉각적인 인식을 형성할 수 있게 한다(Schacter, 2002). 둘째, 신피질(neocortical) 학습/기억 체계는 시간이 지남에 따라 쌓여온 지식들로 구성되어 있으며, 변화에 굉장히 둔감하다. 따라서 이는 우리가 살고 있는 세계에 대한 안정적인 이해를 가능하도록 돕는다(Macrae and Bodenhausen, 2000). 다시 말해, 사람들은 자신과 다른 대상을 접했을 때 자신의 왜곡된 선입견을 바탕으로 일시적인 평가를 내린다. 이것이 오래된 경험 및 기억과 결합할 때 그러한 일시적 평가에서 비롯된 편향된 인식은 쉽게 변화하지 않는다. 현실에서 우리가 타인을 혐오할 때, 단지 그것이 차이에서 비롯된 감정이라 할지라도, 우리는 타인이 구체적으로 어떻게 '나쁜'지를 생각한다. 즉, 혐오는 단지 감정이 아니라 인지적 과정(cognitive process)을 의미한다(Stone, 2016). 인지적 체계는 사람들이 어떻게 편견을 가지게 되는지, 그 편견이 왜 쉽게 변화하지 않는지, 궁극적으로 그 편견이 혐오의 감정에 작용할 수 있는지를 보여준다(Harrington, 2004). 물론 인지적 과정 역시 편향될 가능성이 존재하고, 외집단 혐오 또한 편향되어 있을 가능성이 높다. 혐오는 인간의 인지적 효율성과 편향성으로 인해 발생할 수 있으며, 이는 결코 쉽게 변하지 않는다.

3. 정치적 차원에서 본 혐오

혐오의 정치권 차원 역시 주목해야 할 부분이다. 선동가적인 정치인들은 흔히 외집단에 대한 혐오와 적대적 감정을 선동해서 내집단을 강화하고 정치적 권력을 공고히 하려는 욕구를 가진다. 역사적으로 외국인에 대한 선동적인 정치가 외국인에 대한 혐오를 이끌어낸 사례는 쉽게 발견할 수 있다. 1923년 일본에서 일어난 관동대지진 학살사건과 제1차 세계대전 이후 독일의 홀로코스트(Holocaust)는 정치적 선동에 의한 혐오와 그 결과를 잘 보여주는 예이다. 관동대지진이 발생한 직후 "조선인들이 우물에 독을 풀었다", "조선인들이 지진으로 혼란한 틈을 노려 폭동을 준비하고 있다" 등의 유언비어들이 발생했는데, 이는 지진 피해로 인해 심리적 고통을 겪고 있던 일본인들의 불안감을 자극시켰다. 당시 재일 조선인들은 일본 사회 내에서 소수집단이었음에도 불구하고, 일본 사회의 안녕을 위협하는 존재가 되어버렸던 것이다. 이 과정에서 커져버린 혐오는 결국 재일 조선인들의 학살로 이어졌는데, 그 배경에는 일본 정부와 군경이 있었다. 이는 제1차 세계대전 이후 독일에서 발생한 홀로코스트에서도 동일하게 나타났다. 역사적으로 유대인들에 대한 차별과 혐오(흔히 반유대주의라고 불리는)가 오랜 기간 형성되어 왔는데, 히틀러와 나치는 자신들의 권력을 공고히 하기 위해 유대인들을 표적으로 삼았다. 이질적인 유대인의 존재는 독일의 내부적 통일을 가로막는 요소로 인식되었으며, 나치는 외부적인 위협과 내부적인 혼란의 책임을 유대인에게 전가시킴으로써 위기를 극복하려고 했던 것이다(이종원, 2019). "유대인들이 공산주의를 만들어 세계를 정복하려고 한다"라는 식의 유언비어와 선동을 통해 유대인들을 독일인의 안녕을 위협하는 존재로 상정했고, 이는 결국 홀로코스트라는 잔인한 학살로 이어졌다. 두 가지 사례 모두 정치인들이 자신의 권력을 지키기 위해 사회적 이질성을 악용함으로써 촉발된 혐오와 그 결과를 잘 보여주고 있다.

최근 시리아 난민에 대한 유럽인의 반감이나 라틴아메리카 이민자에 대한 미국인의 반감에는 정치인들의 파벌주의적 목적과 정치적 선동이 원인 가운데 하나로 작용했다. 예를 들어 이주민이나 정치적 난민에 대한 혐오는 미국 정치에서 증가해 왔는데, 엘리트 계층의 이념적 극화는 공화당 정치인을 더 우파로, 민주당 정치인을 더 좌파로 이동시키면서, 양당의 정치인들을 더욱 극단화된 기부자에 의존하게 하고 있다(Finkel et al., 2020). 미국 정치 내 혐오와 정치적 파벌주의를 연구한 엘리 핀켈(Eli J. Finkel)에 따르면 미국인들의 정치적 파벌주의는 더욱 심각해지고 있다. 핀켈은 1970년대부터 이루어진 설문조사 결과를 바탕으로 자신이 지지하는 당에 대한 미국인들의 긍정적 감정(warm feelings)과 반대하는 정당에 대한 부정적인 감정(cold feelings)을 추적했다. 놀랍게도 지지 정당에 대한 긍정적인 견해는 지속성을 가지는 데 그치는 반면, 반대 정당에 대한 부정적인 견해는 크게 증가했다. 즉, 시간이 경과하면서 지지 정당에 대한 긍정적 감정보다 상대 정당에 대한 적대적 감정이 더 증가해 반대 정당에 대한 혐오가 지배적인 감정이 되었다. 이러한 정치적 파벌주의는 편견, 차별, 인지적 왜곡을 양산하고, 국가적 문제를 해결해 나가는 정부의 핵심적인 기능과 능력을 약화시킨다. 그뿐만 아니라 정치적 파벌주의는 사람들로 하여금 민주주의를 저해하고 자신들의 정치적 목표를 위해 폭력적인 행태를 보이는 후보를 지지하도록 만든다(Finkel et al., 2020).

4. 사회적 차원에서 본 혐오

사회와 문화에 따라 혐오를 느끼는 대상과 맥락이 달라질 수 있다. 예를 들어 부패한 시체에서 흔히 볼 수 있는 구더기는 일반적으로 혐오의 대상이지만, 이탈리아의 한 지방에서는 구더기가 만들어내는 분해 물질을 이용해서 숙성한 치즈 카수 마르주를 즐겨 먹기도 한다. 또한 북유럽 등지에서는 문어와 오징어 같은 두족류를 대체로 혐오하는 것에 반해, 동아시아 문화에서는 이를 보양식으로 먹는다. 문학작품에서 묘사되는 두족류의 모습도 문화권에 따라 다르다. 종교적인 이유로 인해 유대교도와 이슬람교도들이 돼지고기 섭취를 혐오하는 것 또한 널리 알려진 사실이다. 사회적 행동을 받아들이는 것에도 차이가 있다. 티베트에서는 시체를 새들에게 쪼아 먹게 하는 조장(鳥葬, 혹은 천장(天葬, sky burial)]은 죽은 자의 영혼이 새를 통해 승천한다는 중요한 의미를 담고 있으나, 다른 사회에서는 이러한 행위가 야생동물에게 시체가 훼손되는 것을 방치하는 혐오스러운 시각으로 비친다. 화장(火葬,

cremation) 후 유골을 집에 보관하는 것도 사회문화권에 따라 자연스럽거나 혐오스러운 것으로 인식된다.

사회적 측면에서 바라볼 때 혐오를 느끼는 대상과 기준에 대한 차이는 어떻게 만들어지는 것일까? 개인의 감정을 바탕으로 이루어지는 사회적 상호작용은 사회화를 통해 학습되며, 그 과정에서 각기 다른 사회문화적 특성이 반영되기 때문에 차이가 만들어진다. 혐오의 감정 또한 마찬가지이다. 마사 너스바움(Martha Nussbaum)은 혐오라는 감정은 우리가 생각하고 있는 것보다 훨씬 더 다양한 측면에서 사회적 관계와 연결되어 있다고 설명한다. 즉, 많은 면에서 사회적 관계는 혐오스러운 것을 피하는 방향으로 만들어지며, 혐오감을 유발하는 것을 처리하는 방식이 사회적 관습 속에 스며들어 있다는 것이다. 혐오라는 감정에 관한 인간의 보편적인 인식이 존재하지만, 혐오의 대상은 사회문화적 특성에 따라 달라질 수 있다(너스바움, 2015).

또한 혐오의 대상은 물질적인 대상에서 인간과 집단에게로 확장될 수 있다. 앞서 살펴보았던 문화권에 따른 혐오 인식 차이의 사례에 비춰보자. 타인과 마주했을 때, 상대방이 가진 특성과 행동이 내가 수용할 수 있는 혐오의 기준에서 벗어난다면 그 특성에 대한 혐오는 상대방에 대한 혐오로 발전될 수 있다. 개개인이 가지고 있는 성별, 외모, 나이, 질병과 장애, 종교와 이념, 문화와 생활양식 등 다양한 사회적 특성이 누군가에게는 혐오를 불러일으키는 기준이 될 수도 있을 것이다. 그리고 그 특성과 기준 또한 사회문화적으로 구성된다. 이처럼 사회적·문화적 공동체가 자신들 특유의 관습과 신념을 가지는 것은 자연스러운 일이다(엠케, 2017).

그러나 서로 다른 특성 자체가 타인에 대한 혐오를 불러일으키는 것은 아니다. 중요한 것은 사회구조 속에서 만들어지는 권력 관계 내에서 자신의 지위를 공고히 하고자 할 때, 혹은 특정 개인과 집단을 배척함으로써 사회적 질서나 규범을 지키기 위해 서로 간의 사회적 이질성을 악용하는 과정에서 타인과 집단에 대한 혐오가 발생한다는 것이다(김왕배, 2019). 즉, 사회적 측면에서 혐오의 발생은 자신과 다른 특성을 지닌 사람들, 예컨대 자신의 가치나 규범을 따르지 않는 이방인이나 종교적 이단으로 간주되는 집단의 사람들, 자신의 안녕을 위협한다고 느끼는 대상들에 대한 거부반응에서 만들어진다(김왕배, 2019). 이 과정에서 사람들은 자신이 속한 집단의 특징을 개념화하여 주장하는 동시에 특정한 개인과 집단을 자신들과 다른 특징을 지닌 '이방인' 혹은 '적'으로 선언함으로써 자신들의 공동체에서 배제한다(엠케, 2017). 사회적 혐오는 이렇게 만들어지며, 이러한 혐오는 역사적으로 유대인, 여성, 인종적 소수자, 동성애자 같은 집단의 구성원들에게 투영되어 왔다(너스바움, 2015). 따라서 혐오의 감정은 정치권력이나 종교, 일상적 관행 등에 의해 생성되고 조절되는 '사회적' 감정으로 볼 수 있다.

사회정체성 이론은 사회적 집단의 구분(categorization)과 영속적인 인지왜곡(perpetual cognitive distortion)을 통해 집단 간 혐오를 설명하려고 시도한다(Harrington, 2004). 사회정체성 이론에 따르면, 개인들의 자기 식별은 자신이 속한 사회적 집단의 구성원으로 정의되기 때문에 사람들은 '우리(us)'(내집단)와 '그들(them)'(외집단)을 극명하게 비교하는 시각을 유지하고자 노력한다(Tajfel et al., 1979). 즉, 혐오 발화의 기저에는 사회정체성 확립을 위한 유인이 존재한다. 혐오 발화자들은 다른 이들로 하여금 비참함과 소외감, 고립심 등을 느끼게 만듦으로써 자기 자신들을 더욱 높게 평가하고 우월감을 느끼기 위해 이같이 행동한다는 연구 결과들이 이를 뒷받침한다. 혐오는 특정 사람 또는 집단을 기존의 '집단'에서 소외시켜 퇴출시키겠다는 의도에서 유발된다. 이를 통해 자기 자신은 기존 '집단' 내에서 유리한 위치를 점할 수 있게 된다. 특히 온라인 혐오는 서로 다른 정체성에 기반을 두어 집단 간의 적대감을 유발하는 집단행동이다. 혐오는 사회정체성을 형성하는 동기이기도 한 집단 내 사회적 유대에 대한 갈망에서 파생된다(Kaakinen et al., 2020). 사회정체성 이론에 따르면, 사람들은 자신과 내집단에 대해 긍정적인 자기평가를 내리는 경향이 있으며, 집단 간 경쟁은 그룹 사이의 적대감을 증대시킨다. 외집단에 대한 혐오는 개인이 내집단을 자신의 정체성으로 인식하는 정도에 따라 변화한다. 자기범주화 이론(self-categorization theory)에 따르면, 사람들은 자신을 주변 환경에 따라 개인 또는 집단의 구성원으로 인식하게 된다. 이때 집단 정체성이 강할수록 자기 인식은 집단에 의존하게 되어 내집단 구성원 간의 차이점이 최소화되며 동시에 외집단과의 차이점이 두드러지게 나타난다(Aviram, 2007: 5). 또한 대상 관계 이론(object relations theory)에 따르면, 한 집단에 대해 자신을 식별하면 내집단의 이상화를 통해 안정감을 느끼게 되고, 동시에 이는 외집단에 대한 평가절하와 차별로 이어질 수 있다. 나아가 차별을 당한 외집단이 부정적으로 반응하는 경우 그 행위는 곧 개인이 외집단에 대해 가지고 있는 편견을 정당화시킬 수 있다(Aviram, 2007: 10). 따라서 내집단과 연계하려는 인간의 특성은, 결국 타인에 대한 혐오감과 서로 밀접하게 연결되어 있음을 확인할 수 있다

(Aviram, 2007: 4). 물론 특정 개인에게 있어 집단 정체성의 내재화가 반드시 외집단에 대한 적대감과 혐오로 이어지는 것은 아니다. 집단은 여러 측면에서 정의될 수 있는데, 그중 특정 집단의 '안정성', 내집단이 외집단에 대한 계층적 위치를 어떻게 사회적으로 인식하는지와 관련된 '정통성', 마지막으로 집단 사이의 이동 여부 정도를 나타내는 '침투성(permeability)'은 내집단 선호와 외집단에 대한 적대감을 설명하는 데 중요하다. 즉, 집단 사이의 침투성이 낮고 외부에 의한 내집단의 변화 가능성이 존재하며 집단 간 위계가 안정적이지 못할 때 집단 간 갈등과 그로 인한 혐오가 증가할 개연성이 높다. 나아가 이러한 경우 집단 간의 태도는 굉장히 편향되어 있을 수 있다(Bettencourt et al., 2001). 집단 간 맥락에서 집단 정체성은 외집단 구성원에 의해 위협되고, 자기 방어는 그룹 구성원의 방어를 의미한다. 특히 혐오는 집단 간 수준에서 특히 빠르게 확산되는 경향을 보이는데, 이는 불안정과 폭력의 원인을 외부에서 찾는 것이 내집단의 결속을 강화하고 자신들을 방어하는 데 도움을 주기 때문이다. 혐오는 기본적으로 타자를 부정적인 기질로 꾸준히 인식하는 것에 기반하기 때문에 혐오자들에게 건설적인 변화를 기대하는 것은 쉽지 않으며, 따라서 혐오 가해 집단이 가지는 선택지는 극단적인 수준에만 머물게 된다(Fischer et al., 2018).

현대사회는 인터넷과 소셜 미디어 등 여러 온라인 플랫폼의 발전으로 점차 네트워크 사회로 변화되어 왔다. 네트워크 사회로의 변화과정에서 정체성이 더욱더 중요해지며 네트워크 사회의 구조적 특성에 의해 혐오가 쉽게 유발될 수 있음에 주목할 필요가 있다. 마누엘 카스텔(Manuel Castelles)은 네트워크 사회로의 급격한 변화과정에서 사람들은 일차적인 정체성(주로 종교적, 민족적, 영토적, 국가적 정체성)을 중심으로 자신들의 정체성을 재편성하며, 이렇게 재편성된 정체성은 사회적 의미의 근간이 될 정도로 중요해진다고 주장한다. 특히 네트워크 사회는 목표 달성의 적합성에 따라 개인, 집단, 지역, 그리고 국가 간의 네트워크 연결과 단절이 쉽게 일어날 수 있는 구조적인 특성을 지니고 있으므로, 서로 간의 커뮤니케이션이 오히려 어려워지고 갈등이 일어나기 쉽다. 그 결과 개인과 집단은 서로를 소외시키게 되고, 타자를 이방인으로 봄으로써 서로를 위협적으로 생각하게 된다. 결과적으로 정체성이 더욱 특이해지고 점차 함께하기 어려워져 사회적 파편화가 진행되는데, 이것은 상호 간의 혐오를 불러일으키게 된다는 것을 의미한다(카스텔, 2003).

무엇보다 네트워크 사회에서 익명성은 개인이나 집단으로 하여금 자유롭게 혐오를 표현하도록 만든다. 혐오는 접근 가능한 인터넷 플랫폼에서 주로 관찰되는데, 인터넷 플랫폼은 일반적으로 실제 작성자가 노출되지 않는 익명성을 지니고 있다. 이러한 환경 속에서 혐오는 가명이나 필명을 사용하는 유저들에 의해 촉발된다. 혐오 표현의 발화자들은 대체로 자신의 이름을 밝히지 않기 때문에(익명성) 타인을 공격하더라도 처벌당하지 않을 것이라는 강한 믿음을 가지고 있다. 즉, 정보가 유통되는 공간의 익명성은 자신의 의견에만 집중하게 하고, 행동의 결과에 대한 책임을 회피하게 하며, 자기과시적 충동을 유발시킨다.

네트워크 사회에서 익명성은 오프라인의 정체성과 단절적이기보다는 연속적인 특성을 지니고 있다(윤명희, 2013). 온라인상에서 연출되는 자아는 익명을 전제로 한다 하더라도 정체성을 드러내게 된다. 시간과 공간을 초월해 정보를 전달하는 네트워크 구조 내에서는 담론이 빠르게 전달되고, 서로 응집하며, 자신과 다른 정체성을 지닌 개인과 집단에 대해 혐오를 쉽게 표현할 수 있다.

5. 혐오사회의 미래

혐오는 사회적으로 확산되고 재강화되면서 부정적인 영향을 미친다. 무엇보다 혐오는 많은 경우 과도하게 일반화(overgeneralization)하는 과정을 통해 혐오 대상을 집단화(collectivization)한다(Szanto, 2018). 코로나 사태에서 목도한 바와 같이, 바이러스 확산에 영향을 준 것으로 여겨지는 일부 성소수자들에 대한 혐오를 전체 성소수자 집단으로 일반화하는 모습이 대표적인 예이다. 혐오감을 조장하는 가짜 이야기들이 널리 퍼지는 이유는 정보의 대상자인 사람들이 이야기의 진실을 알고자 할 인센티브가 없기 때문이다. 따라서 과거와 미래에 일어날 수 있는 위협에 대한 이야기를 통해 사람들은 외집단이 위험하다는 인식과 외집단에 대한 혐오감을 가진다(Glaeser, 2005: 52). 나아가 혐오는 타 집단이 위험하다는 사실을 공유함으로써 혐오를 더욱 강화하고 이 과정을 통해 특정 집단에 대한 혐오를 하나의 습성으로 발전시킨다(Szanto, 2018). 예를 들어 남성성의 문화가 지배적인 집단에서 공유되는 여성 혐오(misogyny)는 오랜 기간을 통해 단순한 혐오의 담론을 넘어 혐오가 일상성을 가지는데, 이는 특정 집단의 오랜 여성 혐오로 관습화되는 결과로 나타날 수 있다.

혐오는 남녀노소의 사회적 환경을 가리지 않고 부정적인 사회적 영향력을 끼친다. 1940년대 클라크(Clark) 박사 부부의 '인형 실험'은 집단 혐오가 특정 집단의 열등감과 자존감에 영향을 줄 수 있음을 보여준다. 어린이들의 인종 인식을 시험하기 위해 설계된 실험에서 아이들은 사람 모양을 한 네 개의 인형 중 자신이 선호하는 인종과 색을 선택했다. 참가한 아이들은 3세에서 7세까지 다양한 인종 출신이었지만 대다수의 아이들은 자신의 인종과 관계없이 하얀 피부를 가진 인형을 선택하고, 그 인형에게 긍정적인 특징을 부여했다. 이것은 편견과 차별, 분리가 이미 아이들의 마음속에 습성으로 자리 잡고 있으며, 아프리카계 미국인 아이들이 열등감을 느끼고 있고 자존감이 훼손되었다는 사실을 보여준다.

혐오는 특정 집단과 사람들을 배척하기 위한 사회적 수단으로 사용되기 때문에 사회적 문제가 된다(너스바움, 2015). 즉, 혐오는 다른 사람과 집단을 표적으로 삼음으로써 개인과 사회에 심각한 피해를 끼친다. 이는 혐오가 상대방과 집단에 대한 격리와 배제를 불러일으키기 때문이며, 더 나아가 혐오스러운 대상이 자신의 안전과 생존을 위협할 것이라고 인식되면 상대방의 '소멸'을 추구하게 되기 때문이다(김왕배, 2019). 비록 혐오 대상이 현재로서는 소수이고 세력이 약하더라도, 내버려두면 점점 더 세력이 커지면서 자신들을 위협할 수 있는 존재라고 인식하기 때문에 이러한 경향이 나타날 수 있다(김왕배, 2019).

우리가 주목해야 할 것은 온라인상에서 나타나는 혐오 표현 또한 혐오를 바탕으로 하는 소멸 추구 과정을 잘 보여주고 있다는 점이다. 온라인상의 혐오 표현이 인터넷과 소셜 미디어라는 공간에서 나타난 새로운 혐오 현상으로 느껴질 수 있으나, 그 내면에는 과거로부터 이어져온 혐오의 메커니즘이 담겨 있다. 노무현 전 대통령의 죽음을 희화화한 '운지'라는 말은 노무현 대통령의 죽음 자체뿐만 아니라 진보성향의 이용자들을 조롱할 때 사용하는 표현이다. 또한 '재기하라'라는 표현은 성재기 전 남성연대 대표의 죽음을 희화화한 것으로서, 주로 자살하라는 의미를 담은 혐오 표현이다. 이러한 표현은 죽음, 특히 자살이라는 소멸의 개념을 상대 집단에게 투영하는 대표적인 혐오 표현이다. 마찬가지로 세월호 참사와 5·18 광주민주화 운동과 관련된 혐오 표현들도 대부분 희생자들의 죽음을 기반으로 하고 있다.

온라인 혐오 표현을 통해 많은 사람들이 정신적인 피해와 고통을 받고 있음을 고려하면, 이를 가볍게만 볼 수는 없다. 특히 온라인과 오프라인은 따로 떨어져 있는 공간이 아니라 서로 얽히고설켜 영향을 주고받는 공간이다. 오프라인에서의 혐오 표현이 온라인에서 되풀이되고 온라인상에서의 혐오 표현이 다시 오프라인에서 영향을 주는 식의 관계는 결국 혐오가 단순히 대상을 모욕하는 데 그치지 않고 혐오를 확산시키고 사회를 양극화한다(유민석, 2019). 사람들은 깊은 혐오감을 느낄 때 혐오하는 개인 또는 집단의 근본적인 특징에 초점을 두기 때문에 개인이나 내집단은 혐오의 대상이 되는 외집단과의 관계를 완전히 부정하고 상대방에게 해를 가하거나 상대방을 전멸시키고자 한다(Halperin, Canetti Nisim and Hirsh-Hoefler, 2009: 97-98).

따라서 민주사회에서는 혐오가 증폭되어 사회에 확산되지 않도록 막아야 한다. 이를 위해서는 먼저 혐오의 원인과 결과에 대해 이해함으로써 혐오 대상에 대한 개인과 집단의 차별 및 사회적 악영향을 막기 위해 노력해야 한다. 결국 한 공간에서 살아가는 사람들은 공통적인 배경과 가치관을 가진 집단이라는 사실을 지속적으로 기억하고 혐오 대상에 대해 가지고 있는 부정적인 특징을 재평가하는 데서 미래를 위한 논의를 시작해야 할 것이다.

네트워크의 구조적 특성을 이해하고 구조적인 측면에서 해결책을 모색하는 것도 중요하다. 소셜 미디어의 알고리즘을 통해 거짓 정보나 심각한 수준으로 극단화된 콘텐츠를 유통하지 못하도록 제한할 수도 있다. 예를 들어 정치인은 유권자와 직접 소통하는 것이 중요하지만, 거짓정보나 일방적인 주장으로 네트워크를 이용할 경우 정보의 진실을 파악하기 위해 사회가 지불하는 비용은 증가할 것이고, 잘못된 정보에 기초한 국가정책은 심각한 문제를 양산할 것이다. 따라서 책임성 있는 여론이 형성될 수 있도록 제도적·규범적 방안을 심도 있게 논의해야 할 시점이다.

6. 사례로 보는 혐오

이 책은 온라인 공간에서 발현되는 집단 정체성의 극화 문제와 혐오의 원인을 다학제적 차원에서 고민하고 이에 대한 해결의 실마리를 찾고자 하는 데서 출발했다. 저자들은 성별, 외국 이주민, 성소수자, 세대에 관한 일반적인 담론도 혐오를 조장하는 집단 극화의 현상에서 자유로울 수 없다고 보고 있다. 예를 들어 '메갈리아'는 특정 커뮤니티의 공간적 특성을 활용해 '일간베스트 저장소', '여성시대', '디시인사이드 남성연예갤러리'와 같이 성별 혐오를 표출하는 공간이었다. 즉, '메갈리아'는 가부장적 지배질서와 여성에 대한 차별이 만연한 기존 사회구조에 대한 진지한 문제인식을 고취하거나 이성적인 토론을 벌이는 공간으로 활용되지 못하고 남성 혐오와 급진적 여성주의 행동을 위한 공간으로 활용된 바 있다.

이민자, 난민 등 외국인 이주자에 대한 혐오도 한국 사회에서 쉽게 발견된다. 제주도에 입국한 예멘 난민에 대한 논란이 불거지면서, 난민의 입국을 허락할 것인지 혹은 허락하지 말아야 할 것인지는 강력한 사회적 이슈로 부상했다. 세대 갈등도 혐오 문제와 분리해서 분석하기가 어려워졌다. 장기화되고 있는 경제적 불황에 대한 청년 세대의 불안함은 미래에 대한 전망을 지속적으로 암울하게 만들면서 노년 세대에 대한 불신과 혐오로 발화되고 있다. 사회의 부양 대상으로 여겨졌던 노년 세대는 청년 세대의 사회적 불만이 낳은 구체적인 혐오의 대상으로 언급된다.

이 글에 이어서 실린 조화순과 강신재의 글 「성소수자와 혐오담론」은 한국 사회에서 나타나는 성소수자에 대한 차별과 혐오, 갈등에 관해 논의한다. 저자들은 전통적인 미디어가 성소수자를 둘러싼 담론 형성에 지대한 영향력을 미치는 것에 주목해, 각 매체의 정파성에 따라 성소수자 이슈를 어떻게 보도하는지, 보도 행태의 차이를 살펴보고 있다. 보수언론인 《조선일보》와 《동아일보》, 진보언론인 《한겨레》와 《경향신문》은 성소수자를 각기 어떻게 인식하고 보도하고 있을까? 저자들은 보수성향 언론사는 성소수자와 관련된 사건·사례 및 퀴어축제에 대해 부정적인 기사를 보도함으로써 성소수자 이슈를 부정적으로 프레이밍하고, 진보성향 언론사는 성소수자에 대한 혐오와 차별을 인권 문제와 연계해 여론을 형성하는 데 기여하고 있다고 주장한다. 진보매체는 '혐오'와 '차별'을 중요하게 다루는 반면, 보수매체에서는 '혐오'와 '차별'에 대한 중요성이 상대적으로 낮게 나타났다. 즉, 진보매체들은 성소수자에 대한 혐오나 차별에 더 초점을 맞추어 인권적·제도적 차원에서 성소수자 문제를 해결해야 한다고 강조하고 있다. 저자들은 매체의 정파성이 공고할수록 자신과 다른 생각을 가진 집단에 대한 혐오가 증폭될 가능성이 높다고 경고하면서, 개인의 자유와 다양성을 존중하고 자신과 다른 사람과 집단에 대해 관용하는 자세가 필요하다는 것을 강조했다.

연지영과 이훈의 글 「혐오가 유머를 만날 때: 유머를 통한 타인에 대한 혐오 증폭과 한국의 젠더 갈등」은 온라인상의 혐오 표현이 유머로 소비될 수 있다는 시각에서 '혐오의 놀이화'에 대한 사회적 함의를 고찰했다. 저자들은 특정 집단을 혐오하고 차별하는 유머가 사회적 차별과 편견의 브레이크를 해제할 수 있다고 본다. 유머가 사회의 뒤편에서 공공연히 존재하고 있던 혐오와 차별을 수면 위로 끌어올려 확산시킬 가능성에 주목하고 있는 것이다. 그들의 연구에 따르면 혐오라는 감정은 나와 비슷한 사람이 아닌 나와 다른 사람이나 집단을 향할 때 더욱 강해지며, 유머는 그러한 혐오가 사람들의 인식 속에 자연스럽게 흡수되도록 하는 촉매제 역할을 한다. 즉, 나와 완전히 다른 사람이 아닌 나와 어떠한 특성이나 정체성을 함께 공유하는 사람일 경우, 혐오에 대해 민감하게 반응하고 이에 대해 반박하고자 하며, 이는 곧 혐오에 대한 자정작용으로 이어질 수 있다는 것이다. 그러므로 혐오 표현이 나와 비슷하며 무언가 공통성을 공유한 사람을 향하고 있다는 것을 인지시키고 그들이 스스로 그것에 대해 반박할 수 있도록 할 때 혐오의 자정작용이 가능하다고 강조했다. 또한 혐오가 유머로 포장된다고 해서 그것이 혐오가 아니라고 볼 수 없으며, 유머적 혐오 표현에 대한 경각심을 다시 한 번 일깨울 필요가 있다는 점을 제언한다.

이선형의 「'분노'는 어떻게 우발적 범죄가 되었을까?: 사회적 의미생성 메커니즘의 이해」는 '분노'라는 감정이 범죄 사건에서 보도되는 방식을 통해 사회적으로 새로운 의미로 쓰이는 메커니즘을 탐구했다. 온라인 뉴스자료를 이용해 살인, 살해, 폭행, 폭력, 상해, 방화, 격분, 우발, 충동, 분노, 총 10개 단어를 분석함으로써, 강력범죄 유형 중에서 분노와 가장 유사한 맥락으로 사용되는 단어는 살해, 폭력, 폭행이며, 범죄의 과정과 결과를 묘사하는 내용이 분노와 관계가 있음을 밝혀냈다. 분노와 가장 관계가 깊은 감정 단어인 격분은 유사 정도가 낮은 반면, 우발과 충동이라는 단어는 분노와 유사성이 높은 것으로 나타났다. 특히 우발은 잔인한 범죄 방식, 가까운 관계에서 발생하는 범죄 내용으로 구성되어 있는데, 이러한 우발과 분노가 맥락적으로 유사하다는 것은 분노에서 비롯된 범죄 사건들에 대한 내용이 우발적 범죄를 기술하는 방식으로 구성된다고 이해할 수 있다. 우발적 범죄의 동기는 분노이고 분노범죄의 동기는 우발적인 것이 되는 것이다. 따라서 저자는 분노범죄와 우발적 범죄 모두 그 동기와 원인이 다양함에도 불구하고 보도 내용에서 행태적 특성으로 묶여 원인을 모색하기 어렵게 만든다고 지적한다.

오주현의 글 「노인소외와 앵그리 올드, 그리고 앵그리 영의 노인혐오」는 디지털 사회에서 노인세대가 겪고 있는 소외를 정보 격차의 관점에서 살펴봄으로써, 노인소외와 세대 갈등이 노인혐오로 증폭되는 현상에 대해 이야기한다. 저자는 디지털 격차가 디지털 소외라는 결과로 나타나고 있음에 주목한다. 그리고 디지털 소외는 온라인에서만 경험하는 것이 아니며, 결과적으로 오프라인 공간에서도 사회적 소외, 사회적 배제로 이어져 세대 간 갈등으로 표출되고 있다고 주장한다. 대표적으로 회자되는 금융소외, 코로나19 상황으로 급속도로 확산된 비대면 문화 등을 예로 들면서, 금융활동, 소비활동, 정보 검색 등 생활 기술을 이용하는 것의 중요성을 강조한다. 디지털 기기 및 서비스를 이용하는 능력은 서로간의 소통을 돕는 도구일 수 있지만, 디지털 기술을 이용하기 어려울 경우 오히려 소통이 어려워지거나 배제될 수 있다. 일상생활 공간에서 노인소외, 세대 갈등은 언제나 존재하고 순기능도 지니고 있지만, 갈등을 넘어선 혐오는 우리 사회를 병들게 한다고 경고한다.

권은낭과 강정한의 「온라인 공간의 정치적 토론과 혐오: 시민 참여의 양면」은 온라인 공론장의 등장에 따른 시민들의 정치적 참여와 혐오에 관해 이야기한다. 온라인 공간이 토론에 미치는 영향력에 대해서는 긍정과 부정이라는 상반된 논의가 존재하는데, 이 글에서는 온라인 공론장에서의 정치적 토론이 어떠한 변화를 보이는지를 확인했다. 저자에 따르면, 다음아고라에서는 소수의 이용자가 대부분의 게시물을 작성해 다양한 의견이 형성되지 못했다. 또한 후보들의 정치적 자질을 평가하기보다 자신과 다른 입장을 지닌 후보들을 적대시하는 논의가 이루어지고 있기 때문에 감정적인 우열 가리기로 흐르는 경향이 있었다. 따라서 온라인 공간에서 다양성을 통해 합리적인 토론이 이루어지기보다는 온라인 공론장이 내부집단의 의견을 확고히 하는 혐오와 갈등의 장으로 발전하고 있었다. 토론 참여자들의 이성적인 사고와 시민의식을 발현시키는 것은 촛불을 들고 거리로 나서거나 온라인 토론에 적극 참여하는 시민의식과는 다른 조건들을 필요로 한다. 온라인 공론장에서 이루어지는 토론의 결과는 정부 정책 및 현실공간에 영향력을 미치고 합리적인 의사결정을 내리는 기반이 되는 만큼 긍정적인 토론을 도출하는 것이 중요하다. 이러한 점에서 온라인 공간을 갈등을 증폭시키는 기제로 치부하거나 외면할 것이 아니라, 합리적 토론을 통해 숙의민주주의가 이루어질 수 있는 온라인 공간의 조건을 계속 탐색해나가야 한다는 것을 강조했다.

　김기동과 이재묵의 글「결속과 연계의 소셜 미디어: 이민자에 대한 한국인의 포용성」은 한국인의 소셜 미디어 이용이 최근 늘어나고 있는 국내 외국인 이민자에 대한 태도와 어떠한 연관성을 가지는지를 논의한다. 세계화의 추세 속에서 한국 사회에서도 외국인 이민자의 수가 증가하고 있으며, 앞으로 서로 다른 언어와 문화를 가진 외국인 이민자들과의 갈등이 불가피할 것이기 때문이다. 이러한 맥락에서 저자들은 한국인들 사이에서 매우 활발하게 이용되고 있는 소셜 미디어의 사용이 외국인 이민자에 대한 태도에 미치는 영향에 주목했다. 페이스북이나 트위터 등 소셜 미디어는 자유로운 정보 교환과 개방적인 관계 맺기의 특징을 바탕으로, 나와 다른 낯선 이들에 대한 두려움 또는 혐오감을 줄여주는 대신 개방적인 태도를 갖도록 도와줄 수 있다고 설명한다. 저자들은 이와 같은 소셜 미디어의 긍정적인 효과가 외국인 이민자의 증가에 따른 한국인과 이민자 간 갈등을 줄이는 하나의 수단이 될 수 있을 것이라 기대했다. 특히 한국에서 다수인, 즉 주류의 입장인 한국인이 새로 유입되는 외국인 이민자에 대한 혐오의 수준을 감소시키는 대신 그들에 대한 포용성을 향상시킬 수 있다면, 갈등의 수준은 낮아질 수 있을 것이라고 보았다. 소셜 미디어를 통해 다양한 정보를 제공함으로써 이민자에 대한 이해와 관용을 증진시킬 수 있다면, 우리 사회는 좀 더 포용적인 사회로 나아갈 수 있음을 보여준 것이다.

김범수의 글 「투표 불평등의 사회구조: 주거 이질성」은 지역 간 투표율 차이를 발생시키는 사회적 요인들에 대해 논의했다. 저자는 투표율에 영향을 미치는 사회관계 요인으로 주거 불평등, 1인 가구 비율, 부동산 가격에 주목한다. 저자의 분석 결과에 따르면 1인 가구가 많은 동네일수록 투표율은 낮은 것으로 나타났는데, 흥미로운 사실은 1인 가구의 가구주는 노인뿐 아니라 청장년층도 다수라는 점이다. 이러한 결과는 한국의 가족 구성이 핵가족화되었고, 그 영향이 정치 참여의 불평등으로 이어지고 있음을 보여주고 있다. 마지막으로 부동산 가격의 측면에서 부동산 가격이 높을수록 투표율이 높은 것으로 나타났다. 비슷한 무리끼리 어울리는 것은 인간의 본능이지만 사회적 소통과 정치적 협력이 뒷받침되지 않으면 그 본능은 다른 이들에 대해 벽을 쌓게 하며, 이 같은 사회적 분리는 정치적 불평등으로 진화한다. 자신과 비슷한 사람과 어울리는 데 익숙한 사람들은 사회적 차이를 분리와 배제로 증폭시키는데, 이 경우 정치적 격차가 커질 수 있다고 저자는 경고한다.

참고문헌

김왕배. 2019. 『감정과 사회: 감정의 렌즈를 통해 본 한국사회』. 파주: 한울엠플러스.

너스바움, 마사(Martha Nussbaum). 2015. 『혐오와 수치심: 인간다움을 파괴하는 감정들』. 조계원 옮김. 서울: 민음사.

박종수. 2017. 「한국사회의 이슬람혐오 현상과 쟁점」. ≪종교문화연구≫ 29: 49~70.

엠케, 카롤린(Carolin Emcke). 2017. 『혐오사회: 증오는 어떻게 전염되고 확산되는가』. 정지인 옮김. 파주: 다산북스.

유민석. 2019. 『혐오의 시대, 철학의 응답: 모욕당한 자들의 반격을 위한 언어를 찾아서』. 파주: 서해문집.

윤명희. 2013. 「소셜네트워크에서 상호작용 의례의 복합성」. ≪한국사회학≫ 47(4): 139~170.

이종원. 2019. 「반유대주의의 원인과 해결방안」. ≪철학탐구≫ 54: 1~35.

카스텔, 마누엘(Manuel Castelles). 2003. 『네트워크 사회의 도래』. 김묵한·박행웅·오은주 옮김. 파주: 한울.

Abrams, Allison. 2017. "The psychology of hate: Why do we hate?" *Psychology Today*. https://www.psychologytoday.com/us/blog/nurturing-self-compassion/201703/the-psychology-hate#comments_bottom

Aviram, R. B. 2007. "Object Relations and Prejudice: From In-group Favoritism to Out-group Hatred." *International Journal of Applied Psychoanalytic Studies* 4(1): 4~14.

Bettencourt, B., K. Charlton, N. Dorr and D. L. Hume. 2001. "Status differences and in-group bias: a meta-analytic examination of the effects of status stability, status legitimacy, and group permeability." *Psychological bulletin* 127(4): 520.

Brewer, M. B. and M. E. Hewstone. 2004. *Self and social identity*. Blackwell publishing.

Finkel, E. J., C. A. Bail, M. Cikara, P. H. Ditto, S. Iyengar, S. Klar, L. Mason, M. C. McGrath, B. Nyhan, D. G. Rand, L. J. Skitka, J. A. Tucker, J. J. Van Bavel, C. S. Wang and J. N. Druckman. 2020. "Political sectarianism in America." *Science* 370(6516): 533~536.

Fischer, A., E. Halperin, D. Canetti and A. Jasini. 2018. "Why we hate." *Emotion Review* 10(4): 309~320.

Glaeser, E. L. 2005. "The Political Economy of Hatred." *The Quarterly Journal of Economics* 120(1): 45~86.

Halperin, E., D. Canetti-Nisim and S. Hirsch-Hoefler. 2009. "The central role of group-based hatred as an emotional antecedent of political intolerance: Evidence from Israel." *Political Psychology* 30(1): 93~123.

Harrington, E. R. 2004. "The social psychology of hatred." *Journal of Hate Studies* 3(49): 49~82.

Hoff, D. L. and S. N. Mitchell. 2009. "Cyberbullying: Causes, effects, and remedies." *Journal of Educational Administration* 47(5): 652~665.

Kaakinen, M., A. Sirola, I. Savolainen and A. Oksanen. 2020. "Impulsivity, internalizing symptoms, and online group behavior as determinants of online hate." *PLoS One* 15(4): e0231052.

Macrae, C. N. and G. V. Bodenhausen. 2000. "Social cognition: Thinking categorically about others." *Annual review of psychology* 51(1): 93~120.

Michener, W. 2012. "The Individual Psychology of Group Hate." *Journal of Hate Studies* 10(1): 15~48.

Navarro, J. I., E. Marchena and I. Menacho. 2013. "The psychology of hatred." *The Open Criminology Journal* 6(1): 10~17.

Runions, K. C. 2013. "Toward a conceptual model of motive and self-control in cyber-aggression: Rage, revenge, reward, and recreation." *Journal of youth and adolescence* 42(5): 751~771.

Schacter, D. L. 2002. *The seven sins of memory: How the mind forgets and remembers*. HMH.

Stone, D. 2016. "Bias, Dislike, and Bias." The cultural cognition project at Yale law school. http://www.culturalcognition.net/blog/2016/4/30/bounded-rationality-unbounded-out-group-hate.html

Szanto, T. 2018. "In hate we trust: The collectivization and habitualization of hatred." *Phenomenology and the Cognitive Sciences*. pp.1~28.

Tajfel, H., J. C. Turner, W. G. Austin and S. Worchel. 1979. "An integrative theory of intergroup conflict." *Organizational identity A reader*. pp.56, 65.

Vaughan, G. M., H. Tajfel and J. Williams. 1981. "Bias in reward allocation in an intergroup and an interpersonal context." *Social Psychology Quarterly* 44(1): 37~42.

Vitaro, F. and M. Brendgen. 2005. "Proactive and Reactive Aggression: A Developmental Perspective." In R. E. Tremblay, W. W. Hartup and J. Archer(Eds.), *Developmental origins of aggression*. pp.178~201. The Guilford Press.

Whitbourne, S. K. 2010. "In-Groups, Out-Groups, and the Psychology of Crowds: Does the ingroup-outgroup bias form the basis of extremism?" https://www.psychologytoday.com/us/blog/fulfillment-any-age/201012/in-groups-out-groups-and-the-psychology-crowds.

Yanay, N. 2002. "Understanding Collective Hatred." *Analyses of Social Issues and Public Policy* 2(1): 53~60.

제2장

성소수자와 혐오담론[*]

조화순·강신재

1. 한국에서의 성소수자의 운명

한국 사회에는 다양한 갈등이 존재하고 있다. 과거에는 지역주의가 한국 사회의 모든 갈등을 집어삼켰다면, 지금은 지역을 넘어 세대, 계층, 이념, 젠더 등 수많은 갈등이 표출되고 있다. 한국 사회에서 나타나는 여러 갈등은 혐오라는 감정과 함께하고 있다는 것이 특징이다. 특히 성소수자 이슈는 한국 사회의 혐오가 어느 정도인지 가늠할 수 있는 중요한 척도이다. 가상준 교수가 수행한 연구 「혐오집단에 대한 한국인의 정치관용 및 태도」(2016)에 따르면, 응답자들이 선택한 비선호 집

---

* 이 장은 ≪정보사회와 미디어≫ 20권 2호(2019)에 실린 「한국사회의 매체 정파성과 성소수자 담론 텍스트 분석」의 분석 결과를 바탕으로 작성되었다.

단에서 동성애자 집단이 반미세력, 뉴라이트, 조선족, 외국인 노동자, 탈북자 등의 집단을 압도적으로 제치고 1위를 차지했다. 사람들은 왜 성소수자를 선호하지 않을까? 아마도 근본적인 이유는 자신들과 성소수자의 생활양식이 다르기 때문일 것이다. 남성은 여성을 좋아하고 여성은 남성을 좋아하는 것이 '당연한' 것으로 받아들여지는데, 성소수자는 그렇지 않기 때문이다. 또한 동성애자들의 성관계가 에이즈를 유발한다는 선입견을 가진 사람들은 성소수자를 '더러운' 집단으로 낙인찍기도 한다. 성소수자에 대한 혐오는 다양성을 인정하지 않는 배타성과 선입견에 기반하고 있는 것이다.

한국에서 성소수자에 대한 사회적 관심이 발생하게 된 계기는 무엇보다도 대중매체를 통한 성소수자 연예인의 커밍아웃이었다. 2000년 9월 26일 홍석천은 국내 연예인 중 최초로 자신이 동성애자라고 커밍아웃했다. 당시 한국 사회가 동성애를 금기시했던 분위기를 고려하면 홍석천의 커밍아웃은 큰 반향이었다. 이후 트랜스젠더인 하리수가 연예계에 데뷔하고, 영화감독 김조광수가 동성결혼을 위한 소송을 진행하는 등 성소수자와 관련된 이슈들이 본격적으로 한국 사회의 주요 의제로 등장하기 시작했다. 하지만 한국 사회에서 성소수자들이 처한 현실은 참혹하다. 일례로 김조광수 감독의 결혼식에서는 한 50대 남성이 인분을 투척하는 일이 발생했는데, 그 남성은 한 언론사와의 인터뷰에서 "인분과 된장을 섞은 게 바로 동성애의 현실이다. 성경을 봐라"라고 말했다(김수정, 2013.9.7). 이는 한국 사회에서 성소수자에 대한 혐오가 어느 정도 수준으로 나타나고 있는지를 단적으로 보여준다. 김조광수의 혼인신고가 법원에 의해 불허된 이후 한국에서는 지금까지도 동성결혼 합법화와 관련된 진지한 논의가 이루어지지 못하고 있다.

2019년 OECD가 조사한 「한눈에 보는 사회 2019(Society at a Glance, 2019)」에 따르면 한국의 동성애 수용도는 10점 만점에 2.8점으로 나타나 OECD 회원국 가운데 네 번째로 낮은 국가로 분류되었다. 동성애 수용도에 대한 OECD 국가들의 평균은 5.1점으로 한국보다 2점 이상 높았다. 지난 20년에 비해 동성애 수용도가 0.8점 증가해 동성애나 성소수자에 대한 인식이 조금씩 개선되고 있다고 평가할 수 있지만, 아직까지도 한국에서 성소수자가 처한 현실은 가혹하다고 할 수 있다.

최근 이태원 클럽에서 코로나 바이러스 감염증(COVID-19)이 확산되면서 나타난 성소수자에 대한 혐오는 한국 사회에서 성소수자가 처한 어두운 현실을 잘 보여준다. ≪국민일보≫는 5월 7일 "이태원 유명 클럽에 코로나19 확진자 다녀갔다"라는 기사를 단독으로 보도했다. ≪국민일보≫의 이 보도는 확진자가 방문한 장소가 '게이클럽'이라는 점을 은밀히 부각했고, 많은 언론사들은 이 내용을 그대로 옮겨 썼다. 그 이후 '게이'와 '이태원 코로나'가 인터넷 포털 사이트의 인기 검색어로 등장했으며, 해당 기사나 정보를 접한 많은 사람들은 게시글과 댓글을 통해 성소수자에 대한 혐오와 비난을 이어갔다.

그렇다면 성소수자에 대한 차별과 혐오, 그리고 이들을 둘러싸고 나타난 갈등의 주요한 원인은 무엇인가? ≪국민일보≫ 보도의 여파를 통해 알 수 있듯이, 담론 형성에 관여하는 미디어의 영향력을 간과할 수 없다. 전통적으로 미디어는 의제 설정자로서 보도를 통해 대중의 여론 형성과 변화, 사회적 합의 도출에 큰 영향을 미치고 있기 때문이다.

이 장은 성소수자 이슈에서 나타나는 혐오를 추동하는 여러 요인 중에서 매체의 정파성에 주목한다. 매체의 정파성은 매체가 지닌 이념 성향(예를 들면, 진보매체, 보수매체)에 따라 동일한 사건에 대해 보도를 다르게 하는 것을 의미한다. 이 장은 성소수자와 관련된 신문 기사들을 중심으로 매체가 어떠한 키워드를 중심으로 보도하는지, 성소수자 이슈에 대한 보도에서 매체의 정파성이 나타나는지를 분석하고자 한다. 또한 SNS 공간에서 성소수자 담론이 어떻게 나타나고 있는지 살펴보고자 한다. 이념 양극화와 소수자에 대한 차별이 심해지고 있는 상황 속에서, 이러한 분석은 성소수자 이슈를 둘러싼 갈등의 원인을 분석하고 해결책을 제시하는 데 유의미한 단초를 제공해 줄 수 있을 것으로 기대된다.

2. 성소수자에 대한 혐오: 정치권, 종교, 대중

전국적으로 퀴어축제가 개최되고 중앙정부와 지방정부 차원에서 차별금지법과 인권조례 제정이 본격적으로 추진되면서 성소수자 이슈는 큰 관심을 받기 시작했다. 하지만 성소수자 이슈가 사회적으로 뜨거운 쟁점이 되면서 이에 대한 양극화된 담론이 여러 층위에서 발견되고 있다. 먼저, 성소수자의 권리를 제도화하는 문제에 대해 정치권의 담론이 양극화되고 있는 것을 발견할 수 있다. 성소수자 문제를 금기시해 온 보수정당의 입장과 이를 제도적 논의의 장으로 끌어오려는 진보정당의 입장이 극명한 대립을 보이며 갈등이 수면 위로 떠오른 것이다. 차별금지법 제정과 퀴어축제 개최 문제는 성소수자 이슈를 둘러싼 정치인들의 입장 차이와 성소수자에 대한 혐오가 어느 정도인지 잘 보여주는 사례이다.

차별금지법을 찬성하는 정치인들은 성소수자의 성적 자기결정권 존중과 그들에 대한 차별 반대, 사회 내에 존재하는 실질적인 차별 철폐를 그 근거로 제시하고 있다. 성소수자들이 차별에 맞설 수 있는 제도적인 보호막이 필요하다는 것이 차별금지법을 찬성하는 측의 주된 입장이다. 금태섭 의원 같은 진보적인 정치인들은 동성애 반대가 표현의 자유에 속하는 문제가 아니며, 이는 성희롱이 표현의 자유가 될 수 없는 것과 마찬가지의 원리라고 주장한다(구민주, 2018.11.13a). 반면 보수 진영에서는 역차별 문제를 제기하면서 차별금지법 제정에 반대하고 있다. 이들은 만약 차별금지법이 통과된다면 성소수자들이 어떤 행위를 하든지 이에 반대하는 목소리가 처벌받을 수 있다는 문제를 강조한다. 이러한 논리를 기반으로 이언주 의원은 차별금지법은 반대의견 금지법이라고 주장하며 해당 법은 표현의 자유와 신앙의 자유 등을 구속할 수 있다는 이유로 법 제정에 반대했다(구민주, 2018.11.13b). 여기에 더해 보수 기독교 단체들은 차별금지법 제정으로 인한 해외의 기독교 탄압 사례들을 소개하면서 성소수자 문제에 관해 정치권이 타협해서는 안 된다고 주장한다.

정치인들의 입장 차이와 성소수자에 대한 혐오는 퀴어축제를 개최하는 문제에서 극명하게 나타난다. 서울시가 퀴어문화축제를 시청광장에서 개최하는 것을 허가한 사안에 대해서 당시 김문수 서울시장 후보는 "퀴어축제는 동성애를 인증하는 제도", "동성애가 인증되면 에이즈와 출산 문제는 어떻게 할 것인가"라고 말하면서(배재성, 2018.5.30),

성소수자 이슈에 대해 보수적인 입장을 가진 유권자들을 적극적으로 동원하려는 모습을 보였다. 반면에 정의당의 이정미 대표는 "퀴어문화축제는 혐오가 아닌 사랑과 평등의 공간이다. 성소수자를 향한 차별과 혐오의 시선이 사라지도록 정의당이 퀴어문화축제에 늘 함께하겠다"라고 밝혀(채혜선, 2018.7.14) 성소수자에 대한 권리 보장에 앞장서는 움직임을 보였다.

정치권에서 진행되고 있는 성소수자 담론을 살펴보면, 정의당은 성소수자의 권리를 보장하는 입장을 취하면서 진보적인 유권자를 동원하려는 움직임을 보이고 있다. 반면에 국민의힘은 '성소수자＝동성애＝에이즈'라는, 성소수자에 대한 혐오를 유발하는 프레임을 통해 보수적인 유권자를 동원하려는 모습을 보이고 있다. 17대 국회부터 20대 국회까지 민주당 계열(현재 더불어민주당)의 의원들은 진보정당 의원들과 함께 차별금지법을 발의했다. 하지만 지역구 유권자의 항의와 개신교 단체의 집단적인 항의에 못 이겨 법안을 철회하거나, 발의만 하고 법안 통과에 큰 힘을 쏟지 않았다. 21대 국회에서 더불어민주당은 거대 여당이 되었고, 21대 국회의원들은 19대 국회의원들에 비해 성소수자들의 권리 강화에 더 적극적이라는 설문조사 결과(김원철, 2020.6.11)에도 불구하고 차별금지법안은 법안 발의 정족수 10명을 겨우 채워 발의되었다. 의원들이 차별금지법안을 적극적으로 발의하고 통과시키지 못하는 이유는 개신교의 반발이 워낙 거세어서 다음 선거에서 이들의 표를 잃을까 두려워하기 때문이라는 것은 대부분이 아는 사실이다.

종교적인 요인은 정치권뿐만 아니라 대중들의 성소수자 권리에 대한 인식이나 행태에도 큰 영향을 미친다. 대중들 사이에서 성소수자에

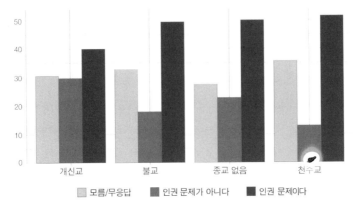

그림 2-1 종교별 성소수자 차별에 대한 인권 문제 인식   단위: %

개신교   불교   종교 없음   천수교

모름/무응답   인권 문제가 아니다   인권 문제이다

자료: 김지윤 외(2015: 9)의 표를 참고해 저자가 재구성.

대한 혐오와 부정적인 인식은 개신교 신자들을 중심으로 강하게 나타나고 있다. 〈그림 2-1〉은 대중들의 종교적 성향에 따라 성소수자 차별 문제에 대한 인식이 어떻게 다르게 나타나고 있는지를 보여준다.

성소수자 차별 문제를 인권과 관련된 문제라고 생각하는 응답자는 종교별로 개신교 39.9%, 천주교 51.4%, 불교 49.3%, 무교 49.9%로 나타났다. 또한 성소수자 차별 문제를 인권 문제가 아니라고 생각하는 응답자는 종교별로 개신교 29.6%, 천주교 13%, 불교 17.8%, 무교 22.7%로 나타났다. 이 조사를 통해 종교가 개신교인 사람들이 성소수자 이슈에 대해 부정적인 시각을 가지고 있다는 점을 확인할 수 있다. 여기서 흥미로운 점은 개신교와 천주교는 같은 신을 믿고 똑같이 성경을 경전으로 삼고 있음에도 불구하고 개신교인 사람들과 천주교인 사람들은 성소수자 차별에 대한 인식이 다르다는 점이다.

성소수자 이슈에 대한 종교 지도자들의 인식은 종교를 믿는 사람들에게 많은 영향을 미친다. "동성애로 인한 신앙적, 도덕적, 사회적, 국가적 피해에 따라 동성애와 차별금지법을 반대한다"(홍성복, 2016.6.27)라는 한 대형 교회 목사의 설교에는 성소수자 문제에 대한 개신교의 입장이 잘 함축되어 있다. 성소수자나 동성애에 대한 개신교의 혐오와 성소수자의 인권 신장을 위한 제도화에 대한 반대는 근본주의적인 신앙과 보수주의적인 가치관에 기반한다. 연구자들은 개신교 내에서 동성애 혐오 담론이 확산되고 있는 배경으로 개신교의 사회적인 특권 상실에 따른 위기의식에 주목한다. 한 연구는 개신교가 지지 기반을 확보하려는 노력의 일환으로 동성애를 혐오하는 수사를 사용한다고 주장하기도 한다(Cho, 2011). 쉽게 말해, 개신교에 대한 부정적인 인식이 증가하고 개신교 신자가 지속적으로 감소하는 위기를 극복하기 위해 동성애에 대한 혐오를 조장해 내부적인 결집을 시도하고 있다는 설명이다.

개신교와는 다르게 종교가 천주교인 사람들이 성소수자의 차별 문제를 인권 문제라고 생각하는 비율이 상대적으로 높다. 이러한 배경에는 여러 가지 이유가 있겠지만 진보적인 입장을 지닌 프란치스코 교황의 역할이 크다. 프란치스코 교황은 2013년에 즉위한 이후부터 줄곧 성소수자 커뮤니티에 포용적인 태도를 보여왔고, 미국의 최대 성소수자 잡지인 ≪애드버키트(The Advocate)≫의 표지 모델로도 등장했다. 또한 성소수자들에게 배타적인 기독교인들은 반드시 성소수자에게 용서를 빌고 사과해야 한다는 입장을 표명하기도 했다(김상범, 2016.6.27).

종교적인 성향뿐만 아니라 이념 성향도 성소수자 이슈에 대한 대중들의 태도를 좌우하는 주요 변수이다. 〈그림 2-2〉의 상단 그래프는 2014년부터 2017년까지 동성결혼 합법화와 동성 간의 성관계에 대한

그림 2-2 **성소수자 이슈에 대한 대중들의 태도**   단위: %

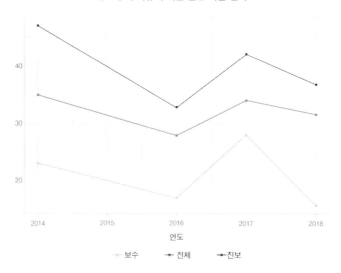

성소수자 이슈에 대한 찬성 비율 변화

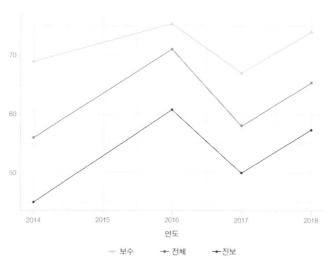

성소수자 이슈에 대한 반대 비율 변화

자료: 한국갤럽(2014); 한국갤럽(2017); 김지범 외(2019).

대중들의 찬성 비율을, 하단 그래프는 반대 비율을 나타낸다.[1] 전반적으로 대중들은 동성애와 동성결혼 합법화에 대해 찬성하기보다 반대하는 경향을 보인다. 그리고 시간이 지남에 따라 성소수자 이슈에 대해 찬성하는 비율은 감소하고 반대하는 비율이 증가하고 있다는 점을 확인할 수 있다. 또한 진보적인 사람들은 보수적인 사람들에 비해 성소수자 이슈에 대해 찬성하는 비율이, 보수적인 사람들은 진보적인 사람들에 비해 성소수자 이슈에 대해 반대하는 비율이 높게 나타났다. 2014년과 2017년에 수행된 한국갤럽의 조사 결과를 살펴보면 보수적인 사람 가운데 동성결혼 합법화에 찬성하는 비율은 각각 23%와 28%인 반면, 진보적인 사람 가운데 찬성하는 비율은 각각 47%, 42%로 나타났다. 이는 사람들이 가지고 있는 이념 성향에 따라 성소수자 이슈에 대한 태도가 다르게 나타난다는 것을 의미한다.

3. 성소수자 담론에 나타난 매체 정파성

언론은 사실에 기반해 기사를 보도하고 여론을 형성한다. 하지만 동일한 사안에 대해 모든 언론사가 비슷한 논조로 보도하지는 않는다. 미디어는 뉴스에서 '무엇을' '어떻게' 다룰지 선택할 수 있는데, 이를 미

---

1   동성결혼과 관련된 2015년 설문조사 자료는 구하기가 어려워 그림에 제시하지 못했다. 2014년과 2017년 자료는 한국갤럽의 자료를, 2016년과 2018년 자료는 KGSS의 자료를 활용했다. 또한 2018년도 KGSS 자료에서는 동성결혼 합법화에 대한 문항이 삭제되어 있어 동성 간의 성관계에 대한 문항으로 대체했다. 2014년도 한국갤럽 조사에서는 유권자의 이념 성향에 대한 문항이 없어 지지 정당으로 유권자의 이념 성향을 구분했다.

디어 프레이밍이라고 부른다. 수용자들은 미디어에 보도된 사안을 중심으로 의견을 형성하고 관련된 논의를 진행하기 때문에 미디어가 어떠한 내용을 다룰지 선택하는 것은 여론 형성에 중요한 영향을 미친다. 미디어가 사안을 어떻게 프레이밍할지 선택하는 과정은 미디어의 성향에 크게 좌우된다. 대다수의 경험적 연구들은 미디어의 이념 성향에 따라 보도에서 정파적 성향이 나타나고 있다는 점을 확인하고 있다. 다시 말해, 진보적인 미디어는 특정 사안에 대해 진보적인 가치를 대변하는 기사를 보도할 가능성이 높고, 보수적인 미디어는 보수적인 가치를 대변하는 기사를 보도할 가능성이 높다는 것이다. 예를 들어, 동성결혼 이슈에 대해 ≪뉴욕타임스≫와 ≪시카고 트리뷴≫의 보도행태를 비교·분석한 연구(Pan, Meng and Zhou, 2010)는 성소수자 이슈에 대한 매체의 정파성을 보여주는 좋은 예시이다. ≪뉴욕타임스≫는 한국에서 ≪한겨레≫나 ≪경향신문≫과 같은 진보적인 매체이며, ≪시카고 트리뷴≫은 ≪조선일보≫나 ≪동아일보≫와 같은 보수적인 매체이다. 그들의 연구에 따르면, ≪뉴욕타임스≫는 동성결혼에 대해 진보적이고 긍정적으로, ≪시카고 트리뷴≫은 보수적이고 부정적으로 보도하는 경향이 나타났다. 또한 동성결혼 합법화에 대해 연방대법원이 손을 들어준 이후 ≪뉴욕타임스≫에서는 동성애와 관련된 기사의 수가 증가한 반면, ≪시카고 트리뷴≫에서는 동성애와 관련된 기사의 수가 감소했다.

그렇다면 한국에서도 이러한 경향이 동일하게 나타날까? 성소수자 이슈에 대해서 매체의 정파성이 나타나는지 분석하기 위해 저자들은 ≪조선일보≫와 ≪동아일보≫를 보수성향의 매체로, ≪한겨레≫와

≪경향신문≫을 진보성향의 매체로 분류했다. 이후 수집된 기사들에서 사용된 단어들을 중심으로 토픽 모델링 분석과 단어의 빈도 분석을 진행했다.[2]

1) 토픽 모델링 분석을 통해 본 매체의 정파성

〈표 2-1〉은 ≪조선일보≫, ≪동아일보≫, ≪한겨레≫, ≪경향신문≫의 성소수자 관련 기사들에 대한 토픽 모델링 분석 결과를 보여준다. 보수매체인 ≪조선일보≫와 ≪동아일보≫가 보도한 성소수자 관련 기사들의 토픽 모델링 분석 결과를 살펴보자. ≪조선일보≫의 토픽은 외국사례(21%), 성 갈등(18%), 퀴어축제(18%), 국내정치(17%), 문화(14%), 사회일반(13%)으로 분류되어 주로 미국의 사례나 국내의 성 갈등, 퀴어축제 사례를 보도하는 것으로 나타났다. ≪동아일보≫의 토픽은 외국사례(18%), 문화(17%), 퀴어축제(17%), 성 갈등(16%), 국내정치(16%), 김조광수(16%)로 분류되어 ≪조선일보≫의 토픽과 유사하게 나타났다. 다음으로 진보매체인 ≪한겨레≫와 ≪경향신문≫의 성소수자 관련 기사들의 토픽 모델링 분석 결과를 살펴보자. ≪한겨레≫의 토픽은

---

2 '성소수자'를 검색어로 설정해 2014년 1월 1일부터 2018년 12월 31일까지의 기사 가운데 해당 검색어가 포함된 기사를 웹 크롤링을 통해 수집했다. 이를 통해 ≪조선일보≫ 329개, ≪동아일보≫ 344개, ≪한겨레≫ 1109개, ≪경향신문≫ 1340개의 기사가 수집되었다. 이후 저자들은 수집된 기사들의 단어들을 추출해 넷마이너 프로그램을 통해 토픽 모델링 분석과 주요 단어의 빈도 및 연결중심성 분석을 수행했다. 토픽 모델링 분석은 구조화되지 않은 수많은 문장들 내에서 문맥을 파악해 등장한 단어들을 유사한 단어군으로 묶어준다. 이 분석은 군집화된 단어들을 통해 기사에서 담고 있는 주제들을 손쉽게 추론할 수 있다는 장점이 있다.

표 2-1 **토픽 모델링 분석 결과**

언론사	순위	주제명	비율	토픽 구성 단어
조선 일보	1	외국사례	21%	트럼프, 미국, 여성, 자신, 대통령, 민주당, 선거, 공개, 뉴욕, 공화, 동성애자, 의원, 주지사, 보도, 사건, 사실, 성추행, 피해자, 감독
	2	성 갈등	18%	여성, 남성, 워마드, 한국, 페미니즘, 사회, 혐오, 사용, 표현, 난민, 문화, 사람, 사이트, 운동, 의미, 태그, 화장실, 교수, 등장
	3	퀴어축제	18%	동성애, 반대, 행사, 퀴어문화축제, 집회, 단체, 미국, 축제, 교사, 인권, 퀴어, 금지, 동성애자, 서울광장, 세계, 참가, 참가자, 처음, 학부모, 수업
	4	국내정치	17%	후보, 정당, 진보, 관련, 기본, 인권, 헌법, 대표, 사회, 정치, 문제, 국민, 민주, 의원, 정부, 활동, 자유, 결정, 보수
	5	문화	14%	사람, 영화, 자신, 작품, 연기, 생각, 인간, 세상, 사회, 차별, 처음, 드라마시작, 이야기, 모습, 배우, 존재, 사실, 감독
	6	사회일반	13%	사회, 교육, 한국, 사람, 생각, 기업, 문제, 지원, 중국, 학생, 경제, 정책, 국제, 대학, 사업, 편견, 관심, 교수, 부모
동아 일보	1	외국사례	18%	미국, 대통령, 트럼프, 대선, 반대, 자신, 동성애, 보수, 차별, 뉴욕, 사건, 후보, 공화, 사람, 국가, 동성애자, 성향, 평가, 보도
	2	문화	17%	영화, 드라마, 미국, 이야기, 작품, 세계, 영국, 감독, 사람, 배우, 자신, 주인공, 사랑, 국내, 음악, 인기, 제작, 가족, 무대, 문화
	3	퀴어축제	17%	주장, 사회, 상황, 반대, 위원회, 단체, 계획, 기본, 인권, 행사, 활동, 금지, 동성애, 의견, 인정, 축제, 민주, 서울시, 결정, 국가, 차별, 퀴어문화축제
	4	성 갈등	16%	남성, 여성, 사람, 사회, 한국, 문제, 주장, 교수, 사실, 정도, 남녀, 차별, 표현, 대부분, 대상, 사용, 설명, 성별, 혐오, 세대, 트랜스젠더, 페미니즘, 평등, 성적, 이야기, 범죄, 워마드
	5	국내정치	16%	대표, 정치, 사회, 의원, 후보, 문제, 국민, 대통령, 대선, 사람, 선거, 시장, 인사, 문재인, 한국, 비례, 정당, 정부, 민주, 생각
	6	김조광수	16%	공개, 영화, 감독, 사실, 동성애, 사람, 주장, 피해자, 입장, 자신, 동성애자, 상황, 생각, 인정, 시작, 정체, 동성, 사건, 과정, 이유
한겨레	1	소수자 인권	36%	인권, 동성애, 문제, 단체, 혐오, 시민, 동성애자, 반대, 차별, 한국, 난민, 종교, 지지, 학생, 시작, 교육, 주장, 활동, 운동
	2	성 갈등	29%	여성, 남성, 사람, 사회, 자신, 생각, 이야기, 문제, 존재, 불편, 가족, 차별, 폭력, 시작, 페미니즘, 문화, 이유, 혐오, 사랑, 동성애자
	3	국내정치	13%	여성, 후보, 정치, 대표, 정당, 사회, 대통령, 문제, 생각, 선거, 의원, 녹색당, 국회의원, 정의당, 한국, 국회, 정책, 청년, 필요, 나라
	4	사회일반	11%	사회, 여성, 정치, 역사, 한국, 과학, 문제, 차별, 민주주의, 인간, 문화, 사람, 생각, 선거, 운동, 혐오, 요구, 가능, 교수, 국가
	5	외국사례	8%	미국, 트럼프, 정책, 북한, 전시, 정부, 한국, 작가, 청년, 공화, 기획, 대선, 대외, 대통령, 외교, 유통, 행정부, 기간, 미술, 세대
	6	사건·사고	4%	혐오, 범죄, 사건, 메트로, 수사, 업체, 주장, 하청, 검찰, 대상, 보수, 업무, 규제, 대표, 미국, 사고, 시트, 안전, 여성, 외주
경향 신문	1	소수자 인권	28%	사회, 여성, 문제, 남성, 생각, 사람, 자신, 한국, 혐오, 차별, 페미니즘, 존재, 학교, 이야기, 장애, 경험, 소수자, 시작, 트랜스젠더
	2	차별금지법	20%	인권, 동성애, 차별, 반대, 규정, 사회, 성적, 동성애자, 관련, 문제, 평등, 금지, 단체, 조례, 차별금지법, 학생, 이유, 주장, 처벌
	3	국내정치	18%	후보, 국민, 문재인, 대선, 안철수, 홍준표, 대통령, 대표, 유승민, 정당, 정부, 의원, 통합민주당, 선거, 자유정의당, 지지, 대한민국
	4	사회운동	12%	시민, 집회, 단체, 축제, 행동, 사람, 연대, 퀴어, 등장, 마련, 행진, 문화, 세계, 참가, 광화문광장, 무지개, 사랑, 처음, 영화, 무대
	5	외국사례	11%	미국, 트럼프, 선거, 정치, 공화, 정부, 의회, 평등, 대통령, 프랑스, 과반, 기업, 문제, 비판, 사회, 세계, 승리, 평가, 한국
	6	퀴어축제	10%	인권, 표현, 혐오, 단체, 사회, 시민, 주장, 반대, 차별, 문제, 퀴어, 문화축제, 동성애, 서울광장, 소수자, 주최, 진행, 행사, 운동, 대상

자료: 강신재·이윤석·조화순(2019: 157~159).

소수자 인권(36%), 성 갈등(29%), 국내정치(13%), 사회일반(11%), 외국 사례(8%), 사건·사고(4%)로 분류되어 주로 성소수자 이슈를 인권 문제나 페미니즘 이슈와 연계해 다루는 것으로 나타났다. ≪경향신문≫의 토픽은 소수자 인권(28%), 차별금지법(20%), 국내정치(18%), 사회운동(12%), 외국사례(11%), 퀴어축제(10%)로 분류되어 주로 소수자 인권, 차별금지법, 사회운동과 관련된 기사를 보도한 것을 확인할 수 있다.

매체별로 분류된 토픽들이 기사에서 어떠한 내용으로 나타났는지 상위 3개 토픽을 중심으로 살펴보았다. ≪조선일보≫의 상위 첫째 토픽인 '외국사례'의 주요 키워드는 트럼프, 미국, 여성, 대통령, 민주당, 선거 등으로 구성되었다. 주로 미국 정치과정에서 성소수자 이슈가 어떻게 나타나고 있는지 보도한 기사들이 이 토픽에 분류되었다. 둘째 토픽인 '성 갈등'의 주요 키워드는 여성, 남성, 워마드, 페미니즘, 혐오 등으로 구성되었다. 이 토픽에는 한국 사회에서 남성과 여성 간의 성 갈등을 보도하는 기사들이나 성소수자, 노인, 아동 등 사회적 약자에 대한 의견 차이 때문에 워마드가 메갈리아에서 분리되었다는 내용의 기사들이 주로 포함되었다. 셋째 토픽인 '퀴어축제'의 주요 키워드는 동성애, 반대, 행사, 집회, 단체 등으로 구성되었다. 해당 토픽에서는 퀴어축제와 이에 대응하는 보수·개신교 집단의 맞불집회를 소개하면서, 퀴어축제에 대한 부정적인 논조를 담은 기사들이 많이 포함되었다.

≪동아일보≫의 상위 첫째 토픽인 '외국사례'의 주요 키워드는 미국, 대통령, 트럼프, 대선, 동성애 등으로 구성되었다. 이 토픽에는 민주당 정치인들이 트럼프를 인종차별, 동성애 혐오자라고 비난하는 등 성소수자 이슈를 둘러싼 미국의 이념 경쟁을 보도하는 기사들이 많았

다. 둘째 토픽인 '문화'에서는 성소수자와 관련된 영화, 드라마, 미국, 이야기, 작품 등이 주요 키워드로 나타났다. 이 토픽에서는 성소수자인 프레드 머큐리의 인생을 각색한 영화 〈보헤미안 랩소디〉에 대한 보도나, 한국 드라마에서 성소수자 역할의 주인공이 출연했다는 사실에 대한 보도가 많았다. 셋째 토픽인 '퀴어축제'의 주요 키워드는 주장, 사회, 반대, 위원회, 단체 등으로 구성되었다. 해당 토픽에서는 ≪조선일보≫와 비슷하게 퀴어축제를 반대하는 주장이나 집단에 초점을 맞춘 기사들이 많았다.

　≪한겨레≫의 상위 첫째 토픽인 '소수자 인권'은 인권, 동성애, 문제, 단체, 혐오, 시민 등의 주요 키워드로 구성되었다. '군형법' 제92조의6항을 성소수자들의 권리를 침해하는 인권 침해법으로 소개하거나, 성소수자 혐오 발언을 듣는 등의 인권 침해를 경험한 성소수자들의 현실에 대해 보도한 기사들이 많았다. 둘째 토픽인 '성 갈등'의 주요 키워드는 여성, 남성, 사회, 자신, 생각, 페미니즘 등으로 나타났다. 소수자에 대한 혐오를 막기 위해 여성, 장애인, 성소수자가 공동 연대한 사례같이 소수자들의 인권과 성소수자들의 인권을 연계하는 기사가 많았다. 셋째 토픽인 '국내정치'의 주요 키워드는 여성, 후보, 정치, 대표, 정당, 사회, 대통령 등으로 구성되었다. 이 토픽에는 국내 선거와 인사청문회 과정에서 나타난 성소수자에 대한 혐오를 다룬 기사들이 많았다.

　≪경향신문≫의 상위 첫째 토픽인 '소수자 인권'의 주요 키워드는 사회, 여성, 문제, 남성, 한국, 혐오, 차별 등으로 나타났다. 이 토픽에서는 한국 사회에서 진행되고 있는 성소수자에 대한 혐오와 최근 들어 갈등이 고조되고 있는 남녀 간의 성 갈등을 인권 문제와 연계해 다루는

기사들이 많았다. 둘째 토픽인 '차별금지법'의 주요 키워드는 인권, 동성애, 차별, 반대, 규정, 조례, 차별금지법 등으로 구성되었다. 주로 성소수자들의 권리 향상을 위해 제도적 차원에서 차별금지법과 인권조례의 제·개정을 촉구하는 기사들이 많았다. 셋째 토픽인 '대통령 선거'의 주요 키워드는 후보, 국민, 문재인, 대선, 안철수, 홍준표, 대통령 등으로 나타났다. 해당 토픽에서는 대선 주자들의 성소수자 이슈에 대한 입장 변화와 대선 TV 토론회에서 나타난 성소수자 이슈와 관련된 공방들을 다룬 기사들이 많았다.

정리하자면, 성소수자 이슈에 대해서 보수성향인 ≪조선일보≫와 ≪동아일보≫는 주로 외국사례, 성 갈등, 퀴어축제, 문화에 초점을 맞춘 기사들을 많이 보도하고 있었다. 반면에 진보성향인 ≪한겨레≫와 ≪경향신문≫은 주로 소수자 인권, 성 갈등, 차별금지법, 국내정치에 초점을 맞춘 기사들을 보도하고 있는 것으로 나타났다. 보수성향의 신문들은 주로 성소수자들의 인권에 대한 문제 제기나 성소수자 이슈를 둘러싼 갈등 해소에 초점을 맞추기보다는 성소수자와 관련된 사건·사례를 더 비중 있게 보도했다. 또한 퀴어축제에 대한 부정적인 기사들을 보도함으로써 성소수자 이슈를 부정적으로 프레이밍했다는 점도 드러났다. 반면에 진보성향의 신문들은 주로 성소수자에 대한 혐오나 차별에 초점을 맞추어 이를 인권 문제와 연계시키는 기사를 더 비중 있게 보도했다. 진보성향의 신문들은 제도적 차원에서 성소수자 문제를 해결하기 위해 노력하고 있다는 점이 보였다. 이러한 분석 결과를 통해 한국에서도 성소수자 이슈에 대한 매체의 정파성이 나타나고 있음을 확인할 수 있다.

2) 키워드를 통해 본 매체의 정파성

〈그림 2-3〉은 성소수자와 관련된 기사에 나타난 상위 주요 단어들의 표준화된 빈도를 매체의 성향별로 보여준다.[3] 이 그림을 통해 동일한 사안이라 하더라도 매체의 이념 성향에 따라 어떤 단어들을 상대적으로 더 많이 사용했는지 파악할 수 있다. '남성', '사건', '동성애' 등의 단어는 진보매체와 보수매체가 기사에서 평균적으로 거의 비슷하게 다루고 있는 것으로 나타났다. 표준화 빈도에서 매체의 성향별로 두드러진 차이가 나타난 단어는 '혐오', '인권', '차별'을 들 수 있다. 진보매체는 보수매체보다 성소수자 관련 기사에서 '혐오'라는 단어를 평균적으로 다섯 배 이상 더 사용하는 것으로 나타났다. '인권'과 '차별'의 경우도 진보매체가 보수매체보다 평균적으로 각각 2.8배, 2.5배 더 많이 사용했다. 이는 진보매체가 성소수자와 관련된 기사를 보도할 때 한국 사회에서 성소수자들이 받고 있는 혐오와 차별의 현실을 조명하고, 이를 성소수자의 인권 증진과 연결하려 했다는 것을 의미한다.

반면에 성소수자 관련 기사에서 보수매체는 진보매체보다 '미국'이라는 단어를 평균적으로 1.3배 이상 더 많이 사용하는 것으로 나타났다. 이는 보수매체가 기사에서 성소수자 이슈와 관련된 미국 내의 정치 갈등을 국내의 정치 갈등보다 더 집중적으로 다루었기 때문에 나타

---

3   〈그림 2-3〉은 강신재·이윤석·조화순(2019: 162)에서 제시한 '성소수자 관련 기사의 매체별 상위 20개 빈도 및 연결중심성'을 보기 쉽게 재정리한 그림이다. 진보매체가 보수매체보다 성소수자 관련 기사를 더 많이 보도했기 때문에 단어의 평균 빈도도 진보매체가 보수매체보다 높을 수밖에 없다. 따라서 이 그림에서는 매체에서 나타난 주요 단어들의 빈도를 매체 성향별 기사의 총 수(진보매체 2449개, 보수매체 673개)로 나누어 표준화된 빈도를 계산했다.

그림 2-3 매체의 성향에 따른 단어들의 표준화 빈도

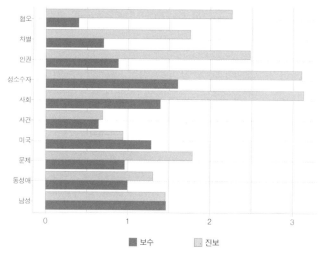

자료: 필자가 분석한 결과를 토대로 직접 작성.

난 결과이다. 보수매체와 진보매체의 표준화된 단어 빈도의 차이는 앞
선 토픽 모델링 분석 결과와 어느 정도 맥을 같이하고 있다. 진보매체
와 보수매체의 기사에서 나타난 단어들은 사용의 빈도뿐만 아니라 내
용에서도 차이를 보이고 있다. 진보매체의 경우 기사의 제목과 내용에
서 성소수자에 대한 차별과 혐오가 강조되는 기사들이 주를 이뤘다.
반면에 보수매체의 경우 기사의 제목과 내용을 통해 성소수자에 대한
차별과 혐오에 대한 입장을 확인할 수 없는 기사들이 다수 존재했고,
보도의 대상 또한 국내보다는 해외사례인 경우가 많았다.

　토픽 모델링 분석을 통해 살펴봤듯이, 보수매체의 주요 토픽에서
'미국', '영화', '트럼프', '사건' 등의 단어가 상위에 위치해 있다는 것을

고려해 봤을 때 보수매체는 비교적 성소수자 이슈에 대해 서술적이고 사실 위주의 보도를 했다고 볼 수 있다. 반면에 진보매체는 성소수자 이슈에 대해 적극적으로 문제를 제기했고, 보수매체에 비해 제도 개선 이라는 프레임을 기사에 더 담았다는 점을 확인할 수 있다.

정리하자면, 성소수자 이슈에 대한 진보매체와 보수매체의 보도 행태는 다음과 같은 차이를 보였다. 첫째, 진보매체가 보수매체보다 성소수자 문제를 다루는 기사의 수가 눈에 띄게 더 많았다. 이는 성소수자 문제에 대해 언론이 생각하는 선호도와 중요성에 따라 선택과 배제의 메커니즘을 활용해 정파성을 드러냈다는 점을 의미한다. 둘째, 토픽 모델링 분석을 통해 매체별로 성소수자 이슈에 대한 보도에서 초점을 맞춘 부분이 달랐다는 점을 확인했다. 보수성향의 신문들은 주로 성소수자 이슈에 대한 문제나 갈등 해소에 초점을 맞추기보다는 성소수자 이슈와 관련된 사건이나 사례, 영화 내용 등을 더 중요하게 보도했다. 반면에 진보성향의 신문들은 주로 성소수자에 대한 혐오나 차별에 더 초점을 맞춰 인권적·제도적 차원에서 성소수자 문제를 해결해야 한다는 내용을 주로 보도했다. 이 같은 패턴은 기사에서 사용된 단어들의 표준화 빈도 분석 결과에서도 그대로 나타났다.

4. SNS와 성소수자 담론

디지털 사회로 진입하면서 성소수자 담론은 어떠한 변화를 겪고 있는가? 대중매체가 다루는 성소수자 담론과 온라인상에서 나타나는 성소수자 담론은 어떠한 차이가 있는가? 과거에는 방송사나 신문사가 정보의 생산과 유통을 독점했다면, SNS 시대에는 일반 개인들도 정보의 생산과 유통이 가능해졌다. 이러한 특징은 한국 사회에 존재하는 성소수자에 대한 혐오를 완화할 수 있는 기제로 작용할 수도 있지만, 오히려 그들에 대한 혐오를 더 조장하는 기제로 작용할 수도 있다.

페이스북이나 트위터, 인스타그램과 같은 문자나 사진 기반의 플랫폼들과는 다르게, 영상을 기반으로 하는 유튜브에서는 특히 성소수자와 관련된 콘텐츠와 정보들이 많이 유통되고 있다. SNS에서 성소수자 담론이 어떠한 양상으로 나타나고 있는지 파악하기 위해 저자들은 2020년 5월 1일을 기준으로 한국에서 성소수자가 운영하는 대표적인 유튜버 채널을 조사했다. '조송(Josong)' 채널은 약 29만 명이 구독하고 있으며, 업로드된 영상들의 총 조회 수는 4585만 1964회이다. 이 채널은 주로 성소수자 커플의 일상, LGBT 사연 읽어주기, 일상생활, LGBT 친구 소개, LGBT 고민상담소 등의 콘텐츠를 업로드하고 있다. 성소수자가 운영하는 또 다른 채널인 '채널 김철수(CHANNEL GIMCHEOLSOO)'는 약 18만 명이 구독하고 있으며, 업로드된 영상들의 총 조회 수는 1856만 3200회이다. 이 채널은 주로 일상생활, 질의응답, 성소수자 인터뷰, 성소수자 뉴스, 커밍아웃 페이지 등의 콘텐츠를 제공하고 있다. 커밍아웃 페이지에서는 주로 한국뿐만 아니라 외국의 성소수자들까지 자신들의 얼굴과 실명을 공개하며 자신의 성적 정체성 및 커밍아웃과 관련된 일화를 이야기하는 영상이 업로드되고 있다.

유튜브를 통해 성소수자와 관련된 영상들이 증가하고 있는 상황에서 사람들이 해당 영상들을 접한다면 성소수자에 대한 기존의 태도나 감정에 변화가 생길까? 접촉 이론은 동성애에 대한 이야기와 성소수자와의 직간접적인 접촉이 증가할수록 성소수자에 대한 긍정적인 인식이 증가한다고 설명한다. 많은 사람들이 성소수자들이 운영하는 유튜브 채널들을 구독하고 있으며, 구독자가 아니더라도 다른 경로나 유튜브의 알고리즘을 통해 성소수자와 관련된 주제의 영상들을 접할 가능성이 높아졌다. 접촉 이론은 유튜브를 통해 성소수자들의 일상생활, 고민, 사연 등을 주제로 하는 영상을 의도적으로 혹은 의도치 않게 접하는 사람들이 많아질수록 그들에 대한 사회적인 분위기가 더 긍정적으로 변화할 것이라고 말한다.

이와 비슷한 맥락에서, 한국에서 동성결혼 합법화와 차별금지법 제정에 대한 유권자들의 태도를 결정하는 요인을 분석한 연구가 존재한다(후지사키 요시애·강신재·진영재, 2019). 이들은 온라인 정치활동 정도가 높은 사람일수록 동성결혼 합법화와 차별금지법 제정에 찬성할 가능성이 높다고 분석한다. 온라인 정치활동 정도가 높을수록 접촉 이론에서 말하는 성소수자들에 대한 다양한 이슈를 접하거나 성소수자들과 직간접적인 접촉을 할 가능성이 높기 때문에 성소수자의 인권을 제도적으로 보장하는 의제에 호의적이게 된다는 설명이다.

이 연구의 또 다른 흥미로운 발견은, 온라인 정치활동 정도의 효과가 사람들의 종교적 성향에 따라 다르게 나타난다는 점을 밝힌 것이다. 〈그림 2-4〉는 사람들의 온라인 정치활동 정도가 차별금지법 제정에 대한 태도에 미치는 영향이 종교 성향에 따라 어떻게 다르게 나타나는지 보여준다. 전반적으로 온라인 정치활동을 많이 할수록 차별금지법 제정에 대해 찬성할 확률이 증가하는 것으로 나타난다. 하지만 종

그림 2-4　**온라인 정치활동과 종교 성향의 상호작용 효과**

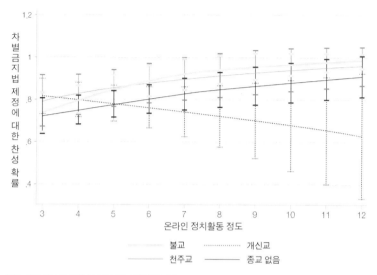

자료: 후지사키 요시애·강신재·진영재(2019: 56).

교가 개신교인 사람들은 다른 종교를 가진 사람들에 비해 온라인 정치
활동 정도가 높을수록 차별금지법 제정에 반대할 가능성이 높게 나타
났다. 종교가 개신교인 유권자들은 온라인 공간에서 개신교 커뮤니티
에 노출되거나 개신교 커뮤니티에서 활동할 가능성이 높다. 그리고 개
신교 커뮤니티에서는 성소수자 이슈에 대한 부정적인 정보와 의견이
많이 생산되고 공유된다. 그렇기 때문에 개신교 유권자들은 온라인 활
동이 많아질수록 성소수자 이슈에 부정적인 태도를 지니게 된다는 설
명이다. 이러한 결과는 접촉 이론이 설명하는 것과는 다르게 온라인
공간에서 성소수자와 관련된 정보를 수용하는 사람들의 태도가 복잡
하게 나타난다는 것을 의미한다.

〈그림 2-4〉를 통해 살펴봤듯이, 성소수자 이슈에 대한 지지 혹은 혐오는 소셜 네트워크 이용자들의 행태와 맞물려 복합적으로 나타난다. 특히 사람들의 동종 선호 심리와 선택적 노출 행태는 성소수자에 대한 혐오를 확산시키는 중요한 기제로 작용하고 있다. 동종 선호 심리는 자신과 반대되는 입장이나 성향을 지닌 사람들보다는 유사한 입장이나 성향을 지닌 사람들과 소통하는 것을 선호하는 심리이며, 선택적 노출은 사람들이 자유롭게 정보를 취득할 수 있는 상황에서 자신의 입장이나 성향과 일치하는 매체에서만 정보를 얻는 행태를 의미한다. 인터넷 커뮤니티나 SNS에는 다양한 성향의 매체와 네트워크가 존재하는데, 사람들은 자신의 성향과 유사한 내집단을 자신의 성향과 반대되는 외집단보다 더 선호한다. 동종 선호 심리가 강하더라도 인터넷을 이용하면서 의도치 않게 자신의 성향과 반대되는 정보나 매체를 접할 가능성도 존재한다. 하지만 이 경우에도 사람들은 자신의 성향과 반대되는 정보를 접하면서 느끼는 인지 부조화 상태를 해소하려는 심리 때문에 자신의 선호와 일치하는 매체나 정보만 선택하게 된다. 결국 사람들은 자신들이 원래 선호하던 그룹이나 매체만 팔로잉하며 편향적인 정보를 접하게 된다. 이 경우 원래 보수적이고 동성애나 성소수자를 혐오하는 사람들은 성소수자에 대한 우호적인 정보나 매체를 접한다고 해서 그들에 대한 혐오가 완화되지 않으며, 오히려 강화될 가능성이 높다.

이와 더불어 소셜 네트워크에서는 익명성에 기댄 사람들에 의한 사이버 비난과 사이버 불링이 증가하고 있다. 사이버 불링은 가상공간을 뜻하는 'cyber'와 집단 따돌림을 지칭하는 'bullying'의 합성어로 인터넷 공간에서 특정인을 집요하게 괴롭히는 행위를 뜻한다. 악성 댓글이 소중한 생명을 앗아가는 경험이 반복되고 있음에도 불구하고 사이버 비난과 불링은 끊임없이 지속되고 있는데, 이 대상에서 성소수자도 예외가 아니다. 최근 코로나19 확진자가 이태원 성소수자 클럽을 방문했다는 신문 보도 이후, 포털 사이트에서 '게이', '게이클럽' 등이 실시간 인기 검색어로 등장했다. 관련 기사들의 댓글에서는 "더러운 성소수자들", "똥꼬충", "게이 때문에 상권 다 죽었다" 등 성소수자에 대한 혐오 발언이 난무했다. 성소수자 연예인인 홍석천의 인스타그램에서도 사이버 불링은 지속되었다. 홍석천이 우리나라의 의료진을 응원하는 '덕분에 챌린지'에 참여한 사진을 인스타그램에 게시한 것에 대해 몇몇 사람들은 게이클럽에 대해서도 한마디 해달라든지, 신천지에 쓴소리한 것처럼 성소수자에게도 똑같이 쓴소리를 하라는 댓글을 달았다.

공신력 있는 기관뿐만 아니라 일반 개인도 정보를 생산하고 유통할 수 있게 되면서 루머와 가짜뉴스가 증가하고 있고, 이와 맞물려 성소수자에 대한 혐오도 증가하고 있다. '에스더기도운동본부'는 소셜 네트워크에서 성소수자에 대한 가짜뉴스를 퍼뜨린 대표적인 단체이다. 에스더기도운동본부는 동성애가 에이즈의 원인이기 때문에 동성결혼을 합법화하면 한국에 에이즈가 창궐할 것이라는 주장을 해왔다. 또한 동성애를 합법화하면 그다음은 소아성애, 수간 등 각종 이상 성애가 순차적으로 합법화될 것이라고 주장했다(이은혜, 2018.10.2). 성소수자에 대한 사이버 비난과 불링의 증가, 그리고 루머와 가짜뉴스의 확산은 성소수자들의 명예와 기본권을 훼손하고 있으며, 성소수자에 대한 차별과 혐오를 가속화시키고 있다.

5. 나아가야 할 방향

이 장에서는 신문 매체에 따라 성소수자 이슈에 대한 보도 정파성이
나타나고 있다는 것을 텍스트 분석을 통해 확인하고, SNS에서 성소수
자에 대한 혐오 담론이 어떻게 진행되고 있는지 살펴보았다. 매체의
정파성은 동기화된 유권자가 증가하고 있는 현실 속에서 성소수자에
대한 혐오를 공고하게 만드는 방식으로 작동할 수 있다. 동기화된 유
권자란, 스스로 정치 현안과 관련된 정보를 적극적으로 습득하고 여러
가지 정보를 비교해 정보의 가치를 판단하기보다는 자신이 기존에 가
지고 있는 성향(예를 들면, 이념 성향)에 조응하는 정당이나 미디어가 전
달하는 정보만 습득하는 유권자를 말한다. 매체의 정파성이 증가하고
동기화된 유권자들이 증가할수록 의견이 다른 사람들과의 소통과 타
협은 더욱 소원해지고, 자신과 다른 생각을 가진 집단을 배척하고 혐
오하게 될 가능성이 높다.

성소수자에 대한 미디어의 편향적인 보도를 수정하고 현실과 온라
인 공간에서 건전한 여론을 형성하는 것은 성소수자 문제에 대한 진
지한 토론과 제도적 방안을 찾기 위한 중요한 조건이다. SNS에서 유
통되는 성소수자 관련 콘텐츠와 댓글 등을 분석해 SNS가 성소수자에
대한 차별을 완화하는 기제로 작용하는지, 아니면 성소수자에 대한
혐오를 더 확산시키는 증폭제로 기능하는지 면밀하게 관찰할 필요가
있다.

한국 사회에서 성소수자 담론은 다양한 사회적 가치를 복합적으로
반영하고 있고 정치적으로도 중요한 문제로 부각되고 있다. 이러한 상

황에서 매체의 정파성과 SNS에서 나타나는 배타적인 담론 지형은 한국 사회에 존재하는 이념적 양극화를 촉진하고 문제의 해결을 방해하고 있다. 매체의 정파성은 수용자들의 선택적 노출 행태와 맞물려 성소수자 이슈에 대한 갈등을 증폭시킴으로써 성소수자의 권리를 증진시키는 제도 개선과 사회 통합에 부정적인 영향을 미치고 있다. 예를 들어 17대 국회부터 발의되고 있는 차별금지법안은 현재까지도 국회 상임위에서 제대로 된 논의조차 이루어지지 못하고 있다. 성소수자 이슈에 대한 관심과 이를 둘러싼 갈등의 증가에 비례해 제도권 정치의 변화가 일어나지 못하고 있는 현실이다.

이러한 상황에서 우리가 나아가야 할 방향은 무엇인가? 모든 문제해결의 출발점은 문제가 무엇인지 인식하는 것에서부터 시작된다는 말이 있다. 무엇보다도 성소수자에 대한 혐오가 문제라는 점을 인식하는 것이 중요하다. 성소수자에 대해 의도적으로 혐오 발언을 내뱉는 사람들도 있지만, 무의식적으로 혐오가 될 수 있는 발언을 하는 사람들도 있다. 예를 들어, 어떤 한 남성의 말투나 행동 양식에 대해 "게이 같다"라고 하는 발언은 어떨까? 설령 그 남성이 게이가 아니라고 하더라도 그 표현은 분명 문제가 있다. 일례로 한 멕시코 공영 방송사의 진행자가 방탄소년단의 빌보드 무대를 보고 "게이 같다", "LGBT가 단체로 돌아다니는 것 같다"라고 말해서 방탄소년단 팬들이 집단적으로 항의했던 적이 있다. 이 일화를 통해 알 수 있는 것은 그 말을 한 진행자나 그 말을 듣고 화난 팬들은 모두 "게이 같다"라는 말을 부정적으로 인식하고 있다는 것이다. 우리가 무의식적으로 문제의식 없이 내뱉은 한마디가 성소수자에게는 누구보다 큰 상처가 될 수 있다.

둘째로, 개인의 자유와 다양성을 존중하고 자신과 다른 성향을 지닌 사람이나 집단에 대해 관용하는 문화 유전자를 가질 필요가 있다. 모든 혐오의 출발점은 다양성을 인정하지 않고 자신이 가지고 있는 성향만이 무조건 옳다고 생각하는 것에서 시작한다. 개인의 자유와 다양성을 존중하는 것은 민주주의가 유지될 수 있는 필요조건이다. 만약 그러한 문화가 형성되지 않고 소수자에 대한 혐오가 지속된다면 소수자에 대한 혐오와 차별을 막는 방향으로 법적·제도적 개선을 취하는 것이 바람직할 것이다.

'차별금지법' 혹은 '평등법'이 지향하는 것처럼 소수자에 대한 혐오와 차별을 막는 방향으로 제도화가 진행되기 위해서는 아직 제도화의 필요성을 느끼지 못하거나 이에 반대하는 사람들을 설득하고 사회적인 합의를 도출해 나가는 과정이 무엇보다 중요하다. 이 과정에서 대중매체는 정파적으로 보도하기보다는 균형 잡힌 시각에서, 그리고 문제 해결의 시각에서 보도해야 한다. 또한 온라인 공간에서 사람들이 동질적인 집단 내에서만 소통하기보다는 자신과 입장을 달리하는 사람들과 교류와 소통을 지속하는 진정한 의미의 '공론장'을 형성하고 유지해야 한다. 이러한 조건들이 충족되었을 때 성소수자에 대한 혐오가 완화되고 성소수자의 권리 증진에 필요한 여러 제도적 장치를 도입하기 위한 생산적인 논의가 풍부해질 것이다.

참고문헌

가상준. 2016. 「혐오집단에 대한 한국인의 정치관용 및 태도」. ≪동서연구≫ 28(3): 1~24.

강신재·이윤석·조화순. 2019. 「한국사회의 매체 정파성과 성소수자 담론 텍스트 분석」. ≪정보사회와 미디어≫ 20(2): 145~174.

구민주. 2018.11.13a. [차별금지법②] 금태섭 "동성애 반대는 표현의 자유 영역 아니다". ≪시사저널≫, 1517.

_____. 2018.11.13b. [차별금지법③] 이언주 "차별금지법은 반대의견 금지법". ≪시사저널≫, 1517.

김상범. 2016.6.27. "기독교인들, 성소수자에게 반드시 용서 빌고 사과해야". ≪경향신문≫.

김수정. 2013.9.7. "김조광수 결혼식 오물 투척 시민, '인분, 된장 섞은 게 동성애'". ≪TV리포트≫.

김원철. 2020.6.11. "'성 소수자 권리보장' 진일보. '여성할당제 도입'은 뒷걸음". ≪한겨레≫.

김지범·강정한·김석호·김창환·박원호·이윤석·최성수·최슬기·김솔이. 2019. 『한국종합사회조사 2003~2018』. 서울: 성균관대학교 출판부.

김지윤·봉영식·강충구·이지형. 2015. 『한국 유권자와 이슈 Ⅲ: 성소수자(LGBT) 인식』. 이슈브리프. 서울: 아산정책연구원.

배재성. 2018.5.30. "김문수, '동성애 인정하면 에이즈·출산 어떻게 할 것인가'". ≪중앙일보≫.

유영대. 2020.5.7. "[단독] 이태원 유명 클럽에 코로나19 확진자 다녀갔다". ≪국민일보≫.

이은혜. 2018.10.2. "에스더 이용희 대표가 반복해 온 동성애 가짜뉴스". ≪뉴스앤조이≫.

채혜선. 2018.7.14. "3년째 퀴어축제 참석한 이정미 "무지개색 정치 하겠다"". ≪중앙일보≫.

한국갤럽. 2014. 「데일리 오피니언 제143호: 차기 정치 지도자, 동성애 관련 인식」(2014년 12월 2주). 서울: 한국갤럽.

_____. 2017. 「동성결혼, 동성애에 대한 여론조사: 2001/2014/2017년 비교」. 서울: 한국갤럽.

홍성복. 2016.6.27. "소강석목사, "동성애·차별금지법반대" 목소리 높여". ≪크리스천포커스≫.

후지사키 요시애·강신재·진영재. 2019. 「온라인 정치적 활동이 성소수자 이슈에 대한 태도에 미치는 영향: 동성결혼 합법화와 차별금지법 제정 문제를 중심으로」. ≪의정연구≫ 25(3): 33~68.

Cho, M. A. 2011. "The Other Side of their Zeal: Evangelical Nationalism and Anticommunism in the Korean Christian Fundamentalist Antigay Movement since the 1990s." *Theology & Sexuality* 17(3): 297~318.

OECD. 2019. *Society at a Glance 2019: OECD Social Indicators*. OECD Publishing: Paris.

Pan, P. L., J. Meng and S. Zhou. 2010. "Morality or Equality? Ideological Framing in News Coverage of Gay Marriage Legitimization." *The Social Science Journal* 47(3): 630~645.

제3장

혐오가 유머를 만날 때[*]
유머를 통한 타인에 대한 혐오 증폭과 한국의 젠더 갈등

연지영·이훈

1. 혐오, 유머를 만나다

2018년 11월, 사당동 이수역 근처의 주점에서 세 명의 남성과 두 명의 여성이 몸싸움을 벌이는 사건이 발생했다. '이수역 폭행사건'으로 불리는 이 사건은 한국 사회에서 혐오가 얼마나 과열되고 있는지를 적나라하게 보여준다. 이처럼 한국을 휩쓸고 있는 혐오의 광풍이 갑작스럽게 나타난 것이라 할 수는 없다. 혐오란 생물학적 시각에서 인간의 건강과 청결한 삶을 유지하기 위해 불결한 것은 피하고자 하는 감정이다. 따라서 인생을 살면서 사람은 적어도 한 번 이상은 무언가를 혐오

---

[*]   이 장은 ≪한국정치학회보≫ 54집 4호(2020.9)에 실린 「혐오가 유머를 만날 때: 타인 혐오를 증폭시키는 유머와 한국 사회의 젠더 갈등에 대한 함의」를 수정·보완한 것이다.

할 수 있다.

정치철학자 마사 너스바움은 사람이 혐오를 느끼는 데 있어서는 인식적 요인이 중요하다고 지적한다(너스바움, 2015). 그렇기에 혐오는 단순히 감각에 의존하는 기피반응과 구별된다. 개를 식용하는 것을 둘러싼 논쟁을 예로 들어보자. 누군가는 개를 반려동물로 인지해 개고기를 섭취하는 행위에 혐오감을 느끼지만, 또 다른 누군가는 개고기를 음식 중 하나로 여겨 혐오감을 느끼지 않을 수도 있다. 개를 식용하는 행위는 동일하지만 그 행위를 어떻게 인지하는가에 따라서 혐오를 느낄 수도, 그렇지 않을 수도 있다. 또한 결과에 상관없이 혐오 대상은 여전히 혐오스럽다는 점에서 혐오가 잠재적 위협에 반응해 나타나는 감정이라 보기도 어렵다(너스바움, 2015). 개고기를 섭취하는 행위가 인간의 건강에 위협을 가한다고 보기도 어렵고 법적으로 문제가 되어 처벌을 받는 것도 아니지만, 누군가에게는 여전히 혐오 행위로 간주된다.

이처럼 혐오는 어떤 대상을 더럽거나 불결하다고 인지했을 때, 그 대상을 이질적인 존재로 간주해 이를 완전히 배제하고자 하는 감정이다. 이러한 감정의 범위는 사람의 인지에 따라 쉽게 달라질 수 있기 때문에 사회 내에 존재하는 개인이나 집단조차도 혐오의 대상이 될 수 있다. 사회의 특정 집단을 더럽고 불결한 것이라 낙인찍고 이들을 사회에서 배제하려는 혐오의 감정이 언어로 발화되면, 이것이 혐오 표현이 된다. 법률적으로 혐오 표현은 '집단 명예훼손'을 의미한다(월드론, 2017). 증오하는 누군가에게 단순히 욕을 하는 것이 아니라, 출신지역, 인종, 성별 등과 같이 그 사람이 소속된 '집단'을 비하하며 해당 집단의 정체성을 훼손하는 행위가 혐오 표현이라는 것이다. 즉, 'A'라는 인물에 대한 혐오 표현은 A가 가진 개별적인 특성(예를 들어, 성격이나 인성이 좋지 않다는 식)이 아니라, A의 집단 정체성(예를 들어, 특정 지역 출신이어서 A의 성격이 나쁘다는 식)을 공격하는 방식으로 나타날 수 있다.

구체적으로 혐오 표현은 어떻게 발화되는가? 혐오 표현은 유형에 따라 차별적 괴롭힘, 차별표시, 공개적인 멸시/모욕/위협, 증오선동 등으로 분류해 볼 수 있다(홍성수 외, 2016). 한편, 양혜승(2018)은 뉴스의 지역혐오 댓글을 ① 라벨링, ② 스테레오타이핑, ③ 분리하기, ④ 지역 단순 명기, ⑤ 조롱하기 유형으로 나누어 분석하기도 했다.[1] 특히 온라인상에서 나타나는 여성 혐오 표현의 경우, 여성의 외모나 능력, 나이, 여성성에 대해서 공격하고 비하하는 내용과 폭력에 대한 직접적인 표현 등이 포함되었다(김수아, 2015). 예를 들어 김치녀와 같은 표현은 외국 국적의 여성과 한국 여성을 구분해 한국 여성의 특징을 '외모, 능력 면에서 부족하고 남성에게 금전적으로 의존한다'라는 식으로 일반화해 이들에 대한 편견과 차별을 내비친다. 한편, 온라인에서 남성을 향한 혐오 표현은 같은 방식으로 표면적으로는 '한국 남성'을 혐오의 대상으로 삼아 이들의 특정 행위나 외모, 혹은 신체적 특성을 조롱하고 비난한

---

[1] 첫째 유형인 라벨링(labeling)은 특정 지역의 어떠한 부분에 대해서 과도하게 단순화한 이름을 붙이는 것으로, 예를 들어 '전라도'를 '홍어' 등의 단어로 비하하는 행위가 이러한 유형이다. 둘째 유형인 스테레오타이핑(stereotyping)은 특정 지역을 부정적인 속성과 연결시키는 것을 의미하는 것으로, '전라도 사람들은 폭력적이다'라는 방식이 그 예이다. 셋째 유형인 분리하기(separation)는 특정 지역을 완전히 다른 곳으로 분리시켜 생각하는 것을 말한다. 전라도 지역에서 범죄가 많이 일어나기 때문에 이들을 따로 살게 만들어야 한다거나 전라도는 외국으로 취급하자는 등의 댓글이 이에 해당된다. 넷째 유형인 지역 단순 명기는 특정 지역을 언급만 하는 방식(예를 들어, 역시 전라도)이지만 비하의 의도가 내재된 것을 의미하며, 다섯째 유형인 조롱하기는 반어법 등을 통해 특정 지역을 조롱하는 것을 의미한다(양혜승, 2018: 20).

다(박대아, 2018). 이렇듯 연구에 따라 혐오 표현의 유형이 달리 규정되지만, 공통적으로 혐오 표현은 특정 집단에 대한 낙인과 집단의 스테레오타입을 활용한 공격적·폭력적 표현을 내포하고 있음을 알 수 있다.

이러한 혐오 표현은 주로 온라인에서 많이 마주한다. 국가인권위원회의 실태조사 결과, 대부분의 사람들이 온라인에서 혐오 표현을 접한 것으로 나타났으며(홍성수 외, 2016), 한국언론진흥재단이 실시한 인식조사에서도 응답자 중 과반수(65.8%)가 인터넷을 통해 혐오 표현에 노출된 경험이 있는 것으로 확인되었다(박아란·양정애, 2016). 익명성이 보장되는 온라인에서 사람들은 서로의 얼굴을 실제로 보지 못하기 때문에 상대를 향해 모욕적인 언사를 하는 등 사회적으로 본래 허용될 수 없는 범위의 행동을 서슴없이 하게 된다. 그러므로 혐오 표현의 사용역시 온라인에서 더욱 빈번하게 나타나며, 혐오 표현에 대한 노출도 더 높아질 수밖에 없다.

한편, 뉴미디어의 등장으로 사람들이 일상의 언어를 통해 정치 등의 무거운 이슈를 편하게 이야기할 수 있게 되었으며, 그 결과 커뮤니케이션 방식이 점차 '놀이'의 형태를 띠기 시작했다(Davis, Love and Killen, 2018). 마찬가지로 온라인에서의 혐오 표현도 더 쉽고 편하게 '일상'의 언어가 될 수 있게 되었으며 이러한 혐오 표현이 놀이화되면서 유머로 받아들여지게 되었다. 2010년대 일간베스트(약칭 일베)의 등장은 혐오 표현에 대한 사회적 관심이 점화된 계기가 되었는데(홍성수 외, 2016), 일베에서의 여성에 대한 혐오 표현은 단순한 혐오 표현이 아니었다. 이들이 여성을 향해 터뜨리는 혐오는 강한 적대성을 띠고 있음에도 불구하고 그들에게는 '드립'이라는 유머로 인식되었다(김학준, 2014). 심지어 이러한 혐오 표현을 지적하거나 사용하지 않는 커뮤니티 이용자는 유머를 유머로 받아들이지 못하는 '씹선비'로 취급되어 커뮤니티에서 배제되었다(김학준, 2014).

일베의 여성 혐오에 대한 대항마로 등장한 '메갈리아'는 패러디의 형식으로 남성을 혐오함으로써 여성 혐오의 논리적 오류와 모순을 지적하고 이에 대한 대항담론을 형성했다(권명아, 2016). '미러링'이라고 불리는 이 전략은 메갈리아 사이트 내에서 하나의 놀이처럼 수행되었는데, 여성 혐오에 대한 대항발화로서의 가능성을 보여준 이 전략도 결국 혐오의 언어를 놀이화해 사용함으로써 혐오를 여전히 의도하고 있다는 점을 부인하기는 어렵다(김선희, 2018). 또한 본래 의도와 달리 미러링은 혐오의 언어를 사용한다는 점에서 '남성 혐오를 조장한다'라는 담론에 갇혀버려(김지혜·이숙정, 2017) 여성 혐오를 향한 여성들의 분노는 '남성 혐오'로 치부될 수 있고, 남성 커뮤니티 내에서는 '남성'이 피해자이자 약자라는 담론을 형성시켜(김감미 외, 2019) 오히려 역효과를 일으킬 수도 있다. 이와 같이 놀이화된 혐오 표현은 그 의도와 상관없이 단순 혐오로 받아들여져 사회적으로 악영향을 미치게 된다.

혐오 표현이 유희거리가 될 수 있다는 것은 굉장히 섬뜩하게 들린다. 그러나 혐오 표현을 유머로 삼는 현상을 그저 극악무도한 소수의 무리들끼리 하는 비정상적인 행위로 치부할 수도 없다. 불편한 사실은 일상 속의 우리조차도 종종 코미디 프로그램에서 특정 인물이나 집단을 조롱하고 희화화하는 것을 보고 웃음을 터뜨린다는 것이다. 물론 그것의 정도가 혐오 표현에 비할 바는 아니지만 여기서 말하고자 하는 바는 누군가의 결함이나 약점을 공격하는 것을 보고도 재미있다고 여길 수 있다는 것이다. 실제 이론상으로도 사람들은 타인의 부족한 모습을 보고 자신과 비교해 '내가 더 잘났다'라는 우월감을 무의식적으로 느끼고 이 우월감이 웃음을 유발한다(La Fave, Haddad and Maesen, 1976). 이처럼 혐오 표현이 집단에 대한 극단적이고 폭력적인 태도를 보인다고 할지라도 그것이 누군가에게 '그냥 장난(just a joke)'으로 받아들여질 수 있으며, 특히 뉴미디어 공간에서는 혐오 표현의 놀이화 현상이 아무렇지 않게 퍼져 나갈 수 있다. 그렇다면 이러한 혐오 표현의 놀이화는 사회적으로 어떠한 영향력을 가지는가?

2. 혐오를 가벼운 장난으로 둔갑시키는 유머

유머는 누군가에게 내 의견이나 주장을 설득하기 위한 최적의 도구이다. 유머가 주는 재미나 즐거움은 말하는 사람에게 호감을 느끼게 만들고 청자와 더 친근한 관계를 형성시킴으로써 청자의 성향과 모순되거나 불일치한 의견에도 설득될 수 있게끔 만든다(Nabi, Moyer-Guse and Byrne, 2007). 시사토론 프로그램에 나와서 정치인이나 전문가가 특정 이슈에 대한 의견을 이야기할 때에도 적절하게 유머를 활용한다면, 그 의견에 반대하는 사람조차도 무조건적으로 반박하기보다는 귀를 기울여 듣게 만들 수 있다.

이처럼 유머는 사회 내에서 치열하게 대립되는 이슈일지라도 사람들로 하여금 마음을 열고 듣게 만들 수 있는 강력한 설득의 힘을 가지고 있다. 그러나 유머가 혐오와 만나면, 이러한 설득효과는 양날의 검이 된다. 혐오와 만난 유머는 더 이상 사람들을 설득하는 것이 아니라 그들이 본래 가지고 있던 생각이나 태도, 혹은 스스로의 정체성을 강화하기 위한 수단으로 바뀐다. 그러므로 특정 집단을 공격하거나 혐오하는 유머는 그 집단을 사회적으로 분리시키는 동시에 또 다른 집단의 지지자를 단합시키는 도구로 사용될 수 있다(Meyer, 2000).

공격적이고 적대적인 유머는 유머의 대상이 된 개인이나 집단에 대한 부정적인 태도를 형성케 한다. 예를 들어, 특정 정치인을 비하하는 유머를 접한 사람은 해당 정치인을 부정적으로 평가했다(Becker, 2012). 만일 유머를 통해 비하하는 대상이 정치인이 아니라 인종적으로나 성별적으로 사회 소수자인 집단일 경우 유머는 그 집단에 대한 부정적인 감정을 부추길 수 있으며 이것이 그 집단에 대한 차별로 이어져 사회적 문제를 야기할 수 있다. 포드와 퍼거슨(Ford and Ferguson, 2004)은 유머가 특정 집단에 대한 차별이나 편견의 심각성을 낮추어 편견이나 차별을 쉽게 드러나게 만든다는 편파적 규범 이론(prejudiced norm theory)을 제시했다. 이 이론은 특정 집단을 차별하는 유머가 그 집단의 차별을 증폭시키며 심지어는 그 차별을 유지하고자 하는 행위에 가담하게 만들 수 있다고 주장한다(Ford and Ferguson, 2004).

특히 여성에 대한 성차별적 유머는 여성에 대한 차별로 이어지는 것에서 끝나지 않았다. 이러한 유머가 재미있다고 지각하는 남성일수록 여성에 대한 폭력을 더 용인하는 모습을 보였으며(Ryan and Kanjorski, 1998) 이러한 유머는 성차별 사건을 용인하는 데에도 영향을 주었다(Ford, 2000). 심지어는 이런 성차별적 유머에 대해 혐오감(aversiveness)을 잘 느끼지 못할 때 성폭행에 대한 성향(rape proclivity)이 높아질 수 있었는데, 이러한 연구는 혐오의 유머가 가진 악영향을 여실히 보여준다(Romero-Sánchez et al., 2010).

이렇듯 유머는 부정적인 메시지와 결합될 때 차별과 혐오의 촉진제가 된다. 이는 사회 내에 공공연하게 존재하고 있던 차별과 편견의 심각성을 가볍게 만들어 이를 가벼운 장난이나 농담(just a joke) 정도로 둔갑시키는 유머의 메커니즘에서 기인한다. 다시 말해, 누군가를 혐오하는 유머는 그 부산물로 혐오에 대한 무비판적 사고방식을 양산하며 유머가 숨긴 혐오를 제대로 지각할 수 없도록 만든다. 그러므로 혐오를 마치 재미있는 농담인 것처럼 갖고 노는 '혐오 표현의 놀이화'는 생각보다 더 큰 사회적 부작용을 낳을 수 있다.

3. 나보다 열등한 타인을 혐오하는 것에 웃는 사람들

누군가를 차별하고 혐오하는 유머는 혐오를 당한 사람이나 집단 입장에서 결코 유머가 될 수 없다. 아무리 유머로 포장되었다 한들, 나, 혹은 나와 가까운 사람, 내가 소속된 집단을 혐오하는 유머를 보고 가볍게 웃어넘길 수 있는 사람은 없을 것이다. 사람들은 보통 자신이 속한 집단을 더 편애하는 경향을 가진다. 이러한 경향성을 내집단 우호주의(in-group favoritism)라고 말한다(Tajfel and Turner, 1986). 즉, 사람들은 나와 관계없는 외집단보다는 내가 소속되어 있는 내집단이 언제나 긍정적으로 평가되길 바라며, 이를 통해 자신의 가치도 상승하길 바란다는 것이다. 그러므로 대부분의 사람은 다른 누구보다 나, 혹은 내가 속한 '내집단'이 공격당하는 유머를 볼 때면 내집단을 지키고자 하는 방어 기제가 발동해 재미를 느끼지 못하고, 오히려 이러한 유머에 대해 더 큰 반발심을 느끼게 된다. 반면, 나와 상관없는 타인을 혐오하는 유머에는 도리어 침묵할 가능성이 높을 수도 있다.

공격적이고 차별적인 유머도 공격과 차별을 당하는 대상에 따라서 다르게 해석된다. 유머의 기질이론(dispositional theory of humor)에 따르면, 사람들은 자신이 싫어하는 대상이 조롱당하는 유머에 더 쉽게 웃는다(Zillmann and Cantor, 1976). 즉, 여성이 여성 집단을 우호적으로 생각한다면 여성에게 적대적인 유머를 보고 재미없다고 판단할 수 있고, 반대로 자신과는 정체성이 다른 남성 집단을 싫어한다면 남성을 향한 공격적인 유머를 더 재미있다고 여길 것이다. 이렇듯 공격적인 유머를 바라보는 사람들의 시각과 해석은 공격대상에 대해 가지는 태도에 따라 달라질 수 있다. 특히 내집단이 아닌 집단, 즉 외집단(out-group)을 공격하는 유머는 더 쉽게 재미있다고 느낄 수 있기에 그 집단에 대한 차별과 혐오를 더욱 촉진시킬 가능성이 있다.

한편 유머의 우월성이론(superiority theory of humor)에서는 특정 집단을 공격하고 비하하는 유머는 사람들에게 스스로 해당 집단보다 더 낫다는 우월감을 느끼게 하고 웃음을 유발한다고 설명한다(La Fave, Haddad and Maesen, 1976). 그러므로 상대적으로 '열등한 집단'은 쉽게 이러한 유머의 대상이 되며(한성일, 2016), 이는 결국 사회의 우월성, 즉 위계의 차이를 반영하게 된다. 그리고 이러한 위계 차이에 따라서 어떤 집단에서는 자신의 집단을 공격하는 유머를 보더라도 내집단 우호주의 경향이 나타나지 않을 수 있다. 예를 들어, 본인이 여성임에도 불구하고 자신과 젠더 정체성이 동일한 집단인 여성을 차별하는 유머를 재미있다고 보고 스스로의 젠더에 대한 고정관념(여성 혹은 남성은 이래야 한다는 사회적 고정관념)을 강화하기도 한다(Abrams and Bippus, 2014).

이는 개인이 가진 정체성뿐만 아니라 그들이 지닌 사회적 지위와 권력, 혹은 사회에 존재하는 위계질서와 구조 등의 요소들도 집단 기반의 사회적 위계를 유지하고자 하는 행위에 영향을 주기 때문이다(Pratto, Sidanius and Levin, 2006). 사회적 지위가 낮은 집단이 자신의 지위를 바꿀 수 없다고 생각하고 현재의 위계적 질서에 순응하며 이를 계속 유지하고자 할 때 내집단보다 외집단에 대해 더 좋게 평가하는 외집단 우호주의(out-group favoritism)가 형성되면서 자신들의 집단 정체성을 평가절하하게 된다(Levin and Sidanius, 1999). 이러한 논의에 따르면, 여성을 공격하고 폄하하는 메시지임에도 불구하고 여성 스스로가 성차별적 유머에 대해 재미를 느낄 수 있는 것은 사회적 약자로 분류되는 여성이 사회에 존재하는 성차별적 구조를 바꿀 수 있는 권력이 부족하거나 혹은 그러한 구조를 계속 유지하고자 하는 성향이 존재하기 때문인 것으로 보인다.

이렇듯 사회에 존재하는 지배 구조를 유지하고자 하는 성향을 '사회 지배 성향(Social Dominance Orientation)'이라고 말한다(Sidanius, Pratto and Bobo, 1994). 이러한 지배 성향이 높은 사람일수록 특정 집단을 차별하고 혐오하는 유머를 '그냥 재미있는 농담 수준'으로 여기기 쉽다. 즉, 사회의 위계구조에 대해 별 불만이 없고 이를 계속 유지하고자 하는 의지가 강한 사람은 특정 대상을 혐오하는 유머를 보아도 이에 대해 심각하게 받아들이지 않으며, 이는 결국 그 대상에 대한 편견을 조장한다(Hodson and Macinnis, 2016). 실제로 멕시코인을 폄하하는 유머를 보여주었을 때 사회 지배 성향이 높은 사람일수록 그 유머에 대해 더 재미있다고 판단했다(Hodson, Rush and Macinnis, 2010).

또한 대부분의 혐오 표현이 사회 내에서 약자, 혹은 소수자인 집단을 그 대상으로 하고 있기 때문에(홍성수 외, 2016), 혐오 대상이 가지는 사회적 지위와 위계 역시 중요해진다. 위의 같은 연구에서 멕시코인이 아닌 캐나다인, 미국인을 폄하하는 유머에 대해서는 사회 지배 성향이 높더라도 재미있다고 대답하지 않았다(Hodson, Rush and Macinnis, 2010). 즉, 사회적 지위가 높은 집단보다 사회적 지위가 낮은 집단이 유머의 대상이 되어 조롱당할 때 사람들의 사회 지배적 성향이 드러나면서 더 쉽게 그 유머를 '농담'처럼 받아들인다는 것이다. 이는 유머가 다른 집단보다도 사회에서 상대적으로 약자로 분류되는 집단에 대한 혐오를 더 촉진시킬 수 있음을 시사한다.

특히 이러한 사회 지배 성향의 차이가 뚜렷하게 나타나는 집단 중 하나가 바로 젠더 집단이다. 젠더 집단 간에 나타나는 사회 지배 성향의 차이에 대한 '불변성 가설(invariance hypothesis)'에 따르면 사회의 문화적 배경이나 위계적 구조와 상관없이 여성보다 남성에게서 사회 지배 성향이 더 강하게 나타날 수 있다(Sidanius, Pratto and Bobo, 1994). 이는 남성이 여성보다 종교적·사회적·정치적·문화적 환경에서 주로 지도자 역할을 맡아왔을 뿐만 아니라, 생물학적으로도 번식 전략에 있어 남녀 간 차이가 존재하기 때문이다(Pratto, Sidanius and Levin, 2006). 번식을 위한 시간이나 물리적 노력이 여성보다 남성에게 비교적 적게 요구되기 때문에 남성은 여러 명의 여자를 독점해 통제할 수 있으며,

다른 남성의 노동력을 착취할수록 더 성공적으로 자신의 후대를 남길 수 있다(Pratto, Sidanius and Levin, 2006). 이러한 생물학적 전략 차이는 남성이 여성보다 사회 지배 성향이 높은 이유 중 하나가 될 수 있다. 그러나 이 차이가 남녀 간 사회적 불평등을 초래한 본질적인 이유는 아니다(Pratto, Sidanius and Levin, 2006). 남성과 여성의 사회 지배 성향은 크게 다르지 않았다는 연구결과도 있기 때문에(Schmitt, Branscombe and Kappen, 2003) 반드시 남녀 간에 사회 지배 성향의 차이가 존재한다고 보기는 어렵다.

그뿐만 아니라 '여성'이라는 집단은 규범적으로 모호한 영역에 속해 있기 때문에 더 쉽게 차별받는다(Ford et al., 2008). 규범적으로 모호한 영역에 있다는 것은 어떤 집단이 반드시 차별을 받아야 하는 집단도 아니고, 그렇다고 차별을 받지 않아야 하는 집단도 아니라는 것을 의미한다. 예를 들어, 흉악범과 같이 사회적으로 응당 부정적인 평가를 받아야 하는 집단이 있는 반면, 간호사, 소방관과 같이 '선(善)'으로 규정되어 이들에 대한 차별이나 편견이 사회적으로 결코 허용되지 않는 집단도 있다. 여성은 이들 중 어디에도 포함되지 않기 때문에 여성을 차별하는 것이 때로는 당연한 것처럼 받아들여지다가 또 다른 상황에서는 결코 허용되지 않을 수도 있다(Ford et al., 2014). 다시 말해, 여성에 대한 차별은 상황에 따라 쉽게 점화될 수 있다는 것이다. 특히 젠더와 관련된 혐오가 유머로 소비되는 상황에서는 '혐오'에 대한 윤리적인 판단이 흐려지고 이에 따라 규범적으로 모호한 영역에 속해 있는 여성 집단에 대한 성차별과 젠더 스테레오타입 등이 더욱 강화될 수 있다.

요약하자면, 아무런 의미 없이 혐오하는 유머를 보고 웃는 사람은 드물다는 것이다. 혐오의 대상이 내가 좋아하거나 지지하는 사람 혹은 집단이라면 사람들은 그것을 심각한 '혐오 표현'으로 간주하게 된다. 그러나 만약 내가 싫어하거나 나보다 열등한 집단이 혐오 대상이 되어 그러한 혐오가 유머로 발화된다면 이것은 '웃자고 하는 장난이나 농담' 이 되어버릴 수 있다. 이처럼 혐오와 차별의 촉진제로서의 유머는 내가 아닌 '나보다 모자란 타인'이 그 대상이 될 때 더욱 증폭될 수 있다. 그렇다면 과연 최근 한국 사회의 젠더 혐오 현상에서도 이러한 유머의 '타인혐오 촉진제' 역할이 나타나고 있을까? 이를 확인하기 위해 2019 년 11월, 온라인을 통한 실험을 진행했다. 다음 절에서는 이 실험의 결과를 살펴보고자 한다.

4. 2030세대의 젠더 갈등과 젠더 혐오의 놀이화

2019년 11월 6일부터 11일까지, 총 6일간 온라인 실험을 진행했다. 실험에 참여한 사람들은 〈그림 3-1〉의 네 가지 게시물 중에서 무작위로 한 개의 게시물을 보고 그에 따르는 몇 가지 질문에 답변했다. 메시지는 각각 유머 표현이 있는 경우와 없는 경우, 여성을 혐오하는 경우와 남성을 혐오하는 경우 나누어진다. 메시지의 구체적인 내용은 혐오가 특정 집단에 대한 스테레오타입, 혹은 사적 특성을 공격하는 표현이라는 점을 고려해, 한국 여성과 남성에 대한 부정적인 스테레오타입을 공격하는 내용(예를 들어, 한국 남성은 매너가 없다, 혹은 한국 여성은 불평불만이 많다는 등의 편견)을 포함한다.

그림 3-1 **실제 실험에 사용된 온라인 커뮤니티 게시물**

	유머 표현 있음	유머 표현 없음
한국 남성 혐오 표현	**익명** 신고 오늘 00:35 **서양남자와 한국남자가 물에 빠졌다.txt** 서양남자와 한국남자가 물에 빠졌다. 사람이 재빨리 달려가 서양남자만 구했다. 그 장면을 목격한 지나가던 행인이 이상하게 생각하여 사람에게 다가가 물었다. "왜 서양남자만 구했소?" 그러자 사람이 대답했다. "서양남자는 구해주면 오 뷰티풀 레이디 땡큐쏘머치 감사하우니다 연발하면서 어쩔 줄 몰라하며 10년이 지나도 감사하다고 하는데, 한국남자는 구해줘도 고마운 줄 모르고 '나한테 반해서 구해준건 가'라고 망상하며 10년이 지나도 스토킹이나 하며 상상연애질 하며 쿰척대다 안받아주면 망할론,,,쒸익쒸익한다." 그 말을 들은 행인이 고개를 끄덕이며 가던 길을 계속 갔다. ♡23 ♡11 ☆15	**익명** 신고 오늘 00:35 **서양남자와 한국남자 비교했을 때 말야** 솔직히 서양남자랑 한국남자 비교했을 때, 서양남자가 낫지 않나? 서양남자에 비해서 한국남자들이 대체적으로 매너가 없는 것 같음. 서양남자들은 여자들이 자기한테 잘해주면 매너 있게 고맙다 하고 잘해주려고 노력하는데, 한국남자들은 좀만 잘해줘도 지 좋아해서 그러는 줄 알고 착각에 빠져 살잖아. 그러다가 걸핏하면 스토킹이나 해대고 지 마음 안받 아주는 여자들 다 나쁜년 취급하는데…. 진짜 한국남자들은 보기만 해도 이제 짜증나. 왜 사나 모르겠음. 그냥 한국남자는 지구상에서 사라져 버렸으면 좋겠다. ♡23 ♡11 ☆15
한국 여성 혐오 표현	**익명** 신고 오늘 00:35 **서양여자와 한국여자가 물에 빠졌다.txt** 서양여자와 한국여자가 물에 빠졌다. 사람이 재빨리 달려가 서양여자만 구했다. 그 장면을 목격한 지나가던 행인이 이상하게 생각하여 사람에게 다가가 물었다. "왜 서양여자만 구했소?" 그러자 사람이 대답했다. "서양여자는 구해주면 오 나이스 가이 땡큐쏘머치 감사하우니다 연발하면서 어쩔 줄 몰라하며 10년이 지나도 감사하다고 하는데. 한국여자는 구해줘도 고마운줄 모르고 '구해주는 척하면서 내 가슴 만졌네' 라고 뇌피셜 주장하다가 10년이 지나 혈 언나들 나두…ㅠ 성희롱당함ㅠㅠ거리며 아나두운동으로 주작질한다." 그 말을 들은 행인이 고개를 끄덕이며 가던 길을 계속 갔다. ♡23 ♡11 ☆15	**익명** 신고 오늘 00:35 **서양여자와 한국여자 비교했을 때 말야** 솔직히 서양여자랑 한국여자 비교했을 때, 서양여자가 낫지 않나? 서양여자에 비해서 한국여자들은 대체적으로 불평불만이 많은 것 같음. 서양여자들은 남자들이 잘해주면 그만큼 해주려고 노력하고 고맙다고 표현하는데, 한국여자는 잘해줘도 고마운줄도 모르고 나중에 가서 성희롱이라고 딴데 안나오면 다행임. 그러고선 여자라서 차별받는다고 피해자인척 하면서 남자들 다 나쁜놈 만드는데…. 진짜 한국여자들은 보기만 해도 이제 짜증나. 왜 사나 모르겠음. 그냥 한국여자는 지구상에서 사라져 버렸으면 좋겠다. ♡23 ♡11 ☆15

주: 성별 비율(1 : 1)에 맞춰 매칭한 후 피험자들을 각 조건에 무작위로 배정했으며, 혐오 대상은 사후 피험자의 성별에 따라 동성(내집단)/이성(외집단)으로 분류했다. 또한 각 실험조건에 해당되는 온라인 커뮤니티 메시지는 실제 메시지가 아닌 연구자에 의해 제작된 허구의 메시지이다.
자료: 필자가 진행한 온라인 설문조사(2019).

표 3-1 **실험 측정 문항**

사람들의 인식과 태도	측정 문항
메시지의 유머 지각	내가 본 온라인 게시물의 어조는 - 웃기다/재치 있다/재미있다/농담조가 강하다
메시지의 혐오 지각	내가 본 온라인 게시물은 특정 집단에 대해 - 공격적인 발언을 하고 있다 - 차별적인 발언을 하고 있다 - 혐오적인 발언을 하고 있다
메시지에 대한 반박	나는 내가 본 온라인 게시물의 - 의견에 결코 동의할 수 없다. - 의견에 허점이 있다고 생각한다 - 의견을 쉽게 받아들였다(역코딩)
혐오 대상에 대한 감정적 평가	한국 여성 집단에 대한 호감도 온도계 한국 남성 집단에 대한 호감도 온도계
페미니즘 집회 동의 및 참여 의도	페미니즘 집회와 관련된 시나리오를 읽고 주어진 문항에 답변 - 위 페미니즘 집회에 대해 얼마나 동의하십니까? - 위 페미니즘 집회에 참여할 의사가 있으십니까?
여성주의 정책에 대한 지지도	여성 고용할당제 정책 찬성 정도 성평등 임금공시제 정책 찬성 정도

자료: 필자가 진행한 온라인 설문조사(2019).

　　게시물을 보고 난 후 사람들에게 제시한 질문은 〈표 3-1〉과 같다. 각 질문에서의 답변을 취합해 평균값을 구했고 이를 분석 값으로 사용했다. 또한 실험에 참여한 사람들에게 각자 본 게시물이 어떤 집단을 혐오하고 있는지를 물어보고 이 질문에 잘못 답변했을 경우(예를 들어, 여성을 혐오하는 게시물인데 남성을 혐오한다고 답변했거나, 남성을 혐오하는 게시물인데 여성을 혐오한다고 답변한 경우)에는 최종 분석에서 모두 제외했다. 최종 분석 대상은 한국에 거주 중인 20~30대 남녀 412명이었다.

　　실험 결과, 실제로 사람들은 자신과 같은 젠더 정체성을 가진 동성보다 다른 정체성을 가진 이성을 혐오하는 메시지에 더 재미있다고 반응했고 이를 혐오로 받아들이지 않았다. 또한 이성 혐오 표현을 사용한 게시물의 주장에 반박하지 않았으며, 혐오 대상을 더 부정적으로 평가했다. 반면에 '페미니즘 집회 동의 및 참여 의도'와 '여성주의 정책에 대한 지지도'에서는 혐오 대상에 따른 차이가 나타나지 않았다.

또한 사람들은 유머가 없는 젠더 혐오보다 유머러스한 젠더 혐오에 더 재미를 느끼고 이를 혐오 발언이라 생각하지 않았다. 그뿐만 아니라 사람들은 유머가 없는 젠더 혐오 메시지보다 유머러스한 젠더 혐오를 볼 때 이에 대해 반박하려 하지 않았고 혐오 대상에 대해서 더 부정적으로 평가했다. 게다가 심각한 젠더 혐오에 노출된 사람보다 유머러스한 젠더 혐오에 노출된 사람들이 여성주의 정책에 더 낮은 지지도를 보이기도 했다.

심지어 유머 표현이 있는 경우, 타인을 혐오하는 메시지의 영향력은 더욱 강화되었다. 내집단인 동성보다 외집단인 이성을 혐오하는 메시지가 더 재미있다고 응답한 경향은 메시지가 유머러스할 때 더 높았다(〈그림 3-2〉의 왼쪽 첫째 그래프 참조). 또한 이성 혐오를 '혐오'로 지각하지 않는 경향도 메시지가 유머러스한 경우에 더 증폭되었다(〈그림 3-2〉의 오른쪽 첫째 그래프 참조). 게다가 이성 혐오 메시지에 대해 반박하려 하지 않는 성향도 메시지의 어조가 유머러스할 때 더 커져, 유머러스한 이성 혐오 메시지는 사람들에게 더 쉽게 받아들여질 수 있음을 알 수 있었다(〈그림 3-2〉의 왼쪽 둘째 그래프 참조).

그렇다면 실험 참여자의 성별에 따라서 유머의 영향력은 어떻게 달라질까? 먼저 여성 참여자는 전반적으로 전체 참여자와 비슷한 경향을 보였다. 여성 참여자는 같은 성별인 여성보다 반대 성별인 남성을 혐오하는 메시지를 볼 때 더 재미있다고 답했고 이를 혐오 발언으로 보지

그림 3-2 유머 표현이 이성 혐오 인식에 미치는 영향

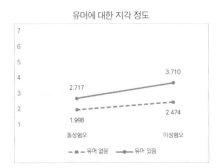

유머에 대한 지각 정도

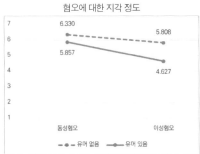

혐오에 대한 지각 정도

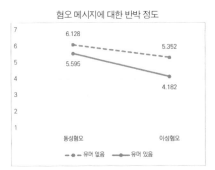

혐오 메시지에 대한 반박 정도

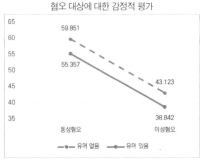

혐오 대상에 대한 감정적 평가

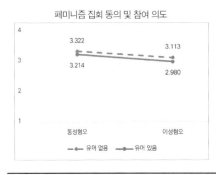

페미니즘 집회 동의 및 참여 의도

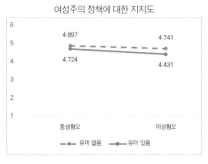

여성주의 정책에 대한 지지도

주: '혐오 대상에 대한 감정적 평가'는 '0(매우 싫다), 50(매우 싫지도 좋지도 않다), 100(매우 좋다)'의 범위 내에서 측정되었으며, 실제 응답자의 답변은 35~65 사이에 분포함을 보여준다. 그 외의 다섯 개 그래프는 '1(매우 동의하지 않는다)~7(매우 동의한다)' 범위 내에서 측정되어 그래프의 숫자가 높을수록 그 질문에 동의한다는 것을 의미한다.
자료: 필자가 진행한 온라인 실험(2019).

않았다. 또한 이들은 여성 혐오 메시지보다 남성 혐오 메시지에 대해 덜 반박했고 심지어 혐오 대상을 더 부정적으로 평가했다. 한편 혐오 대상에 따라서 여성 참여자들의 여성주의 정책에 대한 지지도는 차이가 있었다. 여성 혐오 메시지를 본 여성보다 남성 혐오 메시지를 본 여성이 여성주의 정책에 대해 낮은 지지도를 보였다. 남성 집단의 결과도 여성 집단과 크게 다르지 않았는데, 남성은 남성 혐오 메시지보다 여성 혐오 메시지를 볼 때 더 재미있다고 느끼며 혐오 발언이라 생각하지 않았고 메시지에 대해 반박하고자 하지 않았다. 혐오 대상에 대한 평가도 남성 혐오 메시지보다 여성 혐오 메시지를 본 남성에게서 더 낮은 수치를 보였다. 그러나 여성 집단과 달리 남성 집단에서는 혐오 대상에 따른 여성주의 정책에 대한 지지도에 차이가 없었다.

또한 남성과 여성 참여자 모두 유머러스한 혐오 메시지를 더 재미있다고 판단했고 혐오 발언이라 생각하지 않았으며 메시지에 반박하려 하지 않았다. 그러나 혐오 대상에 대한 평가에 미치는 유머의 효과는 남성에게서만 발견되었다. 즉, 남성이 심각한 젠더 혐오보다 유머러스한 젠더 혐오를 볼 때 혐오 대상을 더 부정적으로 평가했다. 게다가 유머러스한 젠더 혐오 메시지를 본 남성에게서 여성주의 정책에 대한 지지도가 다소 낮게 나타나, 상대적으로 남성에게서 유머의 영향력이 좀 더 다양하게 나타나고 있음을 알 수 있었다. 이성 혐오의 영향력을 증폭시키는 유머의 효과도 남성 집단에서만 확인되었다. 여성 혐오 메시지를 본 남성 집단은 남성 혐오 메시지를 본 집단에 비해서 메시지가 가진 혐오를 알아채지 못하고 혐오 메시지에 대해서 더 반박하지 않는데, 이러한 경향은 메시지가 유머러스할 때 더 커졌다(〈그림 3-3〉 참조).

그림 3-3 **남성의 이성 혐오 인식에 유머 표현이 미치는 영향**

혐오에 대한 지각 정도(남성)

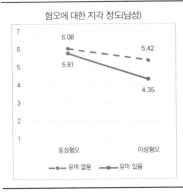

혐오 메시지에 대한 반박 정도(남성)

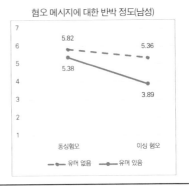

자료: 필자가 진행한 온라인 실험(2019).

더 구체적인 비교를 위해 각 실험집단별로 부트스트랩 기법[2]을 통해서 평균의 신뢰구간을 구했다. 비교하는 집단 간의 평균 부트스트랩 신뢰구간이 서로 겹치지 않을 때 집단 간의 평균차가 존재한다고 볼 수 있다. 분석 결과, 사람들은 다른 혐오 메시지보다 이성을 혐오하는 유머를 가장 재미있다고 여겼고 이 유머에 대해 반박하려 하지 않았다. 또한 동성을 혐오하는 유머보다 이성을 혐오하는 유머를 본 집단이 혐

---

2 부트스트랩 기법은 존재하는 데이터 내에서 표본을 반복해서 추출하는 기법이다. 보통 설문조사나 실험을 진행할 때 데이터를 확보하기 위해 실제 존재하는 집단 내에서 새로운 사람들을 무작위로 뽑는다. 이들을 표본 집단이라고 말한다. 부트스트랩은 실제 존재하는 집단이 아니라 이미 그 집단에서 뽑힌 표본 집단을 대상으로 또 다른 표본 집단을 반복해 추출한다. 이를 통해 추출된 표본 집단을 가지고 다시 통계값을 계산해 실제와 가장 가까운 값을 추정해 낸다. 신뢰구간은 계산된 평균값이 실제와 다를 수 있다는 가정하에 적어도 이 범위 내에서는 실제의 값이 존재할 것이라고 신뢰할 수 있는 구간을 말한다. 만약 어떤 평균값의 95% 신뢰구간이라고 한다면, 관찰된 평균을 기준으로 ±47.5%의 구간 내에 실제 우리가 알고 싶은 평균값이 존재한다는 것이다. 이 신뢰구간을 중심으로 각 집단의 평균을 비교할 때에는 각 평균의 신뢰구간이 서로 겹치는지 확인하고, 서로 겹칠 경우에는 평균차가 없는 것으로, 겹치지 않을 경우에는 평균차가 있는 것으로 해석한다.

오 대상을 더 부정적으로 평가했으며, 이 집단은 유머 표현 없이 이성을 혐오하는 메시지를 본 집단보다 혐오 대상에 대한 평가의 평균값이 더 낮았지만 이들 평균의 신뢰구간이 서로 겹쳐 실제로 차이가 있다고 보기는 어려웠다. 한편, 유머 표현이 없는 동성 혐오보다 유머러스한 이성 혐오를 본 집단이 혐오 대상을 더 부정적으로 평가했으며, 유머 표현이 없는 이성 혐오보다 유머러스한 동성 혐오를 본 집단이 혐오 대상을 긍정적으로 평가했다(〈그림 3-4〉 참조).

다음으로 남성과 여성 집단을 각각 나누어 총 8개 집단별 평균 신뢰구간을 비교했다(〈그림 3-5〉 참조). 그 결과, 동성을 혐오하는 유머와 이성을 혐오하는 유머의 영향력에 성별차가 일부 존재했다. 먼저 유머러스한 남성 혐오 메시지를 본 남성보다 유머러스한 여성 혐오 메시지를 본 여성이 메시지의 혐오에 대해 더 민감하게 반응했고, 혐오 대상을 더 긍정적으로 평가했다. 즉, 동성을 혐오하더라도 남성보다는 여성에게서 내집단 우호주의 경향이 더 강하게 나타났다.

그뿐만 아니라, 여성을 혐오하는 유머를 본 여성보다 남성을 혐오하는 유머를 본 남성이 페미니즘 집회에 대한 낮은 참여 의도와 여성주의 정책에 대한 낮은 지지도를 보였다. 반면, 남성을 혐오하는 유머를 본 여성은 여성을 혐오하는 유머를 본 남성보다 페미니즘 집회에 대한 높은 지지와 참여 의지를 보였고 여성주의 정책을 더 지지하는 것으로 나타났다. 다시 말해, 동성을 혐오할 때에는 여성보다 남성에게서 페미니즘과 여성주의 정책에 대한 지지도가 낮게 나타났고, 이성을 혐오할 경우에는 남성보다 여성이 페미니즘과 여성주의 정책에 대해 더 지지를 보였다는 것이다.

그림 3-4　**실험집단별 평균 부트스트랩 신뢰구간 그래프**

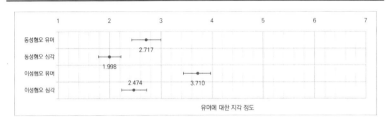

유머에 대한 지각 정도

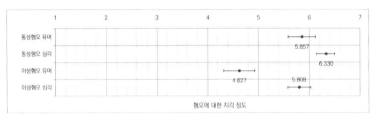

혐오에 대한 지각 정도

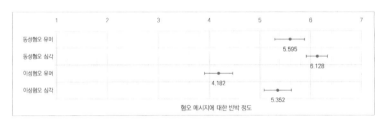

혐오 메시지에 대한 반박 정도

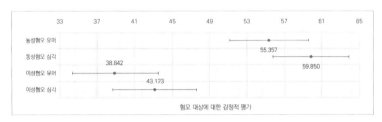

혐오 대상에 대한 감정적 평가

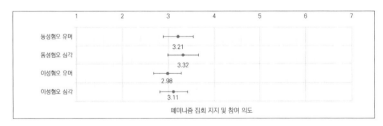

페미니즘 집회 지지 및 참여 의도

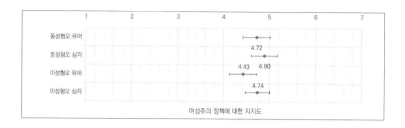

자료: 필자가 진행한 온라인 실험(2019).

그림 3-5 **성별에 따른 실험집단별 종속변수 평균 부트스트랩 신뢰구간 그래프(95% 신뢰수준)**

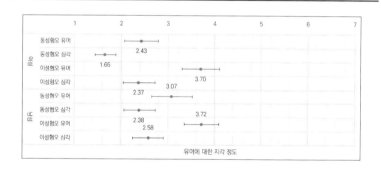

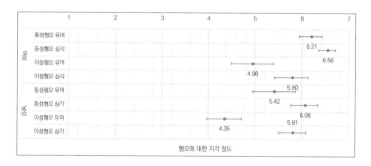

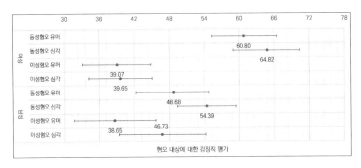

혐오 대상에 대한 감정적 평가

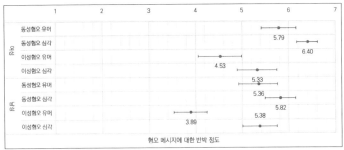

혐오 메시지에 대한 반박 정도

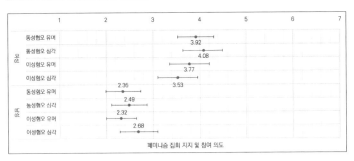

페미니즘 집회 지지 및 참여 의도

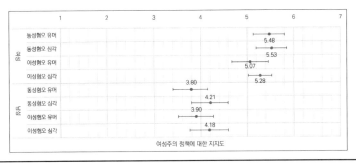

여성주의 정책에 대한 지지도

자료: 필자가 진행한 온라인 실험(2019).

결과를 정리하면 다음과 같다.

첫째, 나와 다른 성별을 혐오하는 메시지는 혐오로 받아들여지지 않고 심지어 재미있는 메시지로 인식되어, 사람들은 이에 대해 정정하려 하지 않고 오히려 침묵해 버린다. 또한 혐오를 당하는 대상에 대한 사람들의 호감도도 낮아져, 나와 다른 타인을 차별하고 혐오하는 메시지가 사회 내에 존재하는 타인 혐오감을 부추길 수 있음을 알 수 있다.

둘째, 유머와 결합된 혐오 메시지는 재미있는 농담이 되어 메시지에 내재된 혐오를 지각하지 못하도록 만들 수 있다. 이에 따라 기존 연구에서 지적해 왔던 것처럼 이 연구에서도 유머는 혐오를 쉽게 받아들이게 만들며 혐오를 당하는 집단에 대한 혐오, 차별, 편견을 자극했다. 그러므로 온라인 커뮤니티에서 혐오 표현이 유머로 소비되는 현상은 사람들로 하여금 혐오에 둔감하게 만들 뿐 아니라, 혐오의 피해자에 대한 사회적 차별과 편견을 부추기는 해악을 갖는다.

셋째, 유머는 타인을 향한 혐오 메시지가 가진 악영향을 더 증폭시켰다. 즉, 남성이 여성을 혐오하는 유머를 볼 때, 그리고 여성이 남성을 혐오하는 유머를 볼 때, 이를 혐오로 인식하지 못하고 별것 아닌 농담처럼 취급했으며 심지어는 그러한 메시지를 더 쉽게 받아들였다. 이러한 결과는 서로 다른 성별에 대한 혐오가 놀이화될 때 그것은 더 이상 혐오가 아니라 실제 '놀이'가 되어 사람들의 인식 속에 쉽게 스며들 수 있다는 위험성을 시사한다. 결국 사람들의 뇌리 속에 서로 다른 성별에 대한 혐오가 스며들면서 사회 내 갈등과 반목이 이어질 수 있다.

마지막으로 타인에 대한 혐오와 유머의 영향력은 성별에 따라 다르게 받아들여졌다. 여성 참여자 집단에서는 여성 혐오 메시지보다 남성 혐오 메시지를 볼 때 여성주의 정책에 대해 더 지지하는 것으로 나타났다. 반면, 남성 참여자 집단에서는 유머의 영향력이 확인되었는데, 유머와 결합된 혐오 메시지를 본 남성이 그렇지 않은 혐오 메시지를 볼 때보다 혐오를 당하는 대상을 더 부정적으로 평가했고 여성주의 정책에 다소 낮은 지지도를 보였다. 또한 남성 참여자가 자신과 다른 성별인 여성을 혐오하는 메시지를 혐오로 받아들이지 않고 이를 쉽게 받아들이는 경향성은 메시지에 유머가 더해졌을 때 더욱 강화되었다. 이를 통해 다른 성별을 향한 혐오의 촉진제로서 유머의 영향력이 남성에게서 더 나타날 수 있음을 간접적으로 확인했다.

이렇듯 여성보다는 남성에게서 혐오와 유머의 결합이 뚜렷했던 이유는 남성이 여성보다 더 강한 사회 지배 성향을 보였기 때문으로 추측된다. 즉, 사회구조 내에서 지배적인 위치를 점해왔을 뿐 아니라 이러한 사회 지배 구조를 유지하고자 하는 경향이 강한 남성은 상대적으로 사회적 위계가 낮은 여성을 혐오하고 차별하는 유머 메시지를 '농담'으로 가볍게 받아들일 가능성이 높으며(Hodson and Macinnis, 2016), 이에 따라 여성을 부정적으로 평가하고 이들에 대한 혐오를 쉽게 받아들일 수 있다. 반면, 여성 집단에서 그러한 영향력이 나타나지 않았던 이유는, 유머적 혐오의 대상이 사회적 지위가 높은 집단일 경우 이들에 대한 차별이나 편견에 미치는 유머의 영향력이 굉장히 미미하다는 연구(Olson, Maio and Hobden, 1999)에서 찾을 수 있다. 여성 집단에게 남성 집단은 상대적으로 사회적 지위가 높은 집단이기 때문에, 여성에게는 남성에 대한 혐오와 유머의 결합이 큰 영향력을 주지 못했을 수 있다.

더 구체적인 분석을 실시한 결과, 이성을 혐오하는 유머를 볼 때에는 여성 참여자가 남성 참여자보다 페미니즘 집회와 여성주의 정책에 더 높은 지지도를 보인 반면, 동성을 혐오하는 유머를 볼 때에는 남성 참여자가 여성 참여자보다 페미니즘 집회와 여성주의 정책을 덜 지지했다. 즉, 남성을 혐오하는 유머를 여성이 볼 경우 여성을 혐오하는 유머를 본 남성보다 페미니즘과 여성주의에 긍정적으로 반응한다는 것이다. 이는 한국 사회에서 나타나는 '미러링'이 여성 집단에서는 의도한 바대로 페미니즘에 대한 지지를 끌어내 여성들 간의 연대의식을 강화함으로써, 여성 혐오에 대한 대항 발화의 가능성을 보여주고 있음을 시사한다(권명아, 2016).

반면, 남성을 혐오하는 유머를 본 남성은 여성을 혐오하는 유머를 본 여성보다 페미니즘과 여성주의 정책에 부정적으로 반응했다. 이는 미러링 전략이 여성 혐오를 타파하기 위한 '전략'으로 받아들여지는 것이 아니라 '단순 혐오'로 받아들여짐으로써 남성 집단에게는 페미니즘에 대한 부정적인 평가와 함께 성차별적 태도와 편견을 더 강화하는 반동 효과를 가져올 수 있음을 뜻한다. 여성 혐오의 불합리를 꼬집고 비판하기 위한 전략이 아닌 '남성을 혐오한다'라는 논리 구조와 담론에 갇혀 미러링 전략이 본래 의도와 다르게 폄하될 수 있다는 것이다. 이처럼 이 연구의 결과를 통해서 현재 온라인상에서 나타나는 '미러링' 담론의 사회적 의의와 한계도 짐작해 볼 수 있다.

여러 시사점을 제공함에도 불구하고, 이 실험에서의 주된 결론은 '타인을 향한 혐오는 유머로 쉽게 가려지며, 심지어는 유머를 통해 타인 혐오가 더 확산되고 증폭될 수 있다'라는 것이다. 한편 온라인 실험과 달리 현실에서는 혐오 대상의 범위가 한정되어 있지 않기 때문에 외집단과 내집단을 향한 혐오 표현이 혼재되어 나타날 수 있다. 이 경우, 내집단을 편애하고 지키려는 경향이 더욱 강해지는 한편, 외집단에 대한 혐오감은 더 증폭되어 사회적 갈등은 더욱 심화된다. 실제로 온라인상에서 여혐과 남혐에 대한 갈등이 증폭되면서, 여성 혐오에 대한 여성의 분노를 대변하는 '미러링'은 단순한 '남성 혐오'로 치부되고, 이에 따라 남성 커뮤니티 내에서는 '남성이 약자이자 피해자'라는 담론을 더 강화하며 그들 간의 결속력을 다졌다(김감미 외, 2019). 이와 같이 내집단에 대한 편애와 결속이 강해질 경우, 외집단에 대한 적대감과 혐오감이 반작용으로 커질 수 있으며, 이는 영양가 없는 극심한 젠더 갈등으로까지 번질 수 있다. 그러므로 유머로 둔갑한 혐오 표현에 대해 경각심을 가져야 하며, 이에 대해 더욱 기민하게 반응해야 할 것이다.

5. 나가며

이 장에서는 유머가 혐오를 가벼운 장난 정도로 둔갑시켜 혐오의 심각성을 낮추고 특히 자신보다 열등하게 보이는 타인에 대한 혐오를 더욱 증폭시킬 수 있음을 논했다. 온라인 실험을 진행한 결과, 유머가 메시지의 설득을 돕는 윤활유인 동시에 사회 내 혐오를 부추기고 정서적 양극화를 점화시킬 수 있음을 확인했다. 물론 유머 그 자체로 문제가 되는 것은 아니다. 예컨대, 유머는 화자, 혹은 정보원에 대한 호감도를 높여 청자가 화자나 정보원과 동일시할 수 있도록 돕고 메시지에 대한 기억력을 향상시켜 어떠한 이슈나 입장을 더 명확하게 전달하는 역할을 할 수도 있다(Nabi, Moyer-Guse and Byrne, 2007).

　문제는 유머가 특정 집단을 공격하는 내용을 담을 경우이다. 특정 집단을 비하하고 깎아내리는 유머는 해당 집단과의 차이를 드러내 사람들 간의 불화를 야기할 수 있다(Meyer, 2000). 특히 유머는 혐오 표현이 가진 차별과 편견, 혐오를 가려주는 가림막이 되어 사람들에게 웃음을 유발시킨다. 그러나 그 웃음 속에는 나와 다른 집단에 대한 무시와 경멸, 그리고 그들이 희화화될 때 느낄 수 있는 우월감이 숨겨져 있다(La Fave, Haddad and Maesen, 1976; Meyer, 2000). 이러한 우월감은 결국 혐오 대상에 대한 평가를 더욱 부정적으로 만들고, 차별이나 편견을 부추길 수 있다. 또한 혐오 표현은 사회적 위계가 낮은 약자 집단에게서 빈번하게 나타나기 때문에 유머로 포장된 혐오 표현의 끝은 결국 이들에 대한 사회적 배제로 나타날 수 있다. 따라서 이 글에서는 메시지에 따라서 유머가 전혀 다른 역할을 할 수 있는 양날의 검임을 지적했다.

　또한 이 장에서는 젠더 혐오에 대한 유머의 영향력이 성별에 따라 달라질 수 있음을 확인했다. 구체적으로는 남성이 남성을 혐오하는 유머를 볼 때에는 페미니즘과 여성주의에 대해 부정적으로 생각한 반면, 여성이 남성을 혐오하는 유머를 볼 때에는 오히려 페미니즘과 여성주의에 대한 지지도가 높아졌다. 이는 현재 온라인상에서 나타나고 있는 미러링 전략이 여성 집단에서는 의도한 바대로 페미니즘에 대한 지지를 끌어내 여성 혐오에 대항할 수 있는 무기를 제공했음을 시사한다. 그러나 이 미러링 전략은 남성 집단에서는 완벽하게 반대로 작용했다. 즉, 본래 미러링 전략이 담고 있던 여성 혐오를 향한 여성들의 분노와 목소리가 단순한 '남성 혐오'로 치부되어 남성들의 성차별적인 태도와 편견이 더 강화되는 반동 효과도 우려된다. 패러디의 방식을 통해 표면적으로 '남성'을 혐오함으로써 여성 혐오의 불합리함을 폭로한 미러링 전략은 분명 여성들에게는 여성 혐오에 저항하는 강력한 무기가 되었다. 하지만 여성들의 저항은 단순한 남성 혐오로 치부되어 남성 집단 사이에서 '남성'이 피해자이자 약자라는 담론을 강화해 이들 간 집단 결속력과 성차별적 태도를 강화할 수도 있다(김감미 외, 2019). 이는 미러링 전략이 혐오의 해악에서 온전히 벗어날 수 없음을 의미한다. 게다가 온라인 커뮤니티 내에서 혐오 표현이 흔한 유희거리로 소비되고 이 표현에 동조하지 않는 개인조차 비난과 혐오의 대상이 될 수 있다는 점(김수아 외, 2020)도 '유머에 기생하는 혐오'가 어떤 방식으로든 위험하다는 것을 증명한다.

물론 대부분의 사람들은 혐오 표현이 지닌 심각성을 잘 알고 있다. 실제로 문화체육관광부에서 실시한 혐오 표현 대응과 관련된 대국민 인식조사에 따르면, 대부분의 사람들은 혐오 표현을 직접적으로 사용하지 않는 것으로 나타났고(전체 응답자의 12.3%만이 직접적으로 혐오 표현을 사용한 경험이 있음), 혐오 표현의 심각성에 대해 인지하고 있었으며(96.3%), 혐오 표현에 대한 사용을 자제하고자 했다(87.2%). 그럼에도 불구하고 유머가 혐오 표현의 심각성을 낮춰 혐오에 침묵하게 만들 가능성은 충분히 경계해야 한다. 끝으로 혐오의 독성은 나와 비슷한 사람이 아닌 나와 다른 사람이나 집단을 향할 때 더욱 강해지며, 유머는 그러한 혐오의 독이 사람들의 인식 속에 자연스럽게 흡수되도록 만드는 촉진제 역할을 한다는 사실을 기억해야 한다.

사람들은 나와 완전히 다른 사람이 아닌 나와 어떠한 특성이나 정체성을 함께 공유하는 사람일 경우, 혐오에 대해 민감하게 반응하고 이에 대해 반박하고자 한다. 그리고 이는 곧 혐오에 대한 자정작용으로 이어질 수 있다. 그러므로 혐오 표현을 자정하기 위해서는, 현재 만연해 있는 혐오 표현이 나와 전혀 상관없고 다른 사람을 향하고 있는 것이 아니라 나와 비슷하며 무언가 공통성을 공유한 사람을 향하고 있다는 것을 사람들에게 인지시키고 스스로 그것에 대해 반박할 수 있게끔 만들어야 한다. 혐오가 유머로 포장된다고 해서 그것이 혐오가 아니라고 볼 수는 없다. 따라서 유머적 혐오 표현에 대한 경각심을 다시 한 번 일깨울 필요가 있다.

참고문헌

권명아. 2016. 「신냉전 질서의 도래와 혐오발화/증오 정치 비교역사 연구」. ≪역사문제연구≫ 35: 11~45.

김감미·이지은·김연수·김희선·김성진. 2019. 「여혐-남혐 갈등: 온라인 커뮤니티를 중심으로」. ≪정치정보연구≫ 22(3): 29~54.

김선희. 2018. 『혐오 미러링: 여성주의 전략으로 가능한가?』. 고양: 연암서가.

김수아. 2015. 「온라인상의 여성 혐오 표현」. ≪페미니즘 연구≫ 15(2): 279~317.

김수아·김민정·이동후·홍성일. 2020. 「온라인 혐오표현 규제 쟁점과 대안: 규제기관담당자, 시민단체 활동가, 연구자 및 피해 경험자 심층 면접을 중심으로」. ≪한국언론정보학보≫ 101: 203~230.

김지혜·이숙정. 2017. 「여성혐오에 대응하는 온라인 커뮤니티의 실천 전략과 장치의 세속화 가능성」. ≪커뮤니케이션학 연구≫ 25(1): 85~113.

김학준. 2014. 『인터넷 커뮤니티 '일베저장소'에서 나타나는 혐오와 열광의 감정동학』. 서울대학교 대학원 석사학위 논문.

너스바움, 마사(Martha Nussbaum). 2015. 『혐오와 수치심: 인간다움을 파괴하는 감정들』. 조계원 옮김. 서울: 민음사.

문화체육관광부. 2018. 『혐오 표현 대응관련 대국민 인식조사 결과보고서』. 세종: 문화체육관광부.

박대아. 2018. 「남성혐오표현의 유형과 사용 양상」. ≪우리어문연구≫ 62: 273~304.

박아란·양정애 2016. 「혐오표현과 여성혐오에 대한 인식」. ≪Media Issue≫ 2(7).

양정애·박아란. 2018. 「여성혐오, 남성혐오에 대한 인식」. ≪Media Issue≫ 4(7).

양혜승. 2018. 「포털과 지역혐오: 네이버 범죄뉴스의 지역혐오댓글에 대한 내용분석」. ≪한국언론학보≫ 62(6): 7~36.

월드론, 제러미(Jeremy Waldron). 2017. 『혐오표현, 자유는 어떻게 해악이 되는가』. 홍성수·이소영 옮김. 서울: 이후.

한성일. 2016. 『유머』. 서울: 커뮤니케이션북스.

홍성수·김정혜·노진석·류민희·이승현·이주영·조승미. 2016. 『혐오표현 실태조사 및 규제방안 연구』(국가인권위원회 실태조사보고서 11-1620000-000633-01). 서울: 국가인권위원회.

Abrams, J. R. and A. M. Bippus. 2014. "Gendering Jokes: Intergroup Bias in Reactions to Same-Versus Opposite-Gender Humor." *Journal of Language and Social Psychology* 33(6): 692~702.

Becker, A. B. 2012. "Comedy Types and Political Campaigns: The Differential Influence of Other-Directed Hostile Humor and Self-Ridicule on Candidate Evaluations." *Mass Communication and Society* 15(6): 791~812.

Davis, J. L., T. P. Love and G. Killen. 2018. "Seriously funny: The political work of humor on social media." *New Media & Society* 20(10): 3898~3916.

Ford, T. and M. Ferguson. 2004. "Social consequences of disparagement humor: A prejudiced norm theory." *Personality and Social Psychology Review* 8(1): 79~94.

Ford, T. E. 2000. "Effects of Sexist Humor on Tolerance of Sexist Events." *Personality and Social Psychology Bulletin* 26(9): 1094~1107.

Ford, T. E., J. A. Woodzicka, S. R. Triplett, A. O. Kochersberger and C. J. Holden. 2014. "Not all groups are equal: Differential vulnerability of social groups to the prejudice-releasing effects of disparagement humor." *Group Processes & Intergroup Relations* 17(2): 178~199.

Ford, T., C. Boxer, J. Armstrong and J. Edel. 2008. "More Than "Just a Joke: The Prejudice-Releasing Function of Sexist Humor." *Personality and Social Psychology Bulletin* 34(2): 159~170.

Hodson, G. and C. C. Macinnis. 2016. "Derogating Humor as a Delegitimization Strategy in Intergroup Contexts." *Translational Issues in Psychological Science* 2(1): 63~74.

Hodson, G., J. Rush and C. C. Macinnis. 2010. "A Joke Is Just a Joke (Except When It Isn't): Cavalier Humor Beliefs Facilitate the Expression of Group Dominance Motives." *Journal of Personality and Social Psychology* 99(4): 660~682.

La Fave, L., J. Haddad and W. A. Maesen. 1976. "Superiority, enhanced self-esteem, and perceived incongruity humour theory." In C. F. Hugh and J. C. Antony(Eds.). *Humor and laughter: Theory, research, and applications.* pp.63~91. New York, NY: Routledge.

Levin, S. and J. Sidanius. 1999. "Social Dominance and Social Identity in the United States and Israel: Ingroup Favoritism or Outgroup Derogation?" *Political Psychology* 20(1): 99~126.

Meyer, J. 2000. "Humor as a double-edged sword: Four functions of humor in communication." *Communication Theory* 10(3): 310~331.

Nabi, R. L., E. Moyer-Guse and S. Byrne. 2007. "All joking aside: A serious investigation into the persuasive effect of funny social issue messages." *Communication Monographs* 74: 29~54.

Olson, J. M., G. R. Maio and K. L. Hobden. 1999. "The (null) effects of exposure to disparagement humor on stereotypes and attitudes." *Humor* 12(2): 195~219.

Pratto, F., J. Sidanius and S. Levin. 2006. "Social dominance theory and the dynamics of intergroup relations: Taking stock and looking forward." *European Review of Social Psychology* 17(1): 271~320.

Romero-Sánchez, M., M. Durán, H. Carretero-Dios, J. L. Megías and M. Moya. 2010. "Exposure to sexist humor and rape proclivity: the moderator effect of aversiveness ratings." *Journal of interpersonal violence* 25(12): 2339~2350.

Ryan, K. and J. Kanjorski. 1998. "The Enjoyment of Sexist Humor, Rape Attitudes, and Relationship Aggression in College Students." *Sex Roles* 38(9): 743~756.

Schmitt, M. T., N. R. Branscombe and D. M. Kappen. 2003. "Attitudes toward group-based inequality: Social dominance or social identity?" *British Journal of Social Psychology* 42: 161~186.

Sidanius, J., F. Pratto and L. Bobo. 1994. "Social Dominance Orientation and the Political Psychology of Gender: A Case of Invariance?" *Journal of Personality and Social*

Psychology 67(6): 998~1011.

Tajfel, H. and C. Turner. 1986. "The social identity of inter-group behavior." In S. Worchel and W. G. Austin(Eds.). *Psychology of intergroup relations*. pp.7~24. Chicago, IL: Nelson-Hall.

Zillmann, D. and J. R. Cantor. 1976. "A disposition theory of humor and mirth." In C. F. Hugh and J. C. Antony(Eds.). *Humor and laughter: Theory, research, and applications*. pp.93~115. New York, NY: Routledge.

부록1　혐오 대상과 유머에 따른 결과변수 차이(〈그림 3-2〉에 제시된 결과표)

종속변수	독립변수 및 상호작용 효과		M	SD	F	df	p	η^2
유머에 대한 지각 정도	혐오 대상	동성 혐오(n=205)	2.34	1.32	33.008	1	.000	.075
		이성 혐오(n=207)	3.08	1.45				
	유머	유머 혐오(n=199)	3.22	1.48	58.417	1	.000	.125
		심각 혐오(n=213)	2.23	1.21				
	혐오 대상 * 유머		-	-	4.086	1	.044	.010
혐오에 대한 지각 정도	혐오 대상	동성 혐오(n=205)	6.10	1.13	51.996	1	.000	.113
		이성 혐오(n=207)	5.23	1.46				
	유머	유머 혐오(n=199)	5.23	1.53	46.346	1	.000	.102
		심각 혐오(n=213)	6.07	1.07				
	혐오 대상 * 유머		-	-	8.491	1	.004	.020
혐오 메시지에 대한 반박 정도	혐오 대상	동성 혐오(n=205)	5.87	1.26	68.425	1	.000	.144
		이성 혐오(n=207)	4.78	1.55				
	유머	유머 혐오(n=199)	4.88	1.61	41.413	1	.000	.092
		심각 혐오(n=213)	5.74	1.29				
	혐오 대상 * 유머		-	-	5.815	1	.016	.014
혐오 대상에 대한 감정적 평가	혐오 대상	동성 혐오(n=205)	57.70	21.34	56.932	1	.000	.122
		이성 혐오(n=207)	41.03	23.40				
	유머	유머 혐오(n=199)	46.97	23.58	3.966	1	.047	.010
		심각 혐오(n=213)	51.53	23.99				
	혐오 대상 * 유머		-	-	.002	1	.962	.000
페미니즘 집회 동의 및 참여 의도	혐오 대상	동성 혐오(n=205)	3.27	1.64	1.955	1	.163	.005
		이성 혐오(n=207)	3.05	1.57				
	유머	유머 혐오(n=199)	3.10	1.55	.579	1	.447	.001
		심각 혐오(n=213)	3.22	1.66				
	유머 * 혐오 대상(n=412)		-	-	.006	1	.938	.000
여성주의 정책에 대한 지지도	혐오 대상	동성 혐오(n=205)	4.81	1.47	2.440	1	.119	.006
		이성 혐오(n=207)	4.59	1.46				
	유머	유머 혐오(n=199)	4.58	1.49	2.800	1	.095	.007
		심각 혐오(n=213)	4.82	1.44				
	유머 * 혐오 대상(n=412)		-	-	.226	1	.635	.001

종속변수	성별	독립변수 및 상호작용 효과		M	SD	F	df	p	η^2
유머에 대한 지각 정도	여성	혐오 대상	동성 혐오(n=110)	2.03	1.21	33.396	1	.000	.140
			이성 혐오(n=100)	2.98	1.49				
		유머	유머 혐오(n=100)	3.01	1.53	37.222	1	.000	.153
			심각 혐오(n=110)	2.00	1.15				
		유머 * 혐오 대상(n=210)		-	-	4.042	1	.108	.012
	남성	혐오 대상	동성 혐오(n=95)	2.70	1.36	5.236	1	.023	.026
			이성 혐오(n=107)	3.17	1.42				
		유머	유머 혐오(n=99)	3.43	1.41	24.426	1	.000	.110
			심각 혐오(n=103)	2.48	1.24				
		유머 * 혐오 대상(n=202)		-	-	1.408	1	.237	.007
혐오에 대한 지각 정도	여성	혐오 대상	동성 혐오(n=110)	6.39	0.81	41.876	1	.000	.169
			이성 혐오(n=100)	5.41	1.45				
		유머	유머 혐오(n=100)	5.63	1.38	14.810	1	.000	.067
			심각 혐오(n=110)	6.19	1.08				
		유머 * 혐오 대상(n=210)		-	-	2.552	1	.112	.012
	남성	혐오 대상	동성 혐오(n=95)	5.78	1.35	13.461	1	.000	.064
			이성 혐오(n=107)	5.06	1.46				
		유머	유머 혐오(n=99)	4.83	1.59	33.740	1	.000	.146
			심각 혐오(n=103)	5.94	1.05				
		유머 * 혐오 대상(n=202)		-	-	4.921	1	.028	.024
혐오 메시지에 대한 반박 정도	여성	혐오 대상	동성 혐오(n=110)	6.10	1.18	39.195	1	.000	.160
			이성 혐오(n=100)	4.96	1.58				
		유머	유머 혐오(n=100)	5.21	1.60	14.303	1	.000	.065
			심각 혐오(n=110)	5.88	1.33				
		유머 * 혐오 대상(n=210)		-	-	.241	1	.624	.001
	남성	혐오 대상	동성 혐오(n=95)	5.61	1.31	26.974	1	.000	.120
			이성 혐오(n=107)	4.61	1.50				
		유머	유머 혐오(n=99)	4.54	1.55	28.239	1	.000	.125
			심각 혐오(n=103)	5.60	1.24				
		유머 * 혐오 대상(n=202)		-	-	7.686	1	.006	.037
혐오 대상에 대한 감정적 평가	여성	혐오 대상	동성 혐오(n=110)	62.85	21.49	68.416	1	.000	.249
			이성 혐오(n=100)	39.38	19.22				
		유머	유머 혐오(n=100)	50.80	22.74	.660	1	.417	.003
			심각 혐오(n=110)	52.46	24.31				
		유머 * 혐오 대상(n=210)		-	-	.368	1	.545	.002

구분	성별	요인	세부 요인	M	SD	F	df	p	η²
	남성	혐오 대상	동성 혐오(n=95)	51.75	19.64	7.098	1	.008	.035
			이성 혐오(n=107)	42.58	26.72				
		유머	유머 혐오(n=99)	43.11	23.89	4.312	1	.039	.021
			심각 혐오(n=103)	50.52	23.74				
		유머 * 혐오 대상(n=202)		-	-	.127	1	.722	.001
페미니즘 집회 동의 및 참여 의도	여성	혐오 대상	동성 혐오(n=110)	4.00	1.55	2.624	1	.107	.013
			이성 혐오(n=100)	3.64	1.55				
		유머	유머 혐오(n=100)	3.85	1.44	.035	1	.852	.000
			심각 혐오(n=110)	3.81	1.66				
		유머 * 혐오 대상(n=210)		-	-	.896	1	.345	.004
	남성	혐오 대상	동성 혐오(n=95)	2.43	1.31	.174	1	.677	.001
			이성 혐오(n=107)	2.50	1.38				
		유머	유머 혐오(n=99)	2.33	1.25	1.752	1	.187	.009
			심각 혐오(n=103)	2.59	1.42				
		유머 * 혐오 대상(n=202)		-	-	.356	1	.551	.002
여성주의 정책에 대한 지지도	여성	혐오 대상	동성 혐오(n=110)	5.50	1.21	4.105	1	.044	.020
			이성 혐오(n=100)	5.18	1.15				
		유머	유머 혐오(n=100)	5.29	1.26	.259	1	.611	.001
			심각 혐오(n=110)	5.40	1.13				
		유머 * 혐오 대상(n=210)		-	-	.368	1	.545	.002
	남성	혐오 대상	동성 혐오(n=95)	4.02	1.33	0.041	1	.840	.000
			이성 혐오(n=107)	4.04	1.51				
		유머	유머 혐오(n=99)	3.85	1.36	2.971	1	.086	.015
			심각 혐오(n=103)	4.19	1.47				
		유머 * 혐오 대상(n=202)		-	-	.101	1	.751	.001

부록3 실험 조건별 결과변수의 평균에 대한 부트스트랩 신뢰구간 비교 결과(〈그림 3-4〉, 〈그림 3-5〉에 제시된 결과표)

종속변수	수용자 성별 * 실험집단		Boot CI (LL, UL)	종속변수	수용자 성별 * 실험집단		Boot CI (LL, UL)
유머에 대한 지각 정도	전체 (n=412)	동성 혐오 유머	2.44, 3.00	혐오 메시지에 대한 반박 정도	전체 (n=412)	동성 혐오 유머	5.30, 5.88
		동성 혐오 심각	1.79, 2.22			동성 혐오 심각	5.91, 6.32
		이성 혐오 유머	3.43, 3.97			이성 혐오 유머	3.91, 4.47
		이성 혐오 심각	2.24, 2.72			이성 혐오 심각	5.08, 5.62
	여성 (n=210)	동성 혐오 유머	2.07, 2.79		여성 (n=210)	동성 혐오 유머	5.42, 6.16
		동성 혐오 심각	1.44, 1.89			동성 혐오 심각	6.17, 6.61
		이성 혐오 유머	3.30, 4.11			이성 혐오 유머	4.05, 4.99
		이성 혐오 심각	2.05, 2.72			이성 혐오 심각	4.89, 5.75
	남성 (n=202)	동성 혐오 유머	2.65, 3.52		남성 (n=202)	동성 혐오 유머	4.93, 5.76
		동성 혐오 심각	2.06, 2.73			동성 혐오 심각	5.49, 6.14
		이성 혐오 유머	3.35, 4.10			이성 혐오 유머	3.53, 4.24
		이성 혐오 심각	2.25, 2.91			이성 혐오 심각	5.01, 5.75
혐오에 대한 지각 정도	전체 (n=412)	동성 혐오 유머	5.58, 6.12	혐오 대상에 대한 감정적 평가	전체 (n=412)	동성 혐오 유머	51.19, 59.62
		동성 혐오 심각	6.14, 6.50			동성 혐오 심각	55.79, 63.90
		이성 혐오 유머	4.32, 4.93			이성 혐오 유머	34.35, 43.50
		이성 혐오 심각	5.58, 6.03			이성 혐오 심각	38.65, 47.59
	여성 (n=210)	동성 혐오 유머	5.94, 6.43		여성 (n=210)	동성 혐오 유머	55.31, 66.45
		동성 혐오 심각	6.36, 6.72			동성 혐오 심각	58.97, 70.37
		이성 혐오 유머	4.50, 5.39			이성 혐오 유머	33.22, 44.82
		이성 혐오 심각	5.42, 6.14			이성 혐오 심각	34.25, 45.04
	남성 (n=202)	동성 혐오 유머	4.96, 5.87		남성 (n=202)	동성 혐오 유머	42.28, 54.75
		동성 혐오 심각	5.77, 6.35			동성 혐오 심각	49.37, 59.44
		이성 혐오 유머	3.96, 4.71			이성 혐오 유머	31.73, 45.67
		이성 혐오 심각	5.52, 6.09			이성 혐오 심각	39.41, 54.18
페미니즘 집회 동의 및 참여 의도	전체 (n=412)	동성 혐오 유머	2.89, 3.54	여성주의 정책에 대한 지지도	전체 (n=412)	동성 혐오 유머	4.42, 5.02
		동성 혐오 심각	2.99, 3.66			동성 혐오 심각	4.61, 5.17
		이성 혐오 유머	2.68, 3.28			이성 혐오 유머	4.13, 4.73
		이성 혐오 심각	2.81, 3.42			이성 혐오 심각	4.48, 5.01
	여성 (n=210)	동성 혐오 유머	3.53, 4.30		여성 (n=210)	동성 혐오 유머	5.13, 5.80
		동성 혐오 심각	3.64, 4.49			동성 혐오 심각	5.19, 5.85
		이성 혐오 유머	3.36, 4.21			이성 혐오 유머	4.67, 5.45
		이성 혐오 심각	3.10, 3.95			이성 혐오 심각	5.03, 5.53
	남성 (n=202)	동성 혐오 유머	1.99, 2.74		남성 (n=202)	동성 혐오 유머	3.40, 4.15
		동성 혐오 심각	2.12, 2.87			동성 혐오 심각	3.80, 4.59
		이성 혐오 유머	2.00, 2.64			이성 혐오 유머	3.52, 4.27
		이성 혐오 심각	2.29, 3.09			이성 혐오 심각	3.76, 4.59

주: 각 수치는 소수점 셋째자리에서 반올림한 값이다. 각 신뢰구간은 95% 신뢰수준을 기준으로 한다.

제4장

'분노'는 어떻게 우발적 범죄가 되었을까?[*]
사회적 의미생성 메커니즘의 이해

이선형

    모든 사건/사고는 공중에게 충격적일 수밖에 없다. 자신이 직접 겪는 것이 아니라 하더라도 교통사고로 인한 사망 사건은 물론 성범죄나 살인 사건도 사람들에게 안타까움과 두려움을 불러일으킨다. 그중에서도 언론이나 대중의 주목을 받는 강력범죄는 최근 고유정 사건과 같은 잔혹한 범죄나 누구에게나 일어날 수 있는 묻지마범죄, 그리고 언제든 일어날 수 있는 일상범죄인 분노범죄이다. 분노범죄의 사례로 많이 언급되는 것이 층간소음과 보복운전이다. 층간소음으로 살인이 벌어지고 보복운전에 흉기가 동반되는 등 일상생활에서 발생하는 사소한 갈등이 강력범죄로 발전하고 있는 것이다. '분노범죄'라는 명칭은

---

[*]   이 장은 학술지 *New Physics: Sae Mulli*(Vol.68, No.6)에 실린 "Generation Mechanism of Social Meaning to 'Anger'"의 분석 결과를 인용·보완한 것이다.

이전에도 사용되었지만 2015년부터 마치 범죄의 한 종류처럼 쓰이기 시작했다. 분노범죄에 대한 언론의 관심이 높아짐에 따라 전문가 집단도 왜 우리 사회가 이렇게 분노하고 범죄를 일으키는지 진단하느라 분주해졌다. 이러한 경향은 2016년에 들어 더 확대되었는데, 네이버 뉴스 검색에서 '분노범죄'로 검색하면 2015년에 비해 2016년에 기사 수가 두 배나 많은 것을 확인할 수 있다. 사실 분노에서 비롯된 범죄는 과거에도 발생했고, 사소한 시비가 강력범죄로 발전하는 일도 생소한 것은 아니다. 그렇다면 2015년부터 분노에서 비롯된 범죄가 갑자기 증가한 것일까? 이 질문에 대해 우리는 통계적인 답변을 기대할 수 없다. 왜냐하면 분노범죄는 사회적으로 만들어진 범죄의 특성이지, 범죄 유형이 아니기 때문이다.

대부분의 미디어나 전문가들은 층간소음, 운전 미숙, 갑작스러운 끼어듦 같은 사소한 갈등이 극한 분노와 함께 폭력 행동을 불러일으키는 것이 아니므로 분노범죄의 원인에 대해 분석할 때 충동을 조절하지 못하는 문제에 주목한다. 그런데 분노범죄는 마치 '분노-폭력 행동'이 세트처럼 함께 일어나는 것으로 설명되고 있다. 갈등에는 사소하든 심각하든 짜증, 화 등의 부정적인 감정이 동반되는 것이 일반적이고 그 수준은 개인의 경험에 따라 다를 수 있다. 그리고 무엇보다 지금의 분노범죄는 누적된 감정이 폭발하는 양상과는 다르다. 즉, 동일한 사람 또는 사건으로부터 누적된 갈등이 전혀 다른 사람이나 사건에서 범죄의 형태로 발현된다는 특성이 있다. 기존의 묻지마범죄에 '화풀이'라는 동기를 붙이면 분노범죄와 꽤 가까워 보이는 이유도 여기에 있을 것이다. 대부분의 범죄에는 다양한 감정이 수반되는데, 특히나 분노는 강력범죄 발생에서 동반되는 일반적인 감정으로, 특별한 것이 아니다. 따라서 이 장에서는 '분노'라는 감정이 어떻게 범죄의 원인이자 동기로 인식되기 시작했는지에 대해 논의하고자 한다. '분노'라는 단어에 부정적인 사회적 의미가 생산되는 과정을 살펴보는 것은 단어가 가지고 있는 구조적 특성뿐만 아니라 사회적 의미나 편견이 만들어지는 과정도 함께 이해하는 계기가 될 것이다. 이 장에서는 특히 텍스트 데이터를 활용한 최신의 분석기법을 소개하고 이 기법을 활용할 때 고려해야 하는 구체적인 사항들을 설명하고 있으므로 텍스트 분석을 하고자 하는 학생이나 연구자에게 좋은 지침서가 될 것이다.

1. 분노와 분노범죄

1) 분노란 무엇인가

'분노'의 사전적 의미는 '분개해 몹시 성을 냄. 또는 그렇게 내는 성'으로, 감정을 뜻하는 단어 중 하나이다.[1] 영어로는 anger(화), rage(격분), fury(격노), resentment(분함) 등의 단어가 분노의 감정에 포함된다.[2] 이처럼 분노는 화남, 격한 분함, 짜증에 가까운 노여움 등 그 정도와 수준을 폭넓게 포괄하는 개념이다. 주로 이러한 분노감정들은 슬

---

1   네이버 어학사전 '분노' 참고.
2   네이버 영어사전에서 '분노'를 검색하여 영어단어 목록 및 유의어, 의미 참고.

픔, 두려움, 혐오, 소외감 등과 함께 부정적인 것으로 분류된다. 실제로 우리는 부정적인 감정이 가진 긍정적인 효과는 잘 평가하지 않으며, 쉽게 화내는 사람을 신뢰하지 못하기도 한다. 한 심리학 연구에 따르면 화를 잘 내는 사람들(분노를 잘 느끼는 사람들)은 분노 상태에서 자신의 판단에 대해 높은 확신을 갖는 반면에 그 판단의 정답률은 낮다는 결과가 나타났다(박희정, 2015: 66). 이러한 확신은 화를 내게 된 동기나 이유를 정당화하는 데에 작동하기도 한다. 만약 이러한 정당화가 공감을 얻지 못한다면 화가 난다는 감정 상태를 비판받을 가능성이 크다. 다시 말하면, 그 사람이 왜 화를 냈을까 공감하기보다는 그 감정의 내용만 바라보게 되는 것이다. 이러한 이유로 분노는 그 감정과 주체 모두 부정적인 평가를 받아왔다.

도덕 심리학에서는 분노의 사회적 기능을 강조하기도 한다. 분노는 긍정적 감정인 공감(sympathy)과 함께 사회의 평등을 실현하는 도덕 감정이 될 수 있다는 것이다. 동기적 측면에서는 공감보다 분노나 죄책감이 도덕적 동기부여를 하는 데 더 힘이 있다고 설명한다(양선이, 2019: 93). 예를 들어, 사회에서 기회를 박탈당하는 사회적 약자나 어떤 개인에게 행해지는 처우가 가혹한 경우에 그것이 정의롭지 못하다고 여겨지면 대중은 분노를 통해 정의의 규칙을 지키거나 규칙이 바뀌도록 요구할 수 있다. 여기서 분노는 단순한 감정으로서의 '화'가 아니라 규범을 어겼을 때 일어나는 도덕적 감정으로, 공동체 구성원들이 정의를 실현하고 규범을 지키도록 하는 데서 중요한 감정이다(이상형, 2017: 57). 실제로 조두순 사건이나 도가니 사건과 같이 사회적 공분을 일으키는 범죄가 발생했을 때 대중의 분노는 법 개정에 중요한 역할을 하기도 한다(이선형, 2015: 73). 분노는 개인의 감정이지만 집합적 감정이 되어 공감을 획득하면 공공성의 영역으로 확장되고 사회적 의사결정에 영향을 주는 긍정적인 기능을 지니고 있다.

결국 분노는 사회적으로 어떤 공감을 불러일으키는가에 따라서 공공성의 영역에서 긍정적인 효과를 가져오기도 한다. 하지만 공동체의 규범과 충돌할 경우에는 처벌의 대상이 되기도 한다. 따라서 분노라는 감정이 생기는 것에 대해 단순하게 긍/부정의 평가를 내리는 것은 무의미하다. 문제는 그 분노가 도덕적 경계를 벗어나 범죄의 영역으로 넘어갔을 때이다.

2) 분노범죄라는 '범죄'

분노범죄는 형법 범죄의 분류에 포함되는 범죄는 아니다. 성범죄, 재산범죄처럼 유형화되거나 목적이 명확하지 않기 때문에 하나의 항목으로 구분되기보다는 범죄의 동기적 측면에 포함되는 개념으로 이해된다. 분노범죄가 명확하게 어떤 범죄의 형태 또는 유형을 의미하는지에 대한 논의는 계속 필요하겠지만, 가장 일반적으로 정의하면 '분노를 적절하게 조절하지 못해 충동적으로 저지르는 범죄'라 할 수 있다.[3] 분노범죄는 가끔 묻지마범죄와 혼동되어 사용되는데, 묻지마범죄는

---

3 이장한(2015)은 분노를 적절하게 조절하지 못하고 충동적으로 범죄를 저지르는 범죄를 분노/충동범죄라고 명명한다. 분노라는 감정 자체가 충동적이기 때문에 분노범죄와 충동범죄가 같은 유형의 범죄인 것으로 이해할 수 있으나, '충동'에는 감정뿐만 아니라 정신병적인 문제나 범죄 의도 등 감정 이외의 원인이 동반되는 경우도 있으므로 분노범죄와는 다른 범죄로 유형화할 필요가 있다.

개인의 정신적 문제를 포함한 순간적인 분노조절의 실패가 원인이고 불특정 대상이 범행 대상이라면, 분노/충동범죄는 선행사건이 존재하거나 분노를 유발한 특정 상대가 범행 대상일 가능성이 크다(이장한, 2015: 31). 분노범죄는 묻지마범죄보다는 범행이나 대상에 대한 동기가 명확하므로 특정 타인이나 사회에 대한 극심한 불만이 분노라는 감정을 매개로 해서 발생하는 범죄 특성을 보인다. 이러한 특성에 집중해 분노범죄의 유형에 엽기적 범죄와 극단적 충동범죄, 묻지마범죄, 소시오패스/사이코패스 범죄, 이별 범죄뿐만 아니라 우울증으로 인한 자살까지 포함시킴으로써 분노감정을 매개로 하는 일탈의 범위를 광범위하게 설명하기도 한다(윤재진, 2015). 그리고 지속적인 스트레스라는 개인적 요인과, 고립, 편견, 낮은 사회적 유대 등과 같은 사회적 요인이 함께 나타나는 특성이 있다(오세연, 2017). 그러나 분노범죄와 관련된 범죄들을 구분하거나 분류할 수 있는 근거가 아직 학계에는 없다는 것이 전문가들의 공통적인 입장이다. 여전히 추상적이고 포괄적인 분노범죄에 대한 개념과 특성을 명확하게 하기 위해서는 분노범죄에 대한 다양한 연구가 필요하다.

분노범죄라는 개념에 대해 학계에서는 여전히 합의점을 찾지 못하고 있지만, 공통적으로 분노범죄는 분노를 동반하는 범죄의 유형을 대부분 포괄하는 상위 범주로 정의하고 있다. 즉, 분노라는 감정이 특정한 범죄의 범주라기보다는 주요 강력범죄 내용에 관여하는 일반적인 감정이라는 것이다. 그리고 그 분노에는 개인의 누적된 감정뿐만 아니라 사회적 갈등도 포함된다. 이러한 특성은 범죄가 발생하는 원인과도 관계되는 것으로, 분노범죄가 개인의 병리적 원인으로만 발생하는 것은 아님을 시사한다. 원래 폭력적인 사람이 사소한 갈등에 쉽게 폭발해 범죄가 발생할 수도 있지만, 보다 최근에 발생하는 분노범죄를 보면 평범한 사람 또는 갈등에 더 많이 노출되는 사람이 범죄에 노출되는 사회적 특성이 반영되어 있다.

언론 보도에서 정의하고 설명하는 분노범죄의 내용이 무엇인지 살펴보기 위해 두 개의 기사 가운데 일부를 가져왔다.

#1. 지난 15일 전남 강진에서 노점상 김 모 씨(52)가 자리문제로 다투던 포장마차 여주인 A씨(52)를 거리 한복판에서 낫으로 찔러 숨지게 하고 이를 말리려던 은행원 B씨(52)까지 살해했다. 전문가들은 양극화의 심화로 '나만 억울한 것 같은' 상대적 박탈감을 느끼거나 갈수록 불안정하게 급변하는 사회 환경으로 스트레스를 받는 사람들이 늘면서 분노범죄도 함께 느는 것으로 진단했다. 분노범죄 가해자들은 공통으로 '홧김에' 범행을 저질렀다고 주장한다. 실제 국내에서 우발적 범행 건수와 충동조절 장애로 치료를 받는 환자 수는 해마다 증가하는 것으로 나타났다. 이에 따라 심리학 전문가들과 의학자, 전문 수사진들 사이에서는 국가와 사회 차원의 양극화 해소와 개인들이 불안과 분노를 건강하게 표출할 수 있는 사회적 분위기 형성을 분노범죄 감소를 위한 공통적인 해결책으로 제시하고 있다(연합뉴스, 2016.1.17).

#2. 욱하는 마음에 충동적으로 범죄를 저지르는 사례가 잇따르고 있습니다. 자신을 무시하는 세상에 복수하겠다며 아무 곳에서나 흉기를 들고 난동을 부리거나, 음주운전 단속에 적발되었다며 차를 몰고 경찰

지구대로 돌진한 사건도 발생했습니다. 난동을 부린 남성은 일용직 노동자인 50살 박 모 씨로, 사람들이 자신을 무시한다며 문구점과 약국에 잇따라 들어가 흉기를 들고 난동을 부렸습니다. 오늘 새벽엔 음주운전 단속에 적발되었다며 차를 몰고 경찰서 지구대로 돌진한 50대 남성이 붙잡혔습니다. 모두 화를 참지 못해 충동적으로 저지른 이른바 '분노범죄'입니다. 지난해 검거된 폭력 사범 36만 6000여 명 가운데 이렇게 분노를 조절하지 못해 범죄로 이어진 경우가 전체의 40%를 차지합니다. 이들은 대개 반복적으로 폭력성을 표출하기 쉬운 만큼 고위험군을 추려내 사전에 범죄를 예방하는 게 중요합니다. 아울러 분노조절 장애는 다른 병과 달리 스스로 병원을 찾기가 어려워 주변의 적극적인 치료 권유가 절실합니다(SBS 〈8뉴스〉, 2015.3.16).

첫째 기사는 신문기사이고, 둘째 기사는 방송기사로, 분노범죄의 개념을 순간적인 분노로 인한 범죄라고 설명하고 있다. 원인에 대해서는 사회구조적 문제에서 기인하며, 우발적인 범죄와 충동조절 장애가 직접적인 관계가 있는 것으로 묘사되고 있다. 학계에서는 분노범죄의 원인을 병리적인 요인과 사회적인 요인으로 구분했다면, 언론 보도에서는 병리적인 요인과 이러한 위험을 해소하는 데 주목하고 있다는 점에서 차이가 있다. 특히 언론 보도는 공격의 방아쇠가 된 상황을 재현하는 데 무게를 둔다. 언론을 통해 재현되는 상황이나 대상, 사건이 왜곡될 경우 대중에게 편견이 형성되는 등 대중들의 인식에 큰 영향을 줄 수도 있다. 언론 보도는 범죄 사건과 같은 특수한 상황을 경험할 수 있는 거의 유일한 통로이다. 따라서 범죄를 재현할 경우 그 범죄의 내용과 대상에 대해 공포감이나 혐오를 형성하고 확산시킬 수 있다. 동시에 우범자에 대해 편향되게 정의하고 규정하는 것은 실제 범죄가 발생하는 데 영향을 주는 다양한 요인을 간과하게 만들고 범죄 원인을 범죄자 중심으로 옮겨가 '이런 사람이 범죄자가 된다'라고 대중에게 인식시키기 때문에 원인을 파악하기 어렵게 만든다.

2. 단어의 의미와 구조

1) 단어의 사회적 의미

우리가 사용하는 단어는 사전적 의미와 고유한 뜻을 가지고 있지만, 시대의 흐름이나 쓰임에 따라 변하기도 한다. 어떤 단어들은 특정 이슈나 사건과 관련되어 새롭게 만들어지기도 하고, 기존에 있던 단어들이 본래 의미를 유지하면서 동시에 완전히 새롭게 쓰이기도 한다. 단어의 뜻이나 쓰임이 중요한 이유는 단어가 가지는 사회적 힘, 바로 대표성이라는 특성 때문이다. 단어가 대표성을 가진다는 것은 개념 정의와는 다르게 어떤 단어로 특정 상황을 표현하는 것, 아니면 반대로 그러한 상황이 발생하면 그 단어가 떠오르는 현상을 의미한다. 이렇게 구체적인 상황이나 문맥에서 떠오르는 단어들은 대부분 사회적인 환경과 관련이 있다. 여기서 사회적 환경이란 사회문화적인 거시적 조건뿐만 아니라 사상이나 가치관 같은 개인이나 집단의 생각까지 포함한다(Barnett, Casper and Am, 2001: 465). 그리고 이러한 현상은 언론 보도에서 자주 볼 수 있다.

언론은 현상을 보도하는 것에 그치지 않고 의미 생산을 주도하기도 하는데, 범죄 보도가 특히 그러하다(김훈순, 2007: 89; 양정혜, 2010: 373). 언론의 범죄 보도에서 가장 자주 목격되는 보도 방식은 '부산 여중생 살인 사건'처럼 범죄가 일어난 지역이나 피해자의 특성을 드러내는 것이다. 또는 '묻지마범죄'나 '여혐범죄'와 같이 특정 사건들을 공통의 범주로 명명하기도 한다. 범죄 사건에 이름을 붙이는 것은 특정 사건을 연속으로 보도하기 위해 필요할 수 있으나, 각기 다른 사건을 범주화해서 보도하는 것의 가장 큰 문제는 그 범주가 맞는지 확인하는 과정 없이 청중에게 그대로 전달된다는 것이다. 예를 들어, 강남역 살인 사건 이후에 '강남역'이라는 단어는 여성혐오 범죄를 떠올리는 대표적인 단어가 되었는데, 이후 대부분의 여성 대상 범죄는 여성혐오 범죄인 것으로 범주화되는 경향이 나타났다. '미투'라는 단어 역시 여성을 대상으로 하는 성추행과 성폭력에 대해 적극적인 피해 신고 행위를 담은 의미로 자리잡았는데, 범죄자에 대해 비난하기보다 입을 다무는 소극적인 여성들에게 비난을 가하는 부작용도 있었다. '분노범죄'도 언론에서 일상의 갈등이 강력범죄로 발전한 사건을 지칭하는 것으로 사용되고 있다. 네이버 뉴스검색에서 '분노범죄'로 검색되는 기사가 처음 발견되는 것은 2007년이며, 뉴스 빅데이터 분석 서비스인 빅카인즈(BigKinds)에서는 2010년에 처음으로 '분노범죄'라는 단어가 등장한다. 그리고 2012년에 관련 기사가 많아졌다가 다시 감소했는데, 2015년에 다시 관련 기사 수가 증가하기 시작했다. 이러한 경향성을 보아도 분노범죄는 분노라는 단어가 사회적으로 범죄화되는 과정을 거치며 만들어진 것이라 할 수 있다.

2) 단어의 의미와 워드임베딩 기법

한 단어에 대해 사전적인 의미와 다르게 사회적으로 새롭게 의미가 부여될 수 있음은 직관적으로 이해할 수 있다. 그렇다면 실제 새롭게 부여된 의미는 어떻게 파악해야 하는가라는 과제가 남는다. 과거 많은 내용분석 연구에서는 단어가 등장하는 절대적 횟수를 계산하는 방식이 일반적이었다. 워드클라우드(wordcloud)는 문서에 많이 등장하는 단어일수록 중요하다는 가정을 가진 분석기법으로, 단어 분석에서 많이 사용된다. 〈그림 4-1〉은 2015년 강력범죄 보도 기사의 워드클라우드이다. 징역, 선고처럼 사건 보도와 관련된 단어가 가장 많았으며, 학교, 폭력이라는 단어 또한 많아 2015년에는 학교폭력과 관련된 사건 보도가 많았음을 알 수 있다. 그러나 워드클라우드는 많이 등장하는 단어를 보여줄 뿐 어떤 학교폭력이 있었는지 등 그 이상의 의미를 찾기는 어렵다. 그리고 중요한 단어는 제목에서 강조되고 본문에서도 한두 번 등장하며 이 단어들을 설명하는 것으로 본문이 구성된 경우가 많다. 특히 문서의 특성과 관계없이 문맥적으로 자주 등장하는 일반적인 단어들이 많아 이것을 제외하는 정제 작업에 분석 작업보다 시간이 더 걸린다. 이와 같은 양적 데이터가 지닌 결점을 보완하고 질적으로 중요한 단어를 분석할 수 있도록 기존 내용분석의 한계를 극복한 새로운 기법이 워드임베딩(word embedding) 기법이다.

워드임베딩은 단어마다 벡터값을 주어 수치화하는 기법으로, 그 방

그림 4-1 2015년 강력범죄 언론 보도의 워드클라우드

식에 따라 분석할 수 있는 수준이 달라진다. 워드임베딩 기법 중에서 워드투벡(word2vec)은 함께 쓰인 주변 단어들을 통해 특정 단어의 의미를 추정하는 분석방법이다. 워드투벡은 문서에 벡터공간을 생성하고 각 단어에 고유한 벡터를 부여하는 방법으로, 단어들은 그 공간에 위치하게 된다(Mikolov et al., 2013: 1). 각 공간에서 서로 근접한 단어들은 유사한 맥락에서 사용되거나 비슷한 의미를 지닌다고 가정한다(Wolf et al., 2014: 1). 특정 단어와 함께 사용된 주변 단어들을 통해 그 단어가 기존에 사용되던 맥락이 아닌 새로운 맥락으로 사용되고 있는지 확인할 수 있고 의미를 해석할 수 있다. 특정 단어와 근접한 거리에 있는 단어는 그 특정 단어를 설명하는 하위 단어일 수도 있고, 그 특정 단어와 함

께 상위 단어를 설명하는 단어일 수도 있다. 결론적으로 워드투벡은 문맥분석을 통해 단어의 질적 특성을 확인할 수 있는 방법이다.

3) 워드투벡과 단어 유사도

워드투벡의 학습과정은 할당된 벡터값을 이용해 주변 문맥을 얼마나 정확하게 예측하는지를 계산하는 방식을 따른다. 만약 어떤 두 단어가 비슷한 문맥에서 꾸준하게 사용되면 두 단어의 벡터값이 비슷해진다. 학습방법으로는 여러 개의 단어를 모두 고려해 이 단어들이 중심적으로 설명하는 단어가 무엇인지 보여주는 CBOW(continuos bag of words) 모델과 특정 단어를 선택하고 그 단어의 주변 단어를 보여주는 스킵그램(skip-gram) 모델 두 가지 종류가 있다(〈그림 4-2〉 참조). 분석의 목적에 따라 학습방법은 선택할 수 있으며 자료의 수가 많을수록 스킵그램 모델이 더 정확한 것으로 알려져 있다.

워드투벡의 결과는 벡터공간에 위치한 단어들의 물리적 거리를 계산한 것으로 코사인 유사도(cosine similarity) 값으로 주어지며, 거리가 가까운 단어는 한 문장인 문단에 사용될 가능성이 크다. 그리고 우리는 이 결과를 두 가지 방식으로 활용할 수 있다. 워드투벡을 활용하는 첫째 방식은, 특정한 하나의 단어와 맥락이 유사한 단어를 유추하는 방법이다. 먼저 다음 예시문을 보자.

① 사과라는 과일은 맛있고 빨간색이다.
② 사과에는 비타민C가 많이 함유되어 있다.

그림 4-2 워드투벡의 두 가지 학습과정 모형

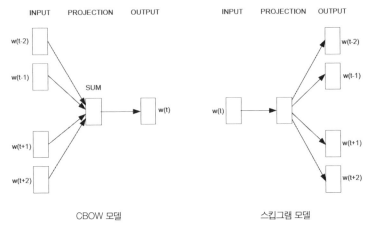

CBOW 모델   스킵그램 모델

자료: Mikolov et al(2013).

③ 딸기에는 비타민C가 많이 함유되어 있다.

예시문 ①과 ②를 보면, 사과라는 단어는 '과일', '비타민C'와 가장 유사도 값이 크다. 그리고 '과일', '비타민C'라는 단어는 '맛있다', '빨간색'이라는 단어와 함께 사과의 속성을 나타내는 하위 구조단어로 특정할 수 있다. 워드투벡을 활용하는 둘째 방식은, 두 단어의 코사인 유사도를 통해 두 단어를 구성하는 단어들이 얼마나 비슷한지 분석하는 방법이다. 예시문 ②와 ③은 '사과'와 '딸기'만 다를 뿐 모든 내용이 일치하는데, 이 경우 사과와 딸기의 유사도는 '1'이 된다. 실제 사과와 딸기는 서로 다른 종류의 과일이지만 주어진 문서에서 사용된 단어가 완전히 일치하기 때문에 거의 유사한 단어로 분석되는 것이다. 이러한 방식을 통해서 두 단어가 얼마나 맥락적으로 유사한지 확인할 수 있다. 예를 들어, '분노-살인' 두 단어의 코사인 유사도 값이 0.5가 나왔고 '분노-폭행'의 유사도 값은 0.7이 나왔다면 분노 단어를 구성하고 있는 단어들은 살인보다 폭행을 설명하는 단어들과 더 비슷하다. 즉, 분노는 살인보다 폭행과 맥락적으로 더 유사하다고 할 수 있다.

3. 분석 단어와 분석 전략

1) 벡터공간과 형태소 분석

워드투벡은 한 문장에서 사용되는 단어들의 거리를 계산해 단어 고유의 개념보다 넓은 의미의 맥락을 추론할 수 있다는 장점이 있다. 분석을 위해 벡터공간을 설정해야 하는데 일반적으로 300으로 설정한다. 또한 단어 빈도가 너무 낮은 단어들은 제외하는 것이 좋다. 분석해야 하는 단어 수가 많으면 많은 메모리가 필요하기도 하고, 빈도가 너무 낮은 단어는 분석에 포함되기 어렵기도 하기 때문이다. 제외할 단어 빈도 기준은 분석하고자 하는 문서의 특성과 크기에 따라 달라진다. 또한 분석 단어의 좌우 문맥을 결정하는 단어 수인 윈도(window) 크기도 설정해야 한다. 분석 단어로부터 거리가 멀수록 맥락의 유사성도 낮아지므로 5~10개가 일반적이다. 한편 워드투벡의 기본 분석 단위는 단어이기 때문에, 언론 보도기사 내용에서 불필요한 요소들을 제거하고 본문의 내용을 형태소 분석기를 이용해 처리하는 과정이 요구된다. 형태소 분석기도 여러 종류가 있어 데이터의 양과 질에 따라 선택할 수 있다. 필자는 대용량 자료에 적합하고 처리속도가 빠른 메캅-코(Mecab-Ko) 형태소 분석기를 주로 사용한다. 메캅-코는 속도가 빠를 뿐만 아니라 품사체계나 사전 변경 작업에 유연하다는 장점이 있다(곽진아·이원재, 2016: 116). 그러나 형태소 분석 단위가 너무 구체적이어서 온라인 카페 분석이나 SNS 분석에는 적합하지 않을 수 있으므로 문서의 양이 많지 않다면 다른 한글 형태소 분석기를 활용하는 것이 좋다.

2) 분석 전략

범죄 보도에서 분노범죄라는 단어가 발견되는 것은 2007년이지만 거의 사용되지 않다가 2010년에 다시 등장해 서서히 증가했으며, 최근에 집중적으로 보도되는 경향이 나타난다. 아마도 과거에는 분노 관련 범죄가 다른 표현이나 단어로 기술되었을 가능성이 있다. 그리고 앞서 살펴본 분노범죄의 개념에서는 높은 수준의 분노와 충동적이거나 우발적인 특성이 발견되었다. 따라서 분노뿐만 아니라 격분, 충동, 우발 등 관련 있는 다른 단어들도 분석에 포함할 필요가 있다.

워드투벡을 활용한 분석은 여러 전략이 가능하다. 먼저 분노 및 분노와 관련된 단어들의 주변 단어를 탐색한다. 그리고 한 단어의 연도별 워드투벡 결과를 각 단어별로 실시한다. 특히 연도별 변화를 통해 최근 들어 분노, 격분, 우발, 충동의 맥락이 시간에 따라 변화하고 있는지 확인한다. 마지막으로 서로 유사할 것 같은 단어 간 유사도를 계산할 수 있다. 즉, 각각의 단어가 어떤 맥락에서 사용되었는지에 대해 기본적인 탐색을 한 후에 특정 두 단어의 유사도를 통해 두 단어가 같은 맥락에서 사용되고 있는지 분석하는 것이다. 예를 들어, 분노와 강력 범죄 유형 중 살인의 유사도가 높다면 두 단어가 유사한 맥락에서 사용되었다고 해석할 수 있다. 이 분석은 분노가 강력범죄 유형뿐만 아니라 격분, 우발, 충동 단어와도 얼마나 유사한지를 보여줄 수 있다. 이러한 분석 전략을 통해 분노 단어가 가지고 있는 의미 구조를 파악할 수 있다.

4. 강력범죄 및 격분, 우발, 충동의 의미 구조

강력범죄는 흉악범죄인 살인, 강도, 방화, 강간과 폭력범죄인 폭행, 상해, 협박, 공갈 등 여덟 개의 하위유형으로 분류된다. 강도와 강간은 감정을 동반하거나 우발적인 경우보다 계획적인 경우가 많으며, 폭력 범죄도 폭행과 상해를 제외한 하위유형들은 최근에 쟁점이 되는 분노 범죄와 거리가 있다. 방화의 경우에는 대인 공격과는 거리가 멀지만, 공격성을 드러내는 하나의 방식이고 분노범죄의 유형으로 자주 언급되기도 한다. 따라서 분노범죄 및 공격성과 관련된 강력범죄 유형은 살인, 방화, 폭행, 상해로 함축할 수 있다. 그리고 살인은 살해, 폭행은 폭력과 교차해서 사용되는 경우가 많아 최종적으로는 여섯 개의 단어가 분노범죄와 관련 있는 것으로 간주할 수 있다.

실제 강력사건 보도에서 강력범죄 유형이나 분노 관련 단어들이 어떤 맥락에서 사용되었는지 살펴보기 위해 2006년부터 2015년까지 11개 언론사의 강력사건 보도자료를 분석했다. 〈그림 4-3〉은 앞서 설명한 워드임베딩 기법인 워드투벡을 활용해 강력범죄 유형별 단어의 주변 단어를 추린 결과이다. 가운데 큰 원은 중심단어이고 주변 작은 원들은 유사도가 높은 단어들로 원의 크기는 유사도 값이 표현된 것이다. 살인은 강도, 방화, 죄와 같은 단어들이 유사도가 높은데, 이러한 단어들은 범죄의 명칭과 목적을 의미하는 내용으로 품사가 대부분 명사라는 특성이 있다. 살해는 '죽이다', '찌르다', '숨지다' 등 행위 및 결과와 관련된 동사와 '독살', '암매장'과 같은 범죄의 구체적인 방법에 관한 단어들로 구성되어 있다. 살인이 동기적 측면이라면 살해는 행위에 단어들이 집중되어 있다. 폭행은 살해처럼 '구타', '때리다', '주먹질'과 같이 구체적인 행위나 방법에 대한 단어들과 함께 쓰였고, 폭력은 살인처럼 '언어폭력', '가정폭력', '성폭력' 등 폭력의 종류에 대한 단어들과 함께 쓰였다. 그러나 폭력의 주변 단어는 살인의 주변 단어보다 범죄 방식이나 유형에서 따돌림, 학대와 같이 더 구체적인 단어들로 구성되는 특성이 있다. 그리고 폭행과 폭력에는 '괴롭히다'가 공통으로 포함되어 있고 폭행에는 성추행이, 폭력에는 성폭력과 성폭행이 포함된다. 폭력과 폭행범죄에서 성범죄 관련 보도는 제외했음에도 이러한 결과가 나온 것은 다수의 성범죄에 폭력 행위가 동반되기 때문인 것으로 간주할 수 있다.

상해와 관련된 단어들에는 부상을 의미하는 단어들이 주로 등장한다. 방화는 범죄 특성상 함께 사용된 단어의 종류가 다양하지 않으며 '살인'과 '살인강도'가 함께 등장하는 특성이 있다. 그리고 방화도 살인처럼 범인에 대한 관심이 높은 것을 알 수 있다. 그림에는 생략되어 있지만 각 단어는 고유한 유사도 값을 가지고 있는데 강력범죄 유형 중

그림 4-3 **강력범죄 유형별 워드투벡 결과**

방화는 주변 단어들과의 유사도 값이 가장 작았다. 유사도 값이 작을
수록 유사한 맥락으로 해석될 가능성이 낮으므로 방화는 해석 가능한

의미가 좁고 제한적이다.

앞서 살펴본 분노범죄의 개념에서는 높은 수준의 분노와 충동적이거나 우발적인 특성이 발견되었다. 즉, 분노범죄는 분노뿐만 아니라 높은 수준의 분노를 뜻하는 '격분', 조절 또는 억제를 하지 못해 나오는 행동인 '충동', 예기치 않게 일어나는 상황인 '우발적' 등의 단어들과 관련이 있다. 단어의 특성상 분노감정은 이 세 단어와 함께 쓰이는 경우가 많을 것이다. 따라서 분노범죄를 이해하기 위해서는 관련 단어들을 가능한 한 고려해 분석해야 한다. 〈그림 4-4〉는 격분, 우발, 충동이라는 단어의 워드투벡 결과에서 나타난 단어를 보여준다. 원이 클수록 유사도 값이 큰 단어들이다. 격분은 '헤어지다', '건방지다'와 같이 화가 난 원인에 대한 단어, 그리고 '죽이다', '때리다'와 같이 행위 및 결과와 관련된 단어와 주로 사용되었다. 그리고 술병과 망치 같은 범죄 도구, 뺨이나 어깨와 같이 특정 신체 부위와 함께 쓰이기도 했다. 흥미로운 점은 격분 단어에 격분의 대상이 등장하는데, 주로 '애인'이나 '동거녀'로 치정과 관련된 사건들이 격분과 관련이 높은 것을 알 수 있다. 우발은 '저지르다', '뉘우치다' 또는 '잔인', '잔혹'과 같은 단어와 주로 등장한다. '인륜', '패륜', '시어머니', '치정'이라는 단어를 통해 우발적 범죄에서 가장 많이 언급되는 것은 부모, 자식, 또는 애인과 같이 가까운 사람과의 관계에서 발생한 사건임을 알 수 있다. 마지막으로 충동은 '우울', '욕망', '조절', '강박'과 같은 단어가 주변 단어로 쓰여 심리적인 맥락에서 사용되는 것을 확인할 수 있었다. '약물', '정신과'와 같은 단어는 비교적 최근에 와서 등장하는 단어로 2014년까지는 유사도가 높은 단어가 아니었다. 이처럼 강력범죄 사건에서도 충동적인 범죄는 병적인 문

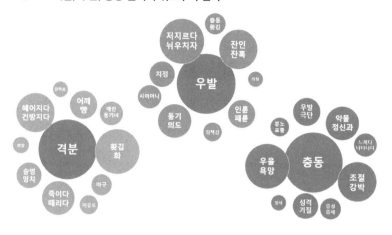

그림 4-4 **격분, 우발, 충동 단어의 워드투벡 결과**

제와 관계되는 것으로 인지하고 있는데, 분노범죄의 원인을 충동조절 장애로 규정하는 것이 맞는지 재고할 필요가 있다.

5. '분노'의 의미 변화

앞서 강력범죄 유형의 여섯 개 단어와 격분, 우발, 충동이 강력범죄 보도에서 사용되는 맥락을 살펴보았다. 이 단어들의 주변 단어 목록을 연도별로 살펴보면 유사도가 높은 단어 종류는 크게 다르지 않으며, 순위만 조금 변화하는 것을 알 수 있다. 하지만 분노 단어를 살펴보면, 2011년을 기준으로 단어의 종류가 변화하는 것을 알 수 있다. 〈그림 4-5〉는 분노 단어의 결과를 2011년 이전과 이후로 정리한 것이다. 원

그림 4-5 **분노 단어의 워드투벡 결과**

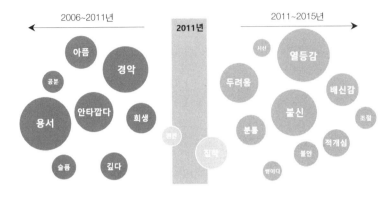

이 클수록 분노 단어와 유사도가 높은데, 2011년 이전에는 분노 단어
와 가장 유사도가 큰 단어가 '용서', '경악'이었다. 그리고 '안타깝다',
'아픔', '희생'과 같은 단어들이 주로 등장해 강력범죄 사건 보도에서 분
노는 공감이나 기사를 접한 일반인들의 반응 등 일반적인 의미로 사용
된 것을 알 수 있다. 2011년 이전에는 분노를 느낀 당사자가 범죄 사건
의 피의자보다는 일반인이나 목격자 위주로 묘사되고 있는 것이다.
2011년에 들어서 '편견', '집착'이라는 단어가 높은 유사도 값을 보이기
시작하는데, 2015년까지 이 단어들은 꾸준히 상위 목록에 포함되었다.
2011년 이후에는 '열등감', '불신', '배신감', '적개심'과 같은 감정 단어
가 높은 유사도 값을 보인다. 이러한 감정들은 분노를 일으킨 원인 요
소로 추정되는데, '쌓이다', '조절'과 같은 단어와 함께 분노의 정도와
조절 실패가 언급되고 있음을 알 수 있다. 분노의 원인이 되는 부정적
인 감정 이외에도 시선, 억압 등의 다른 원인 요소들도 자주 분노 단어

와 함께 등장한다. '두려움'과 '불안'도 유사도가 높은 단어 목록에 속하는데, 이러한 단어들은 분노와 관련된 강력범죄에 대한 사회적 논의나 일반인들의 반응으로, 분노감정이 점점 범죄의 동기와 원인으로 인식되고 있음을 확인할 수 있다.

분노 단어는 다른 감정 단어들과 함께 쓰이고 있었지만 2011년을 기준으로 감정 단어의 종류가 명백하게 변화하는 것을 알 수 있다. 2011년 이전에는 분노라는 단어가 범죄 사건에 대한 분노나 피해자에 대한 동정 등 긍정적인 감정의 영역에서 쓰였다면 2011년 이후부터는 배신감이나 열등감 같은 감정으로 인해 표출되는 부정적인 감정으로 쓰였다. 또한 이렇게 표출되는 분노감정은 쌓였다가 폭발하는 행태여서 조절하기 어려운 대상으로 묘사된다. 그렇다면 2011년을 기점으로 우리 사회가 분노 사회로 접어든 것일까? 실제로 이때부터 분노로 인한 강력범죄 사건이 증가했는지 살펴보자.

6. 우발적이고 폭력적인 '분노'

2011년을 기준으로 우리 사회에서 분노로 인한 강력사건이 발생하기 시작했다면 강력범죄 유형에서 이러한 증거가 나타날 수 있다. 그런데 앞서 분석한 강력범죄 유형에서 분노 단어는 유사도가 높은 단어 목록에 없었다. 순위를 50위까지 확대해도 발견되지 않았다. 강력범죄 보도내용에서 분노 단어가 직접 사용되지 않더라도 의미나 맥락이 유사하게 사용되었을 가능성이 있다. 이를 확인하기 위해 유형별 단어

와 분노 단어의 코사인 유사도를 분석했다. 두 단어의 유사도 분석은
두 단어의 주변 단어 간 유사도 값을 통해 의미나 맥락이 얼마나 유사
한지 파악하는 것으로, 1에 가까울수록 맥락이 유사하다고 해석한다.

〈그림 4-6〉은 강력범죄 유형과 '분노' 단어의 유사도 값을 연도별로
나타낸 그래프이다. 전반적으로 분노 단어와 강력범죄 유형의 유사도
값은 하락하는 경향이 나타난다. 분노 단어가 변화를 보였던 2011년에
도 살인과 폭행은 거의 변화가 없으며, 방화만 증가할 뿐 다른 유형은
감소한다. 유사도가 증가하는 시기는 2008년과 2009년으로, 방화를
제외한 대부분의 유형에서 분노와의 유사도가 증가하고, 2014년 이전
에는 방화와 폭행을 제외한 대부분의 유형이 유사한 변동 패턴을 보인
다. 그런데 2014년부터 살해, 폭행, 폭력과 분노의 유사도가 다시 증가
하기 시작한다. 살해와 폭행은 범죄의 구체적인 방법과 범행 결과를
묘사한 단어들과 유사도가 높았고, 폭력은 공격 방법과 피해자를 특정
할 수 있는 구체적인 정보를 포함한 단어들로 구성되어 있다. 최근에
와서 이러한 강력범죄 유형과의 유사도가 높아졌다는 것은 분노가 강
력범죄 전반에 관여하는 감정에서 직접적인 공격 행위나 폭력 유형과
관련이 있고 구체적인 범죄 행위를 떠올리는 방식으로 기술되고 있음
을 시사한다.

강력범죄 유형과 분노 단어 간 유사도 패턴에서는 실제로 분노범죄
가 증가했다는 증거는 찾기 어렵지만 최근 들어 분노 단어가 범행을 묘
사하는 맥락으로 사용된다는 사실은 확인할 수 있었다. 그러나 〈그림
4-6〉의 유사도 값은 낮은 수준이기 때문에 강력범죄 기사에서 구체적
인 범행이나 폭력을 묘사하는 단어들이 분노 관련 범죄를 설명할 때 사

그림 4-6 **연도별 강력범죄 유형과 '분노' 단어 간 유사도**

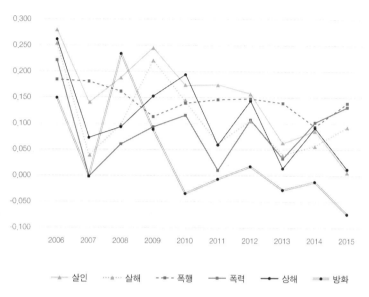

자료: Lee(2018).

용하는 비중이 특정 시기에 변화했다는 정도로 이해해야 할 것이다. 한편, 분노범죄는 내용 면에서 격분과 더 밀접한 관련이 있고 최근 들어 충동 장애나 욕구불만과 같은 심리적 요인 단어들과 함께 쓰이는 경향이 있다. 이러한 단어들과 분노 단어가 사용된 맥락의 유사 정도를 확인하기 위해 분노 단어와 각 단어 간 유사도 분석을 실시했다(〈그림 4-7〉 참조). 세 단어 모두 2008년까지 유사도가 하락하는데, 특히 충동과 격분 단어는 분노 단어와 유사도가 낮아지는 정도가 크다. 그리고 분노와 가장 유사한 의미를 지니고 있는 격분 단어가 분노 단어와의 유사도가 가장 낮으며, 충동 단어는 2006년 가장 높다가 2007년부터 우

그림 4-7 연도별 '분노' 단어와 '격분', '우발', '충동' 단어 간 유사도

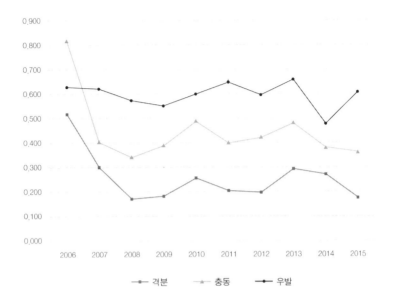

자료: Lee(2018).

발 단어가 가장 높은 유사도 값을 보인다. 이는 우발 단어와 분노 단어
는 서로 같이 쓰이는 경우가 많지 않지만 우발 단어의 주변 단어와 분
노의 주변 단어가 같은 단어일 확률이 그만큼 높다는 것을 의미한다.
따라서 분노와 우발이라는 단어는 강력범죄 사건에서 바꾸어 사용해
도 맥락을 이해하기에 어색하거나 이상한 점을 발견하기 힘들다. 예를
들어, "분노해 범행을 저지른 것으로 보고"라는 문장에서 '분노'를 '우
발적으로'라는 표현으로 바꾸어도 어색하지 않은 것처럼 말이다. 이처
럼 어떤 단어와 함께 쓰이는지를 일일이 살피지 않아도 맥락의 경향성
은 생각보다 사람의 인지에 잘 침투한다.

7. 의미생성 메커니즘의 중요성

언제부턴가 우리 사회에서는 일상의 긴장으로 인한 화 또는 사소한 시비가 강력범죄로 발현되는 경우가 증가하고 있다. 강력범죄의 절대적 수가 증가했다기보다는, 기존 강력사건이 강도나 원한에서 비롯되었다면 이제는 만연하는 사회적 긴장이나 갈등이 도덕적 영역에서 해소되지 못해 범죄 영역으로 침투하게 되었다고 봐야 할 것이다. 필자는 분노를 매개로 하는 범죄를 분석하기 위해서는 분노조절 장애와는 다르게 감정이 풍선처럼 부풀어 올라 터지는 범죄의 유형에 대한 논의가 필요하다고 본다. 그리고 이러한 논의에 앞서 감정 단어인 분노가 어떻게 범죄의 한 유형으로 특정되었는가에 대한 이해가 필요하다. 이러한 이해 없이 분노를 범죄의 원인으로 규정한다면 분노범죄에 대한 원인을 모색하기에 앞서 분노하는 사람들에 대해 공포감이나 혐오가 형성될 수 있기 때문이다.

2011년 이전에는 언론의 강력범죄 보도에서도 분노가 범죄를 접한 대중의 반응이나 사회적 분위기 등 다양한 범죄 내용에서 사용되는 일반적인 단어임을 확인할 수 있다. 물론 분노범죄의 동기가 되는 사회적 갈등이나 부정적 감정들의 내용도 확인할 수 있다. 그러나 2011년 이후 이 부정적 감정들은 적개심, 배신감처럼 범행의 동기인 심리적 요인에 더 무게를 두는 방향으로 변화했다. 부정적 감정으로 인해 표출되는 분노가 범죄의 원인으로 묘사되는 것은 이러한 분노범죄의 특성을 밝혀주기보다는 여러 강력범죄 유형에 수반되는 분노라는 감정 상태를 부각시킬 뿐이다. 더욱 심각한 것은 범죄진단이나 수사결과 발표에서 분노라는 막연한 원인을 강조해 표출적 강력범죄 일반을 분노범죄화하는 경향이다. 그리고 표출적 강력범죄에서 동반되는 부정적 감정에 주목하는 것 역시 범죄로 확대되는 것을 막는 유일한 해결책은 개인의 감정적 통제나 심리적 안정상태인 것으로 사람들에게 인지시킬 가능성이 있다. 실제로 묻지마범죄나 분노범죄는 친밀하지 않은 관계에서 사소한 이유로 발생하는 경우가 많아 예상하기 어렵고, 충동적이고 우발적인 개인의 기질에 기인하는 바가 많아 대처할 방법이 없다. 그러므로 분노범죄에 대한 막연한 공포나 불안감이 사회적으로 양산될 수 있다. 진정한 원인을 규명하기 위해서는 분노범죄가 발생한 행태적 특성이 아니라 사회적 긴장 상태(집단 내 또는 집단 간 갈등 상황), 부정적 감정, 상황적 요인 등 다양한 요소를 복합적으로 분석해야 한다.

언론의 강력사건 보도에서 분노 단어는 의미가 유사한 격분이라는 단어보다 우발이라는 단어와 더 유사도가 높은 특성을 지니고 있었다. 그리고 분노로 인한 공격성에 대한 원인은 잘 드러나지 않으면서 분노의 갑작스러움이나 우연성이 강조되어 왔다. 단어를 사용할 때 어떤 단어를 함께 사용하는가에 따라 맥락이 차이가 있다는 것은 알지만 이를 분석으로 증명하는 작업은 잘 이뤄지지 않는 듯하다. 이에 이 장에서는 범행의 행태적 특성을 설명하는 데 사용된 언론 보도 내용을 분석함으로써 단어에 부여되는 새로운 의미나 맥락을 이해하고자 했다. 이러한 분석방법은 분노범죄를 넘어 새로운 의미나 이미지가 단어와 특정 대상에 부여되는 메커니즘을 분석하는 데에도 활용할 수 있다. 예를 들어, 결혼 이주여성, 외국인 노동자, 조선족 등 소외계층에 대한 사회적 인식이나 편견이 형성된 과정을 탐색할 수 있다. 더불어 된장녀,

맘충과 같은 혐오단어를 분석하는 데에도 활용할 수 있다. 실제로 우리가 인식하고 있는 대상(사람, 사물, 상황 등)에 대한 내용은 개념 정의보다 그 대상을 설명하고 수식하고 표현하는 주변 단어들에 의해 구성된다. 그리고 대상에 대한 내용은 마치 실체처럼 이미지를 생성하기 때문에 수정하거나 변하기 어렵다. 따라서 어떤 실체나 원인을 파악하기 위해서는 관련 단어가 사용된 과정을 분석함으로써 의미가 새롭게 부여되는 메커니즘을 이해하는 것이 중요하다.

어떤 단어나 대상에 대한 의미가 생산되고 하나의 개념으로 자리잡는 메커니즘을 분석하면서 가장 많이 받은 질문과 관심은 어떤 기법을 활용하고 어떤 데이터를 사용하는가 하는 것이었다. 필자가 활용한 기법 이외에도 텍스트 분석에는 다양한 분석기법이 존재한다. 어떤 기법을 활용하는지, 데이터 수집 방법이 무엇인지는 연구의 타당성이나 신뢰를 확보하기 위해 중요한 요소이다. 그러나 연구의 과정만큼 중요한 것은, 우리가 흔하게 사용하는 단어나 대상에 대한 의미가 검증 없이 사용되어 하나의 지식처럼 사회에 고착되는 현상에 관심을 가지는 일이다. 그 지식이 결과적으로 좋은지 나쁜지는 다시 연구를 통해 증명해 나갈 수 있을 것이다. 아무리 좋은 분석기법을 활용한다고 해도 연구하고자 하는 현상에 대한 구체적인 문제의식과 이해가 없다면 데이터 수집에서부터 실패할 가능성이 크다. 그러므로 텍스트 분석에 관심이 있다면 현상 또는 대상을 대표하는 주요 단어를 선정하기 위해 문제의식을 구체화하는 작업이 매우 중요하다.

참고문헌

곽진아·이원재. 2016. 「온라인 커뮤니티에서 나타난 건강정보 전파 분석에 관한 연구: 공적/사적 의료 지식에 미치는 커뮤니티 내 연결망」. ≪통계연구≫(특별호): 112~128.

김훈순. 2004. 「한국 언론의 젠더 프레임」. ≪한국언론정보학보≫ 27: 63~91.

박희정. 2015. 「판단자의 부정적 감정과 거짓말 판단과의 관계에서 확실성의 매개효과 검증」. ≪한국심리학회지: 사회 및 성격≫ 29(2): 57~70

양선이. 2019. 「분노의 도덕적 친사회적 기능에 대해: 흄과 현대 흄주의자들을 중심으로」. 『철학연구회 학술발표논문집』. 77~96쪽.

양정혜. 2010. 「뉴스 미디어가 재현하는 범죄현실: 아동대상 성폭력 범죄의 프레이밍」. ≪언론과학연구≫ 10(2): 343~379.

연합뉴스. 2016.1.17. "'화를 참을 수도, 풀 곳도 없어' 분노범죄 잇따라".

오세연. 2017. 「분노범죄의 발생원인과 대응방안에 관한 연구」. ≪한국공안행정학회보≫ 26(1): 39~65.

윤재진. 2015. 『감정회복』. 모아북스.

이상형. 2017. 「감정과 공공성」. ≪철학논총≫ 88: 45~65.

이선형. 2015. 「온라인 공간에서 결정적 다수의 특성」. ≪사이버커뮤니케이션학보≫ 32(4): 43~80.

이장한. 2015. 「분노/충동범죄 대응 전략 수립을 위한 연구」. 『치안정책연구소 정책연구보고서(2015-0332)』. 치안정책연구소.

대검찰청. 2014. 『범죄분석』.

SBS 〈8뉴스〉. 2015.3.16. "'무시하는 세상에 복수' 분노 범죄 판친다".

Barnett, E., M. Casper and J. Am. 2001. *Public health* 91: 465.

Lee, S. H. 2018. "Generation Mechanism of Social Meanings to 'Anger'- Analysis of a Media Report on Violent Crime by Using Word2vec." *New Physics: Sae Mulli* 68(6): 655~663.

Mikolov, T., K. Chen, G. Corrado and J. Dean. 2013. Efficient estimation of word representations in vector space. arXiv preprint arXiv:1301.3781.

Wolf, L., Y. Hanani, K. Bar and N. Dershowitz. 2014. "Joint word2vec Networks for Bilingual Semantic rRepresentations." *International Journal of Computational Linguistics and Applications* 5(1): 27~44.

제5장

노인소외와 앵그리 올드,
그리고 앵그리 영의 노인혐오

오주현

2019년 말 노인에 대한 인식을 개선하기 위해 '내일의 나'를 주제로 한 공익광고가 방영되었다. 영상 속에는 축 처져 있는 젊은이에게 따뜻한 응원을 건네는 어르신의 모습, 식당에서 키오스크를 사용하는 데 어려움을 겪는 어르신을 도와드리는 젊은이의 모습이 클로즈업된다. 윗세대가 아랫세대를 격려하고 아랫세대가 윗세대를 도와주는 이상적인 모습이다. 광고에서는 노인을 '미래의 나'로 표현하고 미래의 나를 어떻게 대하고 있는지 질문을 던진다.

광고 영상에서 키오스크 사용에 어려움을 겪는 노인의 모습을 담은 건 이들이 디지털 소외의 중심에 있기 때문이다. 특히 키오스크는 공공장소에서 공용으로 사용하는 무인화 기기이고 뒤에서 기다리는 이들이 있기 때문에 터치스크린에 익숙하지 않은 노인이 느끼는 부담감은 클 수밖에 없다. 이와 같은 경험은 노인에게 사회적 소외감을 느끼게 하며, 사회적 배제에 대한 노인의 분노가 매장 직원에게 표출됨으로써 갈등의 양상으로 나타나기도 한다. 이 외에도 많이 회자되는 '젊은이는 앉아서, 노인은 서서' 간다는 기차표 예매 관련 이슈는 노인에게는 신체적 불편함을, 젊은이에게는 심리적 불편함을 느끼게 한다. 디지털 격차의 결과가 표면적으로 드러나는 대표적인 예이다.

이 장에서는 디지털 사회에서 노인세대가 겪고 있는 소외에 대해 살펴본다. 특히 디지털 소외가 왜 나타나는지, 문제는 무엇인지를 정보격차의 관점에서 고민한다. 다음으로는 일부 청년세대가 온라인 공간에서 표출하고 있는 노인혐오에 대해 살펴본다.

1. 디지털 격차, 그리고 소외

1990년대 후반부터 빠르게 보급된 인터넷은 우리 생활에 많은 변화를 가져왔다. 사람들이 대화하는 방식을 비롯해 일하는 방식, 공부하는 방식, 미디어 콘텐츠를 소비하는 방식 등 모든 생활 영역이 변한 것이다. MSN, 네이트온 등 PC 메신저가 사용되기 시작했고, 이는 다른 장소에 있는 여러 사람이 문자로 동시에 대화하는 것을 가능하게 했다. 온라인 커뮤니티가 만들어지고, 인터넷뱅킹, 온라인 쇼핑몰 등이 생겨났다. 필요한 정보 역시 책보다는 손쉬운 인터넷을 활용해서 찾게 되었다.

2009년 11월 국내에 도입된 스마트폰은 또 한 번의 변혁을 가져왔다. '인터넷'을 기반으로 한다는 점에는 변함이 없지만 스마트 기기가 지닌 이동성(mobility)은 상당한 힘을 지니고 있었다. 사무실이나 가정 등 특정 공간에서만 사용할 수 있던 인터넷의 공간적·시간적 제약이 사라진 것이다. 카카오톡, 라인 등의 모바일 메신저는 무엇보다 중요한 커뮤니케이션 수단이 되었으며, 인터넷뱅킹, 온라인 쇼핑 등에서 겪었던 번거로움을 줄이고자 지문인식이나 패턴인식을 활용한 삼성페이, 카카오페이, 페이코 등 간편 결제 서비스와 카카오뱅크, K뱅크 등 인터넷 전문은행 등의 서비스가 계속해서 발전하고 있다.

이렇듯 정보통신기술은 금융, 소비, 교육, 고용, 건강관리 등 우리가 일상생활을 영위해 나가기 위한 모든 곳과 연관되어 있다. 그러나 인터넷 미디어는 TV 방송처럼 일방향의 수동적 미디어가 아니기 때문에 사용하는 사람에 따라 그 쓰임과 얻을 수 있는 혜택이 다르다. 디지털 기술의 혜택을 충분히 활용하는 사람과 그렇지 못한 사람 사이에 사회적·경제적 기회의 불평등이 심화되는 것을 나타내는 개념이 바로 디지털 격차(digital divide)이다(Hargittai, 2002; van Dijk, 2005). 디지털 격차는 1990년대 말 컴퓨터와 인터넷의 도입과 함께 선진국을 중심으로 사회적 문제로 다루어져 왔으며, 우리나라도 2001년 「정보격차해소종합계획」을 시작으로 정보에 대한 기회의 격차를 해소하기 위해 정책적으로 노력해 왔다. 2000년도 초반에는 장노년, 저소득, 농어민, 장애인 등 정보 소외계층에게 인터넷을 이용할 수 있는 기회의 격차(접근 격차)를 줄이기 위해 PC 보급 등을 실시해 왔으며, 접근격차가 상당 부분 해소된 2000년대 중반 이후로는 정보취약계층의 인터넷 이용능력을 향상시킬 수 있는 정보화교육을 통해 역량 격차 및 활용 격차를 줄이고자 노력하고 있다.

그림 5-1 **계층별 디지털 정보화 수준**　　　　　　　　　　단위: %

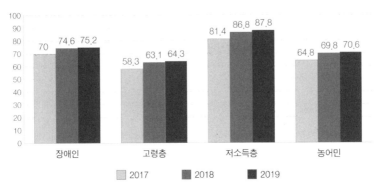

자료: 과학기술정보통신부·한국정보화진흥원(2019).

이와 관련해 한국정보화진흥원에서는 2002년부터 매년 디지털정보 격차 실태조사를 진행하고 있다. 해당 조사는 시계열적 조사·분석을 통해 디지털 격차 해소 정책의 연간 추진 성과를 점검하고 향후 효과적인 정책 추진 방향을 도출하는 데 필요한 기초자료를 제공하는 것을 목적으로 한다(과학기술정보통신부·한국정보화진흥원, 2019). 2016년에는 모바일 환경을 반영한 디지털 정보격차 지수가 공식 산출 및 공포되었는데, 이 지수에서는 일반 국민의 디지털 정보화 수준을 100%로 하여 일반 국민 대비 장애인, 저소득층, 농어민, 고령층의 디지털 정보화 수준을 발표한다. 「2019 디지털정보격차실태조사」에 따르면, 정보취약 계층의 정보화 수준은 지속적으로 향상되고 있는 것으로 나타나고 있다. 그러나 4대 취약계층 중 55세 이상 고령층의 정보화 수준은 64.3%로 가장 낮다.

디지털 정보화 수준은 접근, 역량, 활용으로 구분해 측정되는데, 접

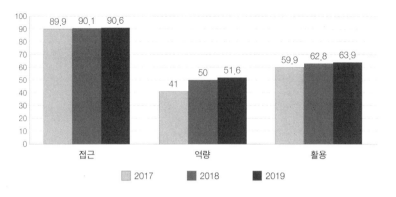

그림 5-2 **고령층의 영역별 디지털 정보화 수준**   단위: %

자료: 과학기술정보통신부·한국정보화진흥원(2019).

근은 컴퓨터, 모바일 기기 보유 및 인터넷 사용 가능 여부를 측정하는 지표이며, 역량은 컴퓨터, 모바일 기기의 기본 이용능력을 측정하는 지표이다. 마지막으로 활용은 컴퓨터, 모바일 기기를 통한 인터넷의 양적·질적 활용 정도를 측정하는 지표이다. 〈그림 5-2〉에서 55세 이상 고령층의 디지털 정보화 수준을 살펴보면, 디지털 접근 수준은 90.6%로 일반 국민(100%) 대비 큰 차이가 나지 않지만, 역량의 경우 일반 국민 대비 48.4%p가 낮고, 활용 역시 36.1%p의 차이가 나타나고 있다.

이처럼 접근, 역량, 활용 격차의 결과는 소외로 나타난다. 디지털 소외는 온라인에서만 경험하는 것이 아니며 결과적으로 오프라인 공간에서도 사회적 소외, 사회적 배제로 이어진다(van Deursen and Helsper, 2015). 디지털 공간과 오프라인 공간이 서로 영향을 미치는 메커니즘은 뉴스 기사를 통해 가시적으로 확인할 수 있다. 이를 위해 한국언론진흥재단에서 운영하는 빅 카인즈(Big Kinds)를 통해 디지털 격차 문제

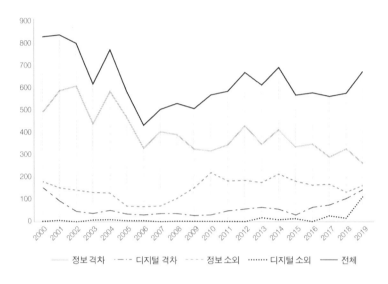

그림 5-3 **디지털 격차 관련 뉴스의 기사량 추이**   단위: 건

정보 격차   ─·─·─ 디지털 격차   ········ 정보 소외   ·········· 디지털 소외   ─── 전체

를 다룬 뉴스 기사를 찾아 빈도 추이를 살펴봤다. 기간은 인터넷 대중
화 초기인 2000년 1월 1일부터 2019년 12월 31일까지이다. 검색어는
정보 격차, 디지털 격차, 정보 소외, 디지털 소외 등 네 개의 유사어를
키워드로 사용했으며, 검색 대상은 중앙지 11개, 경제지 8개, 그리고
전문지 2개를 포함해 총 21개 신문사에서 총 1만 1939건의 기사를 추
출했다.

보도된 뉴스 기사 추이를 살펴보면, 디지털 격차 관련 기사는 20년
동안 꾸준히 보도되었다. 2001년 가장 많이 보도된 이후로 2006년까
지 감소 추세를 보이다가 2006년 이후로 다시 증가하는 추세이다. 전
체 그래프는 정보 격차를 키워드로 한 그래프와 상당히 유사하지만
2018년 이후로 정보 소외, 디지털 소외 등 디지털 격차의 결과로 나타

난 소외 문제가 많이 회자되면서 전체 기사 빈도가 증가했다.

언론에서 보도되는 디지털 소외의 대표적인 예는 금융소외와 기차 표, 병원 등 예약의 어려움에 관한 것이며, 이는 '편의성'의 혜택을 받는 젊은 세대와 대비되어 나타난다. 이렇듯 의도하지 않은 사회적 배제는 간혹 세대 갈등이라는 불만으로 표출되어 나타나기도 한다. 기술 변화를 따라가지 못하는 노인에 대한 이해 부족, 노인을 배려하지 않는 사회 변화에 대한 분노는 오늘날 온오프라인 공간에서 물리적 갈등으로 표출되고 있다.

2. 노년층의 디지털 소외, 진입장벽은 무엇인가

2019년, 연령대별 고령층의 유튜브 이용시간을 분석한 결과가 주목을 끌었다(≪한겨레≫, 2019.9.10). 와이즈앱에 따르면 50대 이상 고령층의 월 평균 유튜브 이용시간이 20시간 6분으로 10대(41시간 40분), 20대(31시간 22분)에 이어 3위를 차지했다. 정보취약계층으로 인식되던 50대 이상의 미디어 이용행태가 바뀐 것이다. 젊은 세대의 향유물로 여겨졌던 디지털 콘텐츠 소비에 고령층의 이용 비율이 증가했다는 것은 다소 반가운 소식이다. 그러나 고령층의 유튜브 이용 증가만으로 정보격차가 해소되고 있다고 긍정적으로 보기는 어렵다. 유튜브 '시청'은 미디어 소비의 한 유형일 뿐 생활을 편리하게 하는 기술은 아니기 때문이다.

그렇다면 고령층 정보화 수준의 현주소는 어떠한가? 이를 살펴보기 위해 정보통신정책연구원의 2019 한국미디어패널 데이터를 사용해 만 25세 이상 응답자의 정보화 수준을 살펴보았다. 분석에 활용한 문항은 총 20개로, 타인의 도움을 받지 않고 스마트기기(스마트폰 및 태블릿 PC)를 이용할 수 있는지를 물었다. 문항은 문자메시지/인스턴트 메신저, 인터넷, 이메일, 기타 활용 등 크게 네 가지 활동에 대한 구체적인 이용능력을 묻는 내용으로 구성했다. 예를 들면, 문자메시지를 열람·확인할 수 있는지, 문자메시지를 타인에게 보낼 수 있는지, 인스턴트 메신저(카카오톡, 라인 등)를 열람·확인할 수 있는지, 메신저 메시지를 타인에게 보낼 수 있는지를 각각 물었다. 그 밖에도 스마트기기에서 와이파이 설정 가능 여부, 정보 검색, 인터넷뱅킹, 온라인 쇼핑 또는 영화·공연 등의 예약/예매 가능 여부, 파일 전송, 앱 설치 등의 가능 여부를 물었다. 응답이 '예' 혹은 '아니오' 둘 중 하나를 선택하는 이산변수(discrete variable)라는 점에서 집단을 유형화하기 위한 방법으로 잠재계층분석(Latent Class Analysis: LCA)을 실시했다.

잠재계층분석(Latent Class Analysis)

'종교적 몰입', '디지털 이용능력(digital skills)'을 어떻게 관찰할 수 있을까? 직접 관찰할 수 없기 때문에 관찰 가능한 변수들을 통해 측정하는 개념을 잠재변수(latent variable)라 한다. 예를 들면, 종교적 몰입은 교회에 가는 빈도, 기도하는 빈도, 종교적 가르침에 대한 중요성으로 측정할 수 있다(이재열 외, 2013). 디지털 이용능력에 대해서는 와이파이 설정 가능 여부, 모바일뱅킹 사용 가능 여부 등 관찰 가능한 측정 문항으로 잠재변수인 디지털 이용능력을 측정한다.

이때 측정 문항이 '예', '아니오' 등 이산변수로 구성된 관찰변수일 경우, 잠재계층분석을 실시하는데, 이때 다수의 측정 문항에 대한 응답자 개인의 응답 패턴을 살펴 서로 패턴이 다른 집단을 구분하고 유형화한다. 즉, 잠재계층분석은 유사한 특성을 지닌 개인들의 잠재집단을 찾는 통계적 절차로, 특정 프로그램이나 정책 등 적합한 타깃을 찾거나 유형화된 집단을 이해하는 데 활용된다.

분석 결과, 비이용 집단, 단순 검색 가능 집단, 온라인 계정 이해 및 전자상거래 가능 집단, 그리고 상기된 이용능력과 더불어 파일 전송, 환경설정, 앱 설치 등 기타 활용이 가능한 집단 등 네 개의 집단으로 유형화했다. 후자로 갈수록 스마트기기 이용능력이 높은 것을 의미한다. 먼저 비이용 집단을 살펴보면, 문자메시지 열람·확인을 주로 할 뿐 다른 용도로는 스마트기기를 사용하지 않는 집단으로 나타났다. 상대적으로 단순 검색 가능 집단은 문자메시지, 카카오톡, 라인 등의 인스턴트 메신저를 사용하고 있는 집단이며, 검색어를 활용해 정보 검색이 가능한 집단으로 나타났다. 그러나 온라인 계정 이해 및 전자상거래 가능 집단처럼 이메일, 온라인 쇼핑, 인터넷뱅킹과 같이 온라인 계정이 필요한 활동은 사용하지 못하는 유형이다. 가장 높은 정보화 수준을 보이는 기타 활용 가능 집단은 온라인 계정 이해 및 전자상거래 가능 집단과 유사하나 그 외에 스마트기기의 환경이나 애플리케이션 설정 등 개인맞춤화 사용도 가능한 집단이다.

스마트기기 이용능력에 대한 정보화 수준이 가장 낮은 비이용 집단은 전체 응답자의 19.0%이며 평균 연령이 75.8세인 것으로 나타났다. 단순정보 검색 가능 집단은 18.8%를 차지했으며 평균 연령은 62.9세이다. 온라인 계정을 이해하고 전자상거래가 가능한 집단은 16.2%로

그림 5-4　스마트폰 이용능력에 따른 집단 유형화

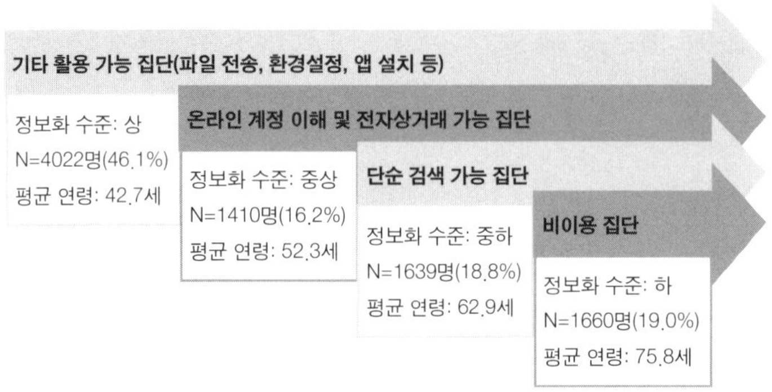

기타 활용 가능 집단(파일 전송, 환경설정, 앱 설치 등)

정보화 수준: 상
N=4022명(46.1%)
평균 연령: 42.7세

온라인 계정 이해 및 전자상거래 가능 집단

정보화 수준: 중상
N=1410명(16.2%)
평균 연령: 52.3세

단순 검색 가능 집단

정보화 수준: 중하
N=1639명(18.8%)
평균 연령: 62.9세

비이용 집단

정보화 수준: 하
N=1660명(19.0%)
평균 연령: 75.8세

주: 만 25세 이상을 대상으로 잠재분석한 결과임.

나타났으며 평균 연령은 52.3세이다. 정보화 수준이 가장 높은 기타 활용 가능 집단은 46.1%로 가장 큰 비율을 차지했으며 집단의 평균 연령은 42.7세이다. 즉, 연령이 많을수록 스마트기기의 기술적 이용능력이 낮다는 것을 유추할 수 있다(〈그림 5-4〉 참조).

〈그림 5-5〉의 그래프는 분석 대상별 유형화 집단 분포를 나타낸 것이다. 1955~1963년 사이에 태어난 베이비붐 세대를 기준으로 베이비붐 이후에 태어난 세대와 베이비붐 세대 및 그 이전에 태어난 세대를 비교하자 정보화 수준에 대한 양극화가 뚜렷하게 나타났다. 즉, 베이비붐 이후 세대는 93.4%가 스마트기기를 통해 인터넷뱅킹, 온라인 쇼핑 등 일상생활을 편리하게 하는 생활기술을 이용하는 능력을 지닌 반면, 베이비붐 세대 및 베이비붐 이전 세대는 23.5%만이 생활기술 이용능력을 지닌 것으로 나타났다. 고령층을 보다 면밀하게 들여다보면 베이비붐 세대의 경우 비이용 집단은 8.9%인 데 반해, 베이비붐 이전 세

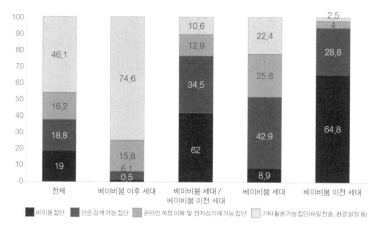

그림 5-5 **분석 대상별 유형화 집단 분포**   단위: %

대에서는 64.8%가 비이용 집단으로 나타났다. 상대적으로 인터넷 이용 경험이 있는 베이비붐 세대의 경우 단순 검색 가능 집단이 42.9%로 가장 큰 비율을 차지했지만, 온라인 계정 이해 및 전자상거래 가능 집단이 25.8%, 기타 활용 가능 집단이 22.4%로 생활기술 활용에서 베이비붐 세대 내에 차이가 있음을 확인할 수 있다. 한편 베이비붐 이전 세대에서는 대다수가 스마트기기를 생활기술로 이용할 수 없을 뿐 아니라 메시지를 확인하는 수준에서만 사용하고 있음을 유추할 수 있다.

온라인 쇼핑, 온라인 뱅킹 등 생활에 필요한 기술을 이용하기 위해서는 단순 정보 검색 능력은 물론 온라인 계정에 대한 이해도 전제되어야 가능하다. 즉, 유튜브 등 온라인 콘텐츠를 소비하는 것은 단순 정보 검색 능력만 갖추면 가능하지만 실생활에 실질적으로 영향을 미치는 은행업무나 생필품 구매 등은 보다 높은 차원의 인터넷 이용능력을 필요로 한다. PC 인터넷, 스마트기기 등 고령층이 디지털 기기를 활용하는 데 있어서 진입장벽이 되는 지점은 온라인 계정에 대한 이해이며, 인터넷뱅킹, 온라인쇼핑 등의 복잡한 인증 및 결제시스템은 고령층의 서비스 이용 동기를 낮추는 것으로 판단된다. 한편 흥미로운 부분은 스마트기기를 통해 전자상거래가 가능하더라도 파일 전송이나 환경설정, 애플리케이션 설치 등의 이용능력이 낮을 수 있다는 것이다. 즉, 개인 미디어인 스마트폰의 경우 처음에 애플리케이션 설치와 환경설정이라는 진입장벽을 넘으면 생활에 필요한 기술 활용이 가능하다는 얘기이다. 고령층에서도 카카오톡의 이용률이 높은 이유는 누군가의 도움으로 처음 설치한 이후에는 메신저를 어려움 없이 사용할 수 있기 때문이 아닐까?

고령층의 디지털 격차는 개인의 디지털 격차, 디지털 소외 문제만을 의미하지는 않는다. 여러 세대가 한 시대의 사회구성원으로서 가정 혹은 직장, 지역사회에서 함께 생활하기 때문이다. 즉, 디지털 기기 및 서비스 이용능력은 서로간의 소통을 돕는 도구일 수 있지만, 디지털 기술을 이용하기 어려울 경우 오히려 소통이 어려워지거나 배제될 수 있다. 예를 들어, 20대부터 60대까지 여러 세대가 위계서열을 갖춘 구조로 조합된 직장에서는 디지털 기술을 이용하지 못할 경우 세대 간 단절의 벽이 생길 뿐 아니라 윗세대가 시대에 뒤쳐진 대상으로 여겨질 수 있다. 정보사회 또는 디지털 사회는 경험을 전수하는 권위 있던 세대를 순식간에 역사회화가 필요한 세대, 사회적 역할을 상실한 세대로 탈바꿈시킨 것이다.

3. 비대면 문화의 확산과 드러나는 디지털 불평등

정보통신기술(Information Communication Technology)은 사람 간의 소통을 용이하게 해주었고, 심지어는 사람과 사물 간, 사물과 사물 간의 소통도 가능하게 해주었다. 1990년대 후반에는 일대일 커뮤니케이션뿐 아니라 메신저, 인터넷 커뮤니티 등을 통해 일대다 커뮤니케이션도 가능해졌다. 특히 스마트 기기는 언제 어디서든 사람이나 필요한 정보에 연결될 수 있도록 돕는 역할을 하면서 면대면 만남의 보완제로 사용되었다.

그러나 최근 아이러니하게도 사람과 사람 간 대면(face-to-face) 소통은 줄어든 모양새이다. 예전에는 길을 가다가 모르겠으면 지나가던 사람에게 물어봐야 했지만 지금은 지도 어플리케이션을 사용하는 것이 당연해졌다. 유통이나 서비스 측면에서 살펴보면 소규모 음식점에서도 무인서비스인 키오스크를 이용한다. 커피전문점의 사이렌오더는 주문부터 결제, 픽업에 이르기까지 점원과 마주할 일이 없다. 모바일 뱅킹, 무인점포 등도 마찬가지이다. 이처럼 기술의 발전을 통해 대면 접촉 없이 물건을 구매하거나 서비스를 이용하는 등의 새로운 소비 행태를 부정어인 'un'과 'contact'의 합성어로 언택트(untact)라 부른다.

언택트, 즉 비대면 소비의 흐름은 자연스러운 현상이다. 대화보다 문자나 클릭, 터치를 선호하는 젊은 세대와 인건비를 절감할 수 있는 사업주에게 모두 환영받기 때문이다. 그러나 비대면(untact) 문화는 마케팅의 영역에서뿐 아니라 사회학적으로도 살펴볼 필요가 있다. 비대면 서비스와 관련된 그림자는 단연 디지털 환경에 익숙하지 않은 고령

층의 디지털 소외 문제이며, 비대면 문화가 일상화될수록 이를 대체할
수 있는 대안을 찾기가 점점 더 어렵기 때문이다.

대표적인 예가 인터넷·모바일뱅킹이다. 일반적으로 은행은 사람들
이 접근하기 좋은 위치인 1층에 지점을 두고 있었다. 1990년대에 ATM
기기가 처음 도입되었으며 2000년대에는 우리나라의 대부분 은행에서
인터넷 시스템을 갖췄다. ATM 기기가 처음 도입되던 시기에도 일자리
가 감소된다거나 고령층, 장애인 등 사회적 취약계층이 이용하기 어렵
다는 문제가 제기되었지만 ATM 기기는 접근성을 높이려는 노력과 함
께 일상화되었다. 이후 도입된 인터넷뱅킹은 보안을 위해 공인인증서
가 필요했으며, 액티브 X의 사용으로 진입장벽이 높았다. 잦은 프로그
램 설치와 컴퓨터 재부팅이라는 번거로움은 많은 사람들의 장애물이
되었고, 결국 젊은 세대만 인터넷뱅킹을 이용할 수 있었다. 이용의 불
편함 때문에 오랜 시간 액티브 X에 대한 문제제기가 있어왔는데, 스마
트폰이 도입된 이후에야 모바일뱅킹이 급속도로 발전하기 시작했다.

2014년부터는 송금 및 온라인 결제를 간편하게 할 수 있는 카카오페
이를 시작으로 네이버페이, 토스, 페이코, 삼성페이 등 다양한 간편 결
제 서비스가 생겼으며, 2017년에는 카카오뱅크, K뱅크 등 오프라인 지
점 없이 온라인 네트워크를 통해서만 영업하는 인터넷 전문은행이 출
범했다. 간편 결제 및 인터넷뱅킹의 이용자가 폭발적으로 증가함에 따
라 이제는 여러 지역에 분포되었던 은행 지점의 수가 눈에 띄게 줄어들
고 있다. 남아 있는 지점마저도 1층에 위치하던 은행이 2층으로 이동
하는 등 물리적으로 고령층의 접근을 어렵게 하고 있다. 그뿐만 아니
라 종이통장도 역사 속으로 사라졌으며, 모바일뱅킹이 많이 활용되면

그림 5-6 **정보통신기술로 인한 사회 시스템 변화**

서 운영유지비가 발생하는 ATM 역시 감소하고 있어 일각에서는 현금 없는 사회가 올 것이라는 전망까지 제시되고 있다. 한국은행의 「최근 '현금 없는 사회' 진전 국가들의 주요 이슈와 시사점」 보고서에 따르면 스웨덴, 영국 및 뉴질랜드는 2000년대 이후 신용카드, 모바일 지급수단 등의 활성화로 현금 사용이 감소하고 있으며, 스웨덴의 경우에는 현금결제를 거부하는 사례가 꾸준히 증가하고 있다(한국은행, 2020). 또한 은행 지점과 ATM 수가 감소하면서 현금의존도가 높은 고령층과 장애인이 상당한 불편을 겪고 있으므로 현금 없는 사회로의 진행과정에서 취약계층의 금융소외 및 소비활동 제약, 화폐유통시스템 약화 등의 문제가 나타나지 않도록 대응책 마련이 필요하다고 강조한다(한국은행, 2020).

또 다른 예를 들어보자. 2020년, 코로나 바이러스(COVID-19)의 영향으로 마스크를 비롯해 생필품 등의 온라인 소비가 늘었다. 이는 코로나19 감염을 우려한 소비자들이 다른 사람과의 접촉을 최소화함에 따라 일상생활을 위한 소비가 온라인 중심으로 바뀌었기 때문이다. 디지털 기기를 활용하는 데 익숙한 젊은 세대는 온라인 쇼핑몰을 통해 생필

품을 구매해 사용한다. 오프라인과 온라인 소비를 겸하던 이들의 소비 패턴이 온라인으로 무게중심을 옮겼을 뿐이다. 그러나 평소 온라인 소비 경험이 없던 60대 이상의 고령층은 마스크와 식자재, 생필품 등을 사기 위해 동네 슈퍼, 시장 등 오프라인 매장으로 나갈 수밖에 없다.

이와 같은 국가적 위기 상황에서 시의적절한 정보는 매우 중요하다. 코로나19가 전국적으로 확산되면서 확진자의 동선을 파악하는 것이 중요해졌다. 질병관리본부와 각 지자체에서는 홈페이지에 이를 공개해 주의할 것을 당부하고 방역 현황을 공지한다. 코로나19 확산 초기에는 TV 방송을 통해 확진자의 동선을 알 수 있었지만, 확진자가 기하급수적으로 증가하면서 동선에 대한 안내는 지자체 홈페이지나 애플리케이션을 활용해야 알 수 있게 되었다. 기지국을 기준으로 지자체에서 긴급재난문자를 보내기는 하지만 그 역시 확진자의 동선은 홈페이지에서 확인하라는 내용이다. 그 결과 의도하지는 않았지만 인터넷 혹은 애플리케이션 활용이 어려운 고령층은 정보에서 소외되는 것이다.

이 세 가지 사례의 공통점은 무엇인가? 금융활동, 소비활동, 감염병 정보 등은 일상생활과 직결된다는 것이다. 즉, 온라인에서의 금융활동, 소비활동, 정보 검색 등은 생활기술(life technology)이다. 판 되르선과 헬스퍼(van Deursen and Helsper, 2015)는 디지털 사회에서의 불평등 재생산 모델을 도식화했는데, 〈그림 5-7〉에서 보는 것처럼 개인의 연령, 성별, 학력, 소득 등의 사회인구학적 요인은 개인의 오프라인 자원에 영향을 미친다. 오프라인 자원은 디지털 이용에 대한 동기(motivation), 접근(access), 이용능력(skills), 활용(use)에 영향을 미치며, 이와 같은 요소는 온라인 활동으로 인한 오프라인 결과(outcomes)에 영향을 준다.

그림 5-7　**디지털 사회에서의 불평등 재생산 모델**

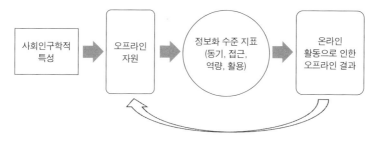

자료: van Deursen and Helsper(2015).

즉, 오프라인에서의 자원의 불평등은 디지털 불평등을 야기하며, 이는 다시 오프라인에서의 불평등을 악화시킨다.

　빠른 속도로 진행되는 디지털 전환(digital transformation)으로 인해 디지털 격차와 디지털 소외는 계속될 것이다. 특히 코로나19 상황으로 급속도로 확산되는 비대면 문화는 정보취약계층의 불평등 또한 가속화시킬 것이다. 디지털 격차는 젊은 세대와 노년세대의 삶의 질을 양극화하고 갈등을 심화시킬 수 있으므로 이를 최소화하기 위한 관심과 노력이 필요하다.

4. 세대 갈등을 넘어선 노인혐오

　노인세대를 바라보는 젊은 세대의 시선은 어떨까? 노인의 소외, 그리고 세대 갈등은 오래전부터 있어왔던 일이다. 그러나 디지털 사회로의 전환으로 생활양식과 가치관이 바뀜에 따라 세대 갈등이 온라인에 표출되기 시작했다. 최근에는 '혐오', '극혐' 등의 단어가 심심치 않게 보인다. '혐오'를 키워드로 10년간의 언론 보도를 분석한 결과를 보면 시설에 대한 혐오가 사람에 대한 혐오로 변화했음을 알 수 있다(배영, 2018). 노인에 대한 혐오도 그중 하나이다.

노인혐오는 말 그대로 노인세대에 대한 혐오, 미워하고 싫어하는 감정이다. 노인을 무시하거나 조롱하는 신조어는 혐로(嫌老), 틀딱(틀니 딱딱충), 할매미(매미처럼 시끄럽게 떠드는 할머니), 연금충(연금 축내는 노인), 노슬아치(늙은 것이 벼슬인 줄 아는 노인에 대한 비속어) 등 다양하다. 노인을 싫어하고 미워하는 감정이 갑자기 생긴 것은 아니다. 어느 시대에나 세대 갈등은 존재했다. 세대 갈등의 원인은 주로 유교문화에 익숙한 노인 계층의 구세대 가치관과 서구의 개인주의 영향을 받은 신세대 가치관이 충돌하는 데서 찾는다. 우파적 성향을 지닌 노인세대와 좌파적 성향을 가진 청년층의 갈등도 한 몫 한다. 특히 정치를 둘러싼 노인세대와 청년세대의 갈등은 2012년 제18대 대통령 선거에서 강력하게 드러났는데, 2016년 국정농단사태 당시 박사모, 어버이연합 등 노년층 정치단체가 등장하자 청년세대의 노인혐오는 온라인 커뮤니티, 댓글 등을 통해 가시화되었다.

이러한 사실은 언론 보도를 통해서도 알 수 있다. 한국언론진흥재단 빅카인즈를 통해 2015년 1월 1일부터 2019년 12월 31일까지 '노인혐오', '틀딱'을 검색어로 자료를 추출한 결과 총 175건이 검색되었다. 〈그림 5-8〉의 뉴스 검색어 추이를 보면 2016년부터 '노인혐오', '틀딱' 등 노인세대를 비하하는 신조어의 빈도수가 가파르게 증가한 것을 알 수 있다. 〈그림 5-9〉의 연관어 검색결과 또한 젊은이들, 기성세대, 어

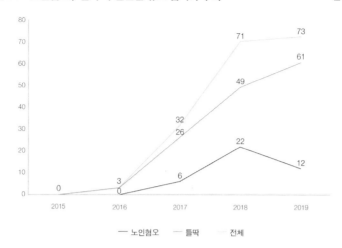

그림 5-8 '노인혐오', '틀딱'과 관련된 뉴스 검색어 추이   단위: 건

— 노인혐오 — 틀딱 — 전체

르신들, 꼰대, 세대 갈등 같은 단어의 빈도수가 높다는 점에서 세대 갈등이 노인혐오로 증폭되었음을 보여준다. 또한 노인층으로 구성된 태극기 집회, 또는 젊은 세대로 구성된 일베, 워마드 등 온라인 커뮤니티가 혐오가 증폭되는 공간임도 유추할 수 있다.

그렇다면 무엇이 노인혐오를 증폭시킬까? 언론에 보도된 내용을 살펴보면 젊은 세대의 입장에서는 불쾌감을 경험할 때 노인혐오가 증폭된다. 공공장소에서 자리에 앉기 위해 좁은 틈을 비집고 지나가거나, 젊은 사람이 자리에 앉아 있다며 일어나라고 호통 치는 사례, 횡단보도까지 걸어가기에는 다리가 아프다며 무단횡단을 일삼는 사례 등 '나'를 먼저 생각하는 태도나 막연하게 가르치려는 태도에서 젊은 세대는 불쾌감을 느낀다. 한편 다른 사람에게 폐가 된다는 것을 인지하지 못하는 행동도 노인혐오로 언급되는데, 지하철에서 마스크를 벗고 기침

그림 5-9 '노인혐오', '틀딱'과 관련해 뉴스 기사에 나타난 연관어

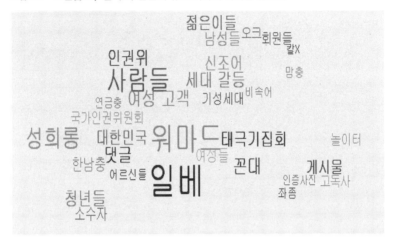

을 하거나, 바닥에 침을 뱉는 사례, 공공장소에서 큰 목소리로 통화하
는 사례 등에서 젊은 세대는 거부감을 느낀다. 젊은 세대는 '민폐'를 끼
치는 행동에 대해 민감하다. 개인주의 사고방식이 자리 잡은 이들은
공중도덕에 근간한 '개념' 있는 행동을 중요시하며, 연령에 따른 권위
를 용납하지 않는다.

불쾌한 경험을 한 젊은 세대에게 일자리 문제나 노인부양 문제, 지
하철 무임승차와 같은 이슈들은 불쾌한 감정을 표출하기에 좋은 표적
이다. 특히 공공장소에서 호통 치는 노인의 모습은 SNS를 타고 일파만
파로 퍼져나가면서 노인혐오를 부추긴다. 언론도 '앵그리 올드(angry
old)'라 명명하며 노인의 강력범죄가 급증하고 있다고 보도한다. 안타
깝게도 언론을 통해 접하는 이야기, 인터넷에 노출되는 글은 미담보다
는 악담이 많다. 일부 노인의 우발적이고 적절하지 못한 행동이 '노인'

그림 5-10 **노인혐오의 배경과 증폭기제**

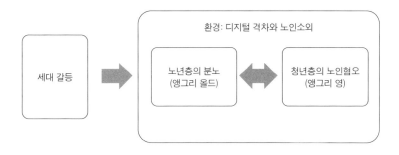

전체를 노인혐오 프레임으로 바라보게 하는 것은 아닐까?

디지털 환경은, 의도하지는 않았지만, 노년층을 사회 시스템에서 배제시키고 이들에게 소외감을 느끼게 한다. 한편 청년층은 가치관과 생활양식의 차이로 인해 노년층을 싫어하거나 쉽게 화를 내는 공포의 대상으로 생각한다. 온라인에서는 무시와 조롱이 섞인 신조어를 만들어내며 또래의 공감을 이끌어내려 한다. 노년층은 청년층이 왜 불쾌감을 느끼는지 이해하지 못하며, 자신들을 비하하는 신조어 역시 모른다. 모든 세대가 인터넷을 이용한다고 하더라도 향유하는 공간과 문화가 다르기 때문이다. 청년층 역시 노년층의 감정을 이해하지 못한다. 노인들이 왜 소외감을 느끼고 화를 내는지, 노인들의 젊은 시절의 삶이 어떠했는지는 관심 밖이다. 아무리 정보통신기술이 발달해 '소통'을 돕는다고 하더라도 각 세대를 이해하려는 노력이 없다면 '불통'만 심화될 뿐이다.

5. 누구에게나 다가올 순간, "라떼(나 때)는 말이야"

 갈등은 언제나 존재하고 순기능을 할 때도 있지만 갈등을 넘어선 혐오는 우리 사회를 병들게 한다. 갈등이 저마다의 시각에서 좀 더 나은 방향으로 나아가기 위한 가능성을 기대하는 것이라면, 혐오는 개선 가능성의 부재를 의미하는 것으로 소통의 단절을 가속화시킨다. 노인혐오도 마찬가지이다. 언제나 존재해 왔던 세대 갈등이 보다 나은 방향으로의 변화 가능성을 찾는 역동적인 현상이라면, 노인혐오는 자기 세대에 감정을 이입해 세대 내에서 편향된 대화만 나눌 뿐이어서 세대 간에 소통 부재와 단절을 낳는다.

 일상생활에서 경험하는 불쾌한 감정이나 경험을 동년배에게 성토하며 스쳐지나가는 하나의 사건으로 넘기는 것은 나름의 스트레스 대처법으로 자연스러운 행위일 수 있다. 그러나 말이 아닌 온라인에 글로 남기는 행위는 SNS와 언론의 먹거리가 되어 증폭되며 하나의 사회 현상이 된다. 특히 신조어는 특정 대상에 대한 불편하고 불쾌하고 복잡한 감정을 하나의 단어로 표현해 줌으로써 노인세대에 대해 느끼는 감정을 '노인혐오'로 규정해 대상에 대한 부정적인 이미지를 고착시킨다. '앵그리 올드'라는 단어도 마찬가지이다. 단어가 주는 부정적인 이미지에 집중할 것이 아니라 왜 노인세대가 화를 내는지를 이해해야 한다.

 그렇다면 갈수록 깊어지는 악순환의 고리를 어떻게 풀어야 할까? 첫째, 그동안 지니고 있던 '노인'에 대한 인식을 변화시켜야 한다. 이는 노년기에 들어선 당사자뿐 아니라 모든 세대에게 필요한 변화이다. 서구에서는 1990년대부터 노년기에 대한 관점을 긍정적으로 바꾸기 시작했다. 즉, 노년기를 병약, 보호, 의존, 사회에 비기여 등의 부정적인 관점에서 자기 삶의 주체, 사회적 활동의 주체로 바라보는 긍정적인 관점으로 변화시킨 것이다. 성공적인 노화(successful aging), 활동적인 노화(active aging) 등의 용어가 이러한 변화를 대변한다(Rowe and Kahn, 1997). 둘째, 디지털 에이징(digital aging)을 위한 사회적 지지가 필요하다. 사회에 참여하기 위해서는 디지털 기술을 활용하는 것이 필수적이다. 이러한 맥락에서 노인 세대가 디지털 소외계층으로 전락하지 않고 정보통신기술의 혜택을 누리며 건강하고 활동적으로 노년기를 누릴 수 있도록 하는 체계적인 지원 시스템이 필요하다. 마지막으로 여러 세대가 정치 같은 대립적인 시각을 떠나 취미 같은 개인의 목표 달성을 위해 같은 곳을 보며 이야기를 나눌 수 있도록 소통의 기회를 마련해 나가야 한다.

앤 해서웨이, 로버트 드니로 주연의 영화 〈인턴〉에서는 패션업계 CEO인 30대 여자 주인공이 등장한다. 여 주인공은 부모에 대한 거부감을 갖고 있어서 시니어 인턴으로 입사한 70세의 인턴을 거부한다. 그러나 영화 중반부터 이들의 관계는 달라진다. 이들은 서로의 가치관에 대해 선을 넘지 않는다. 묵묵히 자기 자리에서 할 수 있는 일을 찾아 자신만의 역할을 만들어낸다. 당연한 것이란 없다. 사소한 일에 감사하고 존중할 때 마음의 벽이 낮아지며 상대방의 생활양식에도 관심이 생기기 마련이다. 예를 들면, 20~30대인 동료가 70세 인턴이 가지고 다니는 오래된 가방, 손수건 등을 레트로 문화로 받아들이는 것, 70세 인턴이 페이스북에 가입하려는 노력을 보이는 것, 이때 젊은 세대가 프로필 설정 등 사용 방법을 도와주는 것은 작지만 큰 변화이다. 이 영화에서는 20대부터 70대까지 한데 어울려 날을 세우지 않고 있는 그대로 받아들이며 소통을 한다는 점이 인상적이다.

현실 사회에서는 씁쓸한 신조어로 갈등과 혐오가 표출되고 있지만, 젊은 세대 또한 스스로도 나이 들고 있음을 인지하고 있다. 따라서 젊은 세대는 앵그리 올드에 중점을 두고 노인 세대에 대한 불만을 성토하기보다는 향후 자신이 나이가 들었을 때 닮고 싶은 모델을 찾아보는 것이 개인적으로나 사회적으로 도움이 될 수 있지 않을까? 드러나지는 않지만 분명 우리 사회에는 멋진, 닮고 싶은 어르신들이 있을 것이다. 모든 문제, 특히 세대 갈등은 한 세대의 노력만으로는 해결되지 않는다. 사회를 구성하는 모든 세대가 함께 노력해야 가능한 일이며, 누군가는 먼저 변화를 시작해야 한다. 젊은 세대는 윗세대의 생활양식이 틀린 게 아니라 빠르게 달라졌기 때문에 받아들이는 데 시간이 걸린다는 점을 고려하고, 윗세대는 달라진 세상을 인지하고 가르치려 하기보다는 배우려는 자세를 지닐 때 세대 간 소통이 다시 시작될 수 있지 않을까. 최근 유행하는 "라떼는 말이야(나 때는 말이야)"라는 말이 권위적인 사고에 힘이 들어간 말인 아닌, 단순히 과거와 달라진 변화, 달라진 상황을 전달하는 대화의 시작점이 되길 바란다.

참고문헌

과학기술정보통신부·한국정보화진흥원. 2019. 「2019 디지털정보격차실태조사」.
배영. 2018. 『지금, 한국을 읽다』. 서울: 아날로그.
빅카인즈. https://www.bigkinds.or.kr/
이재열 외. 2013. 『사회과학의 고급계량분석: 원리와 실제』. 서울: 서울대학교출판문화원.
≪한겨레≫. 2019.9.10. "국내 최장시간 이용 앱은 유튜브. 10대 월 41시간, 50대 이상 20시간".
한국은행. 2020. 「최근 '현금없는 사회' 진전 국가들의 주요 이슈와 시사점」.

Hargittai, Eszter. 2002. "Second-Level Digital Divide: Differences in People's Online Skills." *First Monday* 7(4).
Rowe, John W. and Robert Kahn. 1997. "Successful Aging." *The Gerontologist* 37(4): 433~440.
van Deursen, Alexander. J. A. M. and Ellen Johanna Helsper. 2015. "The Third-level digital divide: Who benefits from being online?" *Communication and Information Technologies Annual 10(Studies in Media and Communications, Vol.10)*. pp.29~52. Emerald Group Publishing Limited.
van Dijk, Jan. 2005. *The Deepening Digital Divide. Inequality in the Information Society*. Sage Publication.

제6장

온라인 공간의 정치적 토론과 혐오[*]
시민 참여의 양면

권은낭·강정한

1. 시민 정치 참여의 급반전

2017년 3월 10일 헌법재판소가 박근혜 전 대통령의 탄핵 인용을 결정하면서 대통령 공석 시 60일 이내에 조기선거가 이루어져야 한다는 규정에 따라 이른 대통령 선거가 실시되었다. 원래대로라면 2017년 12월에 실시되었어야 할 대선이 그보다 7개월 앞선 5월에 실시되었으며, 문재인, 홍준표, 안철수, 유승민, 심상정 다섯 명의 후보를 중심으로 한 정당 대결 구도로 선거 운동이 벌어졌다. 제19대 대통령 선거는 탄핵 사태 등으로 높아진 국민들의 정치적 관심이 이어져 높은 사전 투표율

---

* 이 장은 권은낭의 석사학위 논문 「온라인 공론장에서의 숙의적 합의의 가능성: 제19대 대선 기간 '다음아고라'의 정치 토론 게시판을 중심으로」(2018.2)를 수정·보완한 것이다.

과 1997년 이후로 역대 가장 높은 대선 투표율인 77.2%를 기록하면서 시민들의 정치적 참여 의지를 잘 보여준 사건이라 할 수 있다.

2017년 촛불집회에 대한 연구들을 살펴보면 촛불집회를 "시민 사회가 정치권력 집단보다 역사의 정신을 더욱 분명하게 알고 있었고 그 정신과 더욱 가까이 있었던 셈이다. 폭력의 과정을 거치지 않고 거두어들인 성공한 시민 혁명이었다"(박영신, 2017)라고 평가하거나, 더 나아가 촛불집회를 통한 "박근혜 탄핵은 시민이 직접 권력을 파멸시킨 것이며, 권력을 겸손하게 만드는 과정이다"(홍성구, 2018)라고 분석하기도 한다. 시민들의 긍정적인 정치 참여는 민주주의의 꽃이라 할 수 있는 선거의 결과로도 나타나는데, 선거 결과는 끊임없는 토론을 통해 의견을 나누고 서로 간에 영향을 받아 형성된 시민들의 정치적 견해를 표현한 것이기도 하다. 즉, 토론은 민주주의에서 말하는 합리적 투표를 위한 필수적인 과정이라 볼 수 있다. 이처럼 촛불정국부터 대선까지 이어진 시민의 정치 참여는 전반적으로 학계의 긍정적인 평가를 받아왔다.

그러나 이후의 시민의 정치 참여는 정반대의 평가를 지지한다. 소위 드루킹의 네이버 댓글 조작 사건은 공론장의 파괴에 개의치 않는 정치 진영 간 시민들의 대립이 존재한다는 것을 보여주었고, 불법 촬영에 반대하는 혜화역 시위를 둘러싼 갈등은 젊은 세대 간 젠더 갈등의 심각성을 보여주었다. 그리고 가장 최근의 조국 사태는 우리 사회에 소통의 합리성이 과연 조금이라도 존재하는지 돌아보게 만드는 진영 갈등의 극치를 보여주었다. 온라인 공간과 거리에 쏟아진 시민의 '참여' 정치는 숙의나 합의와는 거리가 먼 혐오와 갈등의 장으로 보인다. 익명성을 빌려 온라인 공간에서 벌어지던 혐오 배틀은 정치 영역으로까지 침범했고, 민주주의의 장으로 평가되던 광장이 서로의 진영에 대한 '조롱'과 '욕지기'로 점철된 싸움터로 변질되어 갈등을 증폭시켰다고 평가되는 것(남도영, 2019.10.21; 정민정, 2019.12.18) 또한 현실의 한 부분이다.

시민의 정치 참여가 어떻게 이러한 극단적 전환을 이루었을까? 대선 기간과 대선 후 정치 참여 행태에 연속성은 없을까? 이 장은 대선 기간 동안 온라인 공론장에서 이루어진 시민들의 정치 토론을 분석함으로써 이러한 질문에 답해 보고자 한다.

2. 온라인 공론장의 등장은 긍정적인 정치 참여를 이끌어냈을까?

인터넷이 보급됨에 따라 정치 참여의 형태는 큰 변화를 겪었다. 과거에는 얼굴을 보고 이야기할 수 있는 대면 공간에서 소규모 또는 제한된 규모로 정치적 토론이 이루어졌다면, 오늘날 정치적 토론의 공간과 규모는 기술의 발전과 함께 온라인 공간으로까지 확장되었다. SNS, 뉴스의 댓글, 온라인 커뮤니티와 공개 게시판 등을 통해 시공간적 제약을 넘어 다양한 사람들과 이야기를 주고받을 수 있게 되었고, 이러한 공간에서 이루어지는 정치적 토론은 선거의 결과를 예측할 수 있는 단초로 여겨지기도 한다. 이처럼 정치적 토론이 이루어지는 공론장에는 물리적 공간뿐만 아니라 특정 주제에 대해 일상적인 의사소통행위를 이해하고 해석할 수 있는 모든 공간이 포함되기 때문에 매체를 통한 가상적 공간 또한 공론장이라 할 수 있다(Habermas, 1996). 따라서 공론장은 더 이상 면대면의 오프라인 공간에 국한되지 않고 인터넷이라는 온라인 공간에서도 존재할 수 있게 되었는데, 이를 온라인 공론장이라고 지칭할 수 있다.

온라인 공론장에서의 시민의 정치 참여는 어떻게 논의되고 있을까? 라인골드(H. Rheingold)와 디마지오(P. DiMaggio) 등을 대표로 하는 낙관론적 입장에서는 온라인 공간이 오프라인 공간의 제약에서 벗어나 합리적인 의사소통이 이루어지는 공론장이 될 것으로 기대한다. 사람들이 민주적인 토론과정을 통해 일정한 합의에 도달한다면 이를 숙의라고 볼 수 있는데, 라인골드(Rheingold, 1993)는 온라인 공간이 이러한 전자적 숙의(deliberation)가 구현되는 새로운 공론장으로 기능할 것이라고 주장한다. 계속해서 디마지오 외(DiMaggio et al., 2001)는 낙관론적 입장이 가능한 근거에 대해 시공간의 제약에서 자유로운 인터넷은 정보의 접근과 확산을 촉진시켜 온라인 공론장에 참여하는 이용자들의 참여 장벽을 낮추고 다양한 관점을 교류하는 공간으로 기능한다고 설명한다. 다시 말하면 인터넷의 익명성, 탈시공간적인 특성은 이용자들의 참여를 용이하게 해준다는 것이다. 이러한 특성은 다양한 사람들이 자신의 의견을 솔직하게 표출하는 것을 가능하게 만들기 때문에 다양성이 증가할 것이라고 주장한다. 예를 들어, 청와대의 국민청원 시스템은 이용자들에게 복잡한 제도 대신에 직접 소통 공간을 제공함으로써 상대적으로 의견을 표출하기 힘든 사회적 약자들에게 표출의 장을 열어주었다는 점이 장점으로 꼽히면서 긍정적인 반응을 이끌어내고 있다(신승희, 2018.3.19).

반면 노리스(P. Norris)와 선스타인(C. R. Sunstein) 같은 학자들은 비관론적인 입장이다. 인터넷에서는 가입과 탈퇴가 쉬우며 자신과 유사한 가치를 공유하는 집단을 쉽게 찾을 수 있어, 이용자와 유사한 신념을 공유하는 집단의 형성을 촉진한다는 것이다(Norris, 2002). 이처럼 자기선택성이 강한 인터넷의 특성상 동질적인 집단을 형성하고 자신이 기존에 가진 입장과 일치하는 의견을 주로 받아들이기 때문에 다양성을 형성하기 어렵다고 본다. 이념이나 이해관계를 같이하는 집단끼리 뭉치고 다른 집단과의 거리가 점점 벌어지는 과정에서 이념적·사회적 갈등이 더욱 증폭되는 경향이 나타난다는 것이다. 즉, 자신과 유사한 의견을 공유하는 집단들과 편향적으로 상호작용하는 동종선호가 발생하는데, 이러한 동종선호는 집단극화를 발생시켜 사회의 분열을 심화시킬 가능성을 높인다(Sunstein, 2007). 실제로 '일간베스트'는 극단적인 성향으로 사회 갈등을 조장하는 온라인 커뮤니티로 지목된다. 극우 성향을 띠는 일간베스트는 특정 집단을 모욕하는 게시물을 작성함으로써 사회적 물의를 일으켜 일간베스트의 폐쇄를 요구하는 국민청원이 1000여 건에 달하기도 했다(양승진·민경석, 2018.9.1).

따라서 비판적 입장에서는 온라인 공간은 일부의 기대처럼 합리적이고 이성적인 숙의를 통해 합의가 도출되는 공간이 아니라 집단 안에서 극단적으로 의견이 수렴되고 다른 집단과는 대립하는 '불통'의 모습이 나타날 수 있다고 진단한다. 진지한 토론보다는 혐오와 욕설이 오가며 일방적으로 자신의 입장만을 주장하게 되어 선동과 군중 심리로 인해 다수가 비합리적인 판단을 내리고 다수의 어리석은 민중이 이끄는 정치, 즉 중우정치(衆愚政治)를 조장할 수 있다고 본다.

3. 대한민국의 대표적인 온라인 공론장, 다음아고라

이처럼 온라인 공론장에 대한 현실의 사례들과 이론적 논의가 상반된 입장을 취하는 상황에서 온라인 공론장에서의 정치적 토론은 어떠한 변화를 보이고 있을까? 이를 알아보기 위해 개방형 온라인 커뮤니티인 '다음아고라'를 분석사례로 선정해 제19대 대통령 선거기간 동안 이루어진 토론을 살펴보았다.

다음아고라는 포털 사이트 '다음(Daum)'이 운영하는 토론 광장으로, 고대 그리스의 회의 장소인 '아고라'에서 이름을 따왔다. '미디어다음' 뉴스 서비스에서 운영되었던 토론방을 강화하기 위한 목적으로 만들어졌으며, 정치, 경제 등 다양한 주제들로 게시판이 세분화되어 있어 각 이슈에 대한 토론이 가능하다. 다음의 가입자라면 누구나 제약 없이 참여가 가능한 개방적인 공간으로, 대중에게 인지도가 높은 개방형 공론장이라고 할 수 있다. 다음아고라의 존재가 처음 주목을 받은 것은 2005년 '서귀포 부실 도시락' 사건이 일어났을 때였다. 뉴스를 통해 이 사건을 접한 사람들이 아고라를 통해 도시락 개선 청원운동을 벌였기 때문이다. 이후 '2008년 광우병 사태'에 대한 토론과 이명박 전 대통령의 탄핵 청원, 그리고 같은 해 '미네르바 사건'을 통해 다음아고라는 세간의 주목을 받았다. 2004년 서비스를 시작해 15년 동안 온라인 공론장 역할을 수행해 온 다음아고라는 대체할 수 있는 온라인 소통 공간이 많아지면서 2019년 1월 7일 서비스 종료가 결정되었다(이기범, 2018.12.5). 현재는 폐쇄되었으나 다음아고라는 오랜 시간 사회적 이슈를 바탕으로 활발한 토론이 이루어졌던 대표적인 공론장 중의 하나로 여러 연구의 연구 대상이 되었다(장우영, 2012).

　이 장에서는 제19대 대통령 선거기간 동안 후보들에 대해 이루어진 정치적 논의를 살펴보기 위해 다음아고라의 토론 게시판 중 '정치' 게시판의 게시물을 분석했다. 분석기간은 공식적으로 제19대 대선 기간인 2017년 4월 17일부터 2017년 5월 9일까지이며, 수집한 세부 항목은 해당 기간 게시물의 제목과 본문, 작성 시기, 조회수, 추천수와 반대수로, 총 7594개의 게시물을 수집했다. 이 중 제19대 대선의 주요 후보자가 한 명 이상 언급된 게시물 3975개를 분석 대상으로 삼았다.

4. 다음아고라에서는 다양성과 대표성이 나타났을까?

　온라인 공론장에 대한 낙관론적 입장을 간략하게 요약한다면 인터넷 공간이 지닌 특성이 다양성에 긍정적인 영향을 준다는 것이다. 낙관론적 입장의 주장처럼 다음아고라에서는 다양성이 실현되었을까? 먼저 다양성은 게시물 내에서 의견이 편중되지 않고 다양한 의견이 존재하는가로 측정할 수 있다. 다양성을 살펴보기 위해 게시물에서 세 명의 주요 대선 후보인 '문재인', '홍준표', '안철수'를 중심으로 각 후보 이름이 등장하는 세 개의 게시물 집단으로 구분했다. 또한 한 게시물 내에 여러 명의 후보가 동시에 언급될 경우 해당 게시물은 언급된 후보별로 중복으로 포함해 계산했다. 이처럼 각 후보가 언급된 게시물 수를 통해 다양성을 살펴보고자 했다.

　분석기간이자 제19대 대선의 공식 선거기간인 2017년 4월 17일부터 5월 9일까지 23일간 다음아고라에 게시된 게시물은 총 7594개로 집계되었다. 이 중 주요 후보들의 이름이 한 명이라도 언급된 게시물은 총 3975개로 나타났다. 이 기간 동안 게시물 작성에 영향을 줄 수 있는 주차별 지지율 및 득표율(한국갤럽, 2017)을 실제 후보별 게시물 추이와 함께 살펴보면(〈그림 6-1〉과 〈그림 6-2〉 참조), 후보별 게시물 추이는 각 후보의 주차별 지지도 및 실제 득표율의 추이와 상당 부분 일관된 모습을 보인다. 선거 결과 문재인 후보 41.1%, 홍준표 후보 24%, 안철수 후보 21.4%의 득표율을 보였는데, 후보별 총 게시물 수의 경우에도 문재인 후보의 게시물이 가장 많았으며 홍준표 후보가 안철수 후보와 격차를 벌이며 그 뒤를 이어서 선거의 득표율과 일치해가는 모습을 보였다.

특히 홍준표 후보의 주차별 지지도를 살펴보면 지속적으로 지지도가 상승하고 있는 반면, 안철수 후보의 경우 지지도가 하락하면서 최종 선거 결과에서는 홍준표 후보가 안철수 후보의 지지도를 추월하는 것으로 나타났다. 이러한 경향은 일별 각 후보가 언급된 게시물 수 추이에서도 찾아볼 수 있다. 일별 각 후보가 언급된 게시물 수를 살펴보면, 4월 26일까지는 홍준표 후보 집단과 안철수 후보 집단의 일별 게시물 수 추이가 유사한 것으로 나타난다. 그러나 4월 27일 이후 홍준표 후보가 언급된 게시물 수가 안철수 후보가 언급된 게시물 수보다 급격히 많아지기 시작한다. 이는 시간이 지남에 따라 홍준표 후보에 대한 관심이 증가한 것으로 해석할 수 있다.

따라서 다음아고라 내에 세 명의 후보를 주제로 하는 각 게시물 집단이 있어 한 온라인 공론장 내에 한 명의 후보만이 아니라 세 명의 후

그림 6-1 각 후보의 주차별 지지도와 실제 득표율 단위: %

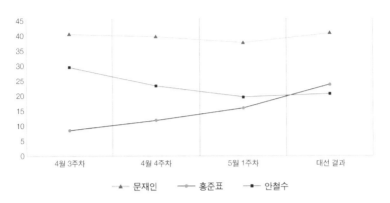

자료: 필자가 분석한 결과를 토대로 직접 작성.

그림 6-2 일별 각 후보가 언급된 게시물 수 단위: 개

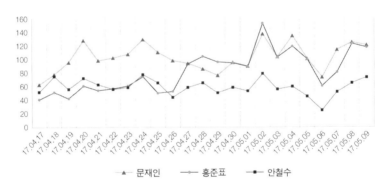

자료: 필자가 분석한 결과를 토대로 직접 작성.

보가 모두 논의되고 있다는 점에서 다양성을 찾아볼 수 있었으며, 실제 대선 결과와 일치하는 후보별 게시물 분포도 확인했다.

계속해서 세 후보에게 형성된 의견의 다양성을 알아보기 위해 추천수와 반대수 상위 15개의 게시물에 대한 내용분류를 통해 각 후보들의 지지와 반대가 골고루 분포하고 있는지를 파악했다. 〈표 6-1〉에서는 다음아고라 이용자들이 주요 대선 후보 세 명에게 표현하는 지지와 반대를 기준으로 내용분류한 결과를 제시했다. 지지와 반대에 대한 판별의 경우 각 후보들이 대통령으로 당선되는 것을 지지 또는 반대하는 것을 포함해 후보 자체에 대해 갖는 호감과 부정적인 감정 표현까지 포함해 분류했다.

추천수 상위 15개의 게시물 가운데 총 696개로 가장 높은 추천수를 받은 게시물은 TV 토론에서 보인 홍준표 후보의 언행이 부적절하며 대통령에 적절하지 않다는 내용으로, '홍준표 후보 반대'로 분류되었다. 추천수 상위 15개의 게시물 내에는 문재인 후보 지지와 반대라는 양측의 입장이 모두 포함되어 있었으나 문재인 후보를 반대하는 게시물보다 지지를 표현하는 게시물이 많았다. 또한 다른 두 후보에서는 나타나지 않았던 문재인 후보를 지지하는 게시물이 포함되어 있었다. 따라서 각 후보에 대한 지지와 반대를 중심으로 봤을 때 전반적으로 다음아고라 이용자들은 '홍준표 후보 반대', '문재인 후보 지지' 성향을 지니고 있는 것으로 해석할 수 있다. 특히 추천수 상위 3개 게시물 모두 '홍준표 후보 반대'라는 입장을 취하고 있다는 점이 주목된다. 즉, 정치적 성향을 드러내는 방식이 자신이 지지하는 후보에 대한 긍정적인 게시물을 작성하기보다 타 후보에 대한 부정적인 비판이나 감정으로 표현된

표 6-1 **추천수와 반대수 상위 15개의 게시물에 대한 내용분류**

추천수 상위 15개의 게시물에 대한 내용분류

번호	날짜	분류	닉네임	조회수	추천수	반대수
1	05.04	홍준표 후보 반대	태*	89,974	696	33
2	04.28	홍준표 후보 반대	통**	11,037	247	11
3	04.21	유승민과 홍준표 후보 반대	태*	25,010	211	29
4	05.02	바른정당 탈당파들에 대한 비판	태*	15,784	138	10
5	05.05	문재인 후보 반대	레**	4,159	106	24
6	05.04	문재인 후보 지지	수*	2,801	91	14
7	04.22	송민순 반대	눈**	3,430	87	6
8	05.09	한나라당 비판, 유승민 후보 지지	p*****	1,448	87	3
9	05.03	사라져야 할 극우인사 명단 제시	대**	3,002	84	7
10	04.24	안철수 후보 반대	가*	2,880	83	4
11	05.09	박근혜와 홍준표 후보 반대	악*	600	75	5
12	04.26	문재인 후보 지지	설*	3,456	70	11
13	04.24	문재인 후보 지지	구**	3,210	69	6
14	05.03	문재인 후보 지지	구**	3,903	69	6
15	05.06	문재인 후보 지지	설*	4,511	68	12

반대수 상위 15개의 게시물에 대한 내용분류

번호	날짜	분류	닉네임	조회수	추천수	반대수
1	05.04	홍준표 후보 지지	송***	10,531	14	254
2	04.22	홍준표 후보 지지	마**	6,209	13	80
3	04.26	홍준표 후보 지지	옹**	4,266	14	71
4	05.07	문재인 후보 반대	종***	4,368	23	66
5	04.30	홍준표 후보 지지	종***	3,755	14	62
6	04.22	홍준표 후보 지지	대*	3,738	8	59
7	04.29	홍준표 후보 지지	서***	5,201	18	57
8	05.06	홍준표 후보 지지	종***	4,642	9	55
9	05.06	홍준표 후보 지지	종***	5,330	9	55
10	04.23	홍준표 후보 지지	마**	3134	13	54
11	04.25	문재인 후보 반대	대*	3,238	35	48
12	05.08	홍준표 후보 지지	우***	2,824	8	48
13	04.24	홍준표 후보 지지	마**	3,187	10	43
14	05.06	안철수 후보 반대	홍****	4,056	10	43
15	05.04	문재인 후보 반대	상***	5,141	8	42

자료: 필자가 분석한 결과를 토대로 직접 작성.

다고 볼 수 있다. 이는 온라인 공간이 혐오나 갈등의 장이 될 것이라는 비관론적 입장과 일치하는 모습을 보인다.

반대수 상위 15개의 게시물의 경우, 15개의 게시물 중 12개의 게시물이 홍준표 후보를 지지하는 내용인 것으로 나타났다. 이러한 게시물의 내용을 살펴보면 홍준표 후보의 지지율이 상승하고 있다고 말하거나 대통령 당선이 가능할 것이라는 기대감을 보이고 있었다. 또한 TV 토론에서 보인 홍준표 후보에 대한 칭찬이나 긍정적인 평가도 확인할 수 있었다. 특히 "아고라 같으면 문재인이 60% 이상 득표가 가능한데 오프라인 바닥민심이 영 아니라서?", "대세론에 안주하던 문 긴장해야겠다. (중략) 아고라 고정 알바도 수준 높여서 토론하고" 등 다음아고라에서 문재인 후보를 지지하는 이용자들이 많다는 것을 의미하는 언급이 등장한다. 이를 통해 반대수 상위 15개 게시물의 게시자들은 전체 다음아고라 이용자들 중 문재인 후보를 지지하는 성향의 이용자들이 많다는 것을 인식하고 있음을 알 수 있었다. 즉, 홍준표 후보를 반대하는 글이 추천수를 많이 받았던 반면, 홍준표 후보를 지지하는 글이 반대수가 많았다는 것은 다음아고라의 이용자들이 전반적으로 '홍준표 후보 반대'라는 성향을 지니고 있는 것으로 볼 수 있다.

더불어 추천수 상위 15개의 게시물은 반대수 상위 15개의 게시물과 같은 게시물이 아니며 게시자 또한 중복되지 않았는데, 추천수를 많이 받거나 반대수를 많이 받는 등 하나의 입장으로 쏠리는 경향이 있는 것으로 보인다. 이는 게시물의 내용에 대해 이용자 전체가 동의하는 의견이 지지나 반대 중 하나로 이미 형성되어 있기 때문이라고 추측할 수 있다. 따라서 추천수와 반대수가 높았던 게시물에서는 각 후보에 대해 다양한 의견이 존재하기보다 문재인 후보와 홍준표 후보에 대한 지지와 반대로 양분되는 것으로 나타나 다음아고라 내의 다양성 수준이 높다고 할 수 없었다.

다양성의 형성은 의견의 방향이 다양한지 외에 소수의 이용자가 게시물 작성을 독점하고 있는지 또는 다수의 이용자가 게시물 작성에 참여해 의견을 표출하고 있는지를 통해 알아볼 수 있다. 분석기간인 23일 동안 517개의 닉네임이 세 후보가 언급된 게시물로 총 3975개의 게시물을 작성했다. 517개의 닉네임 중 게시물을 많이 작성한 상위 10%, 즉 52개의 빈출 닉네임을 중심으로 각 게시자들이 작성한 게시물의 내용을 살펴봄으로써 각 후보에 대한 지지를 파악했고, 이를 〈그림 6-3〉과 같이 분류했다. 상위 10% 빈출 게시자의 지지 후보자별 성향을 알아보기 위해 각 지지 집단의 게시물을 작성한 게시자 수와 총 게시물 수, 해당 게시물들에 대한 총 추천수와 반대수를 확인했으며 중복적으로 지지하는 후보가 있는 경우 지지 집단 모두에 포함했다.

52개의 닉네임 중 문재인 후보를 지지하는 닉네임은 15개였으며, 해당 닉네임들은 총 644개의 게시물을 작성했다. 홍준표 후보를 지지하는 닉네임은 26개였으며, 1467개의 게시물을 작성했다. 안철수 후보를 지지하는 닉네임은 12개였으며, 686개의 게시물을 작성했다. 즉, 홍준표 후보를 지지하는 닉네임 수가 가장 많았고 문재인 후보 집단, 안철수 후보 집단 순이었으나, 해당 닉네임이 작성한 게시물 수는 문재인 후보 집단보다 안철수 후보 집단이 더 많은 것으로 나타났다. 또한 상위 10% 빈출 닉네임들이 작성한 게시물은 총 2797개로, 세 후보가 언급된 게시물 총 3975개의 약 70%를 차지하고 있었다. 즉, 상위

그림 6-3 **상위 10% 빈출 게시자의 지지 후보자별 성향**

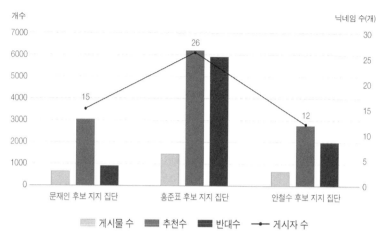

자료: 필자가 분석한 결과를 토대로 직접 작성.

10%라는 소수의 이용자가 다수의 게시물을 작성하고 있었다. 따라서 게시물을 작성하는 모든 이용자가 비슷한 수의 게시물을 작성하기보다는 게시물 작성의 다수를 차지하는 주요 토론자 집단이 존재함을 확인할 수 있었다.

상위 10%의 주요 토론자 집단이 작성하는 게시물에 대해 나머지 90%의 이용자들은 어떻게 반응할까? 이를 알아보기 위해 주요 토론자 집단이 작성한 게시물들에 대한 평균 추천수와 반대수를 확인해 보았다(〈그림 6-4〉 참조). 지지 집단별로 살펴보면, 문재인 후보 지지 집단의 한 게시물당 추천은 4.7개, 반대는 1.4개였고, 홍준표 후보 지지 집단의 한 게시물당 추천은 4.2개, 반대는 4개였으며, 안철수 후보 지지 집단의 한 게시물당 추천은 4개, 반대는 2.9개이다. 문재인 후보 지지 집

그림 6-4 **주요 토론자 집단이 작성한 게시물에 대한 평균 추천수와 반대수**　　　단위: 개

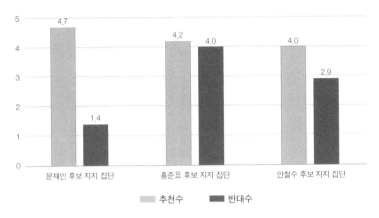

자료: 필자가 분석한 결과를 토대로 직접 작성.

단의 게시물은 다른 두 지지 집단의 게시물에 비해 평균적으로 반대보다 추천이 많은 것으로 나타났다. 홍준표와 안철수 후보 지지 집단 또한 추천이 반대보다 많았으나 문재인 지지 집단의 게시물과 비교해 상대적으로 반대를 많이 받은 것으로 나타났다.

　이는 다음아고라가 '문재인 후보 지지' 성향을 보이기 때문인데, 문재인 후보를 지지하는 이용자들은 게시물을 작성하기보다 문재인 후보 지지 성향을 보이는 게시물에는 추천을, 아닌 경우에는 반대를 누르는 것으로 의사표현을 하는 것으로 볼 수 있다. 특히 홍준표 지지 집단의 게시물에 달린 높은 반대수를 고려하면, 지지뿐 아니라 반대 활동에도 적극적이다. 반면 상대적으로 소수인 홍준표와 안철수 후보 지지자들은 문재인 후보를 지지하는 게시물에 반대를 누르기보다 자신들이 지지하는 후보자를 옹호하는 게시물에 추천을 눌러 자신의 의견

을 적극적으로 표현하는 데 주력한 것으로 해석할 수 있다. 따라서 문재인 후보 지지자들은 다른 두 후보에 비해 게시물 수가 적다는 점에서 게시물 생산에는 소극적이었지만, 추천/반대를 이용한 의사표현에는 적극적이었다고 분석할 수 있다. 또한 홍준표와 안철수 후보 지지자들도 추천을 누름으로써 자신의 의견을 적극적으로 표현하는 것으로 나타났다.

결론적으로 다음아고라는 다양한 의견이 형성되었는가에 대한 의견적 측면, 그리고 다수의 참여자들이 게시물을 작성하는가에 대한 참여적 측면 모두에서 다양성이 충족되지 않는 것으로 나타났다. 그러나 여기서 한 가지 주목할 점은 상위 10% 빈출 닉네임에서 홍준표 후보를 지지하는 토론자들과 게시물 수가 많으며, 그리고 추천을 누르는 활동도 많다는 것이다. 추천수와 반대수 상위 15개의 게시물을 통해 알아낸 바와 같이 다음아고라는 '문재인 후보 지지'와 '홍준표 후보 반대' 입장으로 양분되어 있었다. 이를 통해 다음아고라는 문재인 후보 지지 집단에게는 동질적인 연결망이지만, 홍준표와 안철수 후보 지지 집단에게는 이질적인 연결망인 것으로 볼 수 있다.

숙의와 참여의 관계에 대해 연구한 머츠(Mutz, 2006)에 따르면 참여와 다양성은 동시에 실현될 수 없다. 왜냐하면 이질적인 집단 내에서는 사람들이 기존 관계가 깨질 것을 우려해 소극적으로 참여하기 때문이다. 반면 적극적인 참여자의 경우 자신의 의견에 부합하는 집단을 선택해 동질적인 집단 내에서 활동할 것이라고 설명한다. 이러한 논의대로라면 문재인 후보를 지지하는 주요 토론자들이 많아야 하지만, 머츠의 주장과는 반대로 다음아고라에는 이질적인 연결망인 홍준표 후보를 지지하는 주요 토론자들이 많았다. 따라서 기존 논의와 같이 온라인 공론장인 다음아고라 내에서는 세 후보에 대한 다양한 의견이 형성되지는 않았지만 이용자들은 자신의 의견과 부합하지 않는 이질적인 연결망에도 적극적으로 참여하는 것으로 나타났다.

5. 다음아고라의 논의는 후보별로 어떠한 차이를 보일까?

계속해서 다음아고라 이용자들의 정치 참여를 분석하기 위해 시기별로 후보에 대한 논의의 맥락들이 어떻게 변화했는지를 살펴보았다. 다음아고라에서 이루어지는 논의는 후보별로 어떠한 맥락의 차이를 보이고 있고, 후보 간에는 어떠한 관계를 보이고 있을까?

앞서 다음아고라의 다양성을 살펴보기 위한 분석에서 우리는 세 후보를 지지하는 집단에 대한 정보를 얻을 수 있었다. 게시물을 지속적으로 작성하지 않았던 나머지 90%의 이용자들과 달리 각 후보의 지지집단에 속한 상위 10%의 이용자들은 토론 초기부터 선거 당일까지 꾸준히 대화에 참여했다. 주요 토론자 집단은 다수의 게시물과 댓글을 작성함으로써 논의에 참여했고 이 과정에서 서로 영향을 받았을 것으로 추측할 수 있다. 따라서 다음아고라에서의 논의의 맥락 또한 이들을 중심으로 형성되고 변화되었을 것이다.

이처럼 시간이 지남에 따라 논의가 변화할 수 있다는 점에서 분석기간인 2017년 4월 17일부터 5월 9일까지 총 23일을 초기(4월 17일부터 4월 23일까지의 7일), 중기(4월 24일부터 5월 1일까지의 8일), 후기(5월 2일부터 5월 9일까지의 8일)로 나누었다. 지지 집단과 논의 시기를 기준으로 텍스트를 9개의 그룹으로 분류했으며, 각 텍스트 내에서 보이는 단어들의 맥락 차이를 알아보고자 워드투벡(word2vec)[1]을 활용한 분석을 실시했다. 계속해서 차원축소 기법인 주성분 분석(Principal Component Analysis, 이하 PCA)[2]을 사용해 9개로 분류한 각 텍스트에 대해 사용빈도가 높은 상위 70개의 단어를 2차원 공간에 시각화해 단어들의 맥락 차이를 파악하려고 했다.

워드투벡을 이용한 PCA 시각화 결과를 통해 논의의 맥락을 어떻게 추론할 수 있을까? 지지 집단과 논의 시기를 기준으로 9개로 나눈 각 텍스트에 등장하는 단어 벡터의 위치와 방향을 통해 비슷한 맥락에서 해당 단어들이 사용되었는지를 알아볼 수 있다. 먼저 세 후보의 이름을 단어로 보고 각 후보 간의 논의가 어떻게 이루어졌는지를 살펴보았다. 계속해서 어떠한 주제들이 후보들과 같이 논의되었는지를 분석하기 위해, 9개의 텍스트 그룹에서 자주 등장한 단어 중 해당 토론의 주요 주제인 대통령 선거와 관련이 있는 '대통령', '지지'를 해석의 중심이 되는 단어로 선정했다. 추가적으로 선거 논의 외에 어떠한 논의가 진행되고 있는지를 알기 위해 역시 자주 등장하는 단어 중 '북한'을 선정

1 　워드투벡(word2vec)은 신경망 모델을 통해 문장을 구성하는 단어들의 위치를 예측해 각 단어 사이의 관계를 계산해 주는 알고리즘이다. 벡터란 일종의 위치 값이라고 볼 수 있는데, 한 단어의 위치는 문서상에서 그 단어의 주변에 자주 쓰인 단어들로 예측된다는 면에서 단어의 의미를 반영한다. 이처럼 단어 벡터의 위치는 각 단어의 의미를 나타내기 때문에 단어 간의 의미 차이를 벡터 간의 거리로 표현할 수 있다.

2 　주성분 분석(Principal Component Analysis)은 원 데이터에서 흩뿌려진 정보를 최대한 보존할 수 있는 축을 찾아 고차원의 벡터공간을 저차원의 벡터공간으로 변환해 주는 기법이다. 이 기법은 시각적으로 확인할 수 없었던 벡터들의 분포를 시각적으로 확인할 수 있게 해준다.

해 해당 단어를 중심으로 논의를 파악하고자 했다.

문재인 후보 지지 집단이 작성한 게시물을 바이트(byte) 수로 계산해 보면 41만 1586바이트로, 홍준표 후보 지지 집단(110만 1986바이트)과 안철수 후보 지지 집단(164만 622바이트)의 게시물 분량보다 약 3~4배 짧았다. 이에 PCA 시각화 결과에 등장하는 단어의 최소 출현 빈도를 동일하게 30번 이상 등장하는 단어로 설정하면, 문재인 후보 지지 집단의 PCA 시각화 결과의 단어 수가 70개보다 적게 표현되어 다른 두 지지 집단의 PCA 시각화 단어 분포보다 더 흩어져 있음을 확인할 수 있다.

문재인 후보 지지 집단에서 생산된 게시물을 시기별로 분석한 〈그림 6-5〉에서 후보 이름들의 벡터를 살펴보면, 초기 '문재인' 단어의 벡터는 다른 두 후보 이름인 단어의 벡터 사이에 위치해 있다가 중기 이후 완전히 다른 방향에 위치한다. 반면 '홍준표'와 '안철수' 벡터의 방향과 위치는 서로 유사해지는 것으로 나타났다. 초기 문재인 - 홍준표 단어보다 상대적으로 안철수 - 문재인과 안철수 - 홍준표 단어의 벡터의 위치가 가까워 두 후보들 간에 비슷한 맥락으로 논의를 공유하고 있다고 할 수 있다. 문재인 - 홍준표 사이보다 문재인 - 안철수 사이의 논의 맥락이 비슷하다는 것은, 홍준표 후보보다는 안철수 후보가 문재인 후보와 더 가까운 성향의 후보였다는 직관과도 일치한다.

따라서 문재인 - 안철수 후보, 안철수 - 홍준표 후보를 중심으로 진행되던 논의는 시간이 지남에 따라 홍준표 - 안철수 후보 간의 논의로 변화하고 있는 것으로 볼 수 있다. 반면 문재인 후보는 다른 두 후보와는 완전히 다른 맥락으로 독자적인 논의가 이루어지고 있는 것으로 추

그림 6-5 **문재인 지지 집단의 워드투벡과 PCA를 통한 시각화**

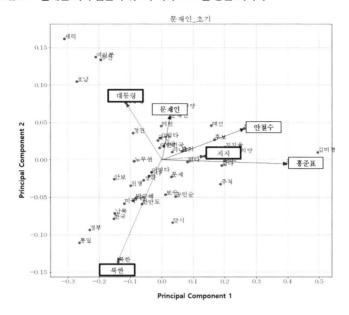

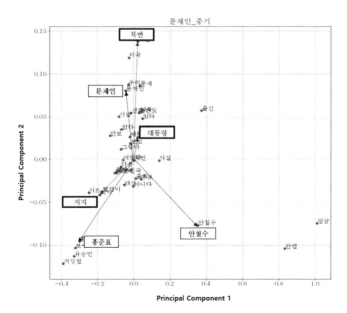

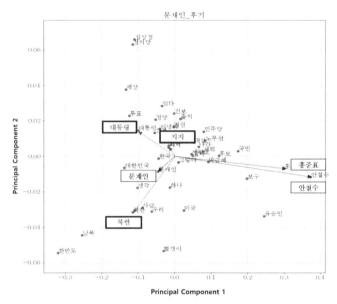

자료: 필자가 분석한 결과를 토대로 직접 작성.

론할 수 있다. 이는 문재인 후보 지지 집단 내의 논의가 후보 간 비교에서 당선 가능성에 대한 논의 등으로 변화하면서, 문재인 후보에 대한 논의의 맥락이 다른 두 후보에 대한 논의와 분리되는 것으로 볼 수 있다. 실제로 선거 후기 문재인 후보의 당선 가능성이 워낙 높았기 때문에 문재인 지지 집단 내에서 특히 이러한 논의가 가능했을 수 있다.

이 장의 사례가 대통령 선거기간 동안 이루어진 논의를 중심으로 했다는 점에서 후보 이름과 '대통령', '지지' 단어 벡터와의 위치를 살펴보았다. 논의 초기 '대통령' 단어 벡터는 문재인 단어 벡터와 위치가 가까워 다른 두 후보들과 다르게 문재인 후보를 중심으로 대통령과 관련된 논의가 이루어진 것으로 볼 수 있다. 그리고 초기에는 안철수 후보가 홍준표 후보보다 대통령 벡터와 이루는 각이 작았으나 후기에는 홍준표 후보와 별 차이가 없어지면서 안철수 후보의 지지율이 갈수록 떨어진 현실과 일치한다. 논의가 진행됨에 따라 홍준표와 안철수 단어 벡터는 대통령 단어 벡터와는 방향이 완전히 다른 방향을 보인다. '지지' 단어 벡터는 홍준표 단어 벡터와 같은 방향을 보이긴 하지만 논의 후기에는 다른 방향에 위치하며 대통령 단어 벡터와 가까워지는 모습을 보인다. 계속해서 선거 외의 다른 주제의 논의를 살펴보기 위해 '북한' 단어 벡터를 살펴보았다. '북한' 단어 벡터는 논의 초기에는 세 후보 이름 벡터와 완전히 다른 방향에 위치하는데 논의가 진행될수록 문재인 단어 벡터와 이루는 각이 작아지는 것으로 나타나 문재인 후보와 북한이 비슷한 맥락에서 논의되고 있음을 추론할 수 있다.

따라서 문재인 후보 지지 집단은 대통령 선거일이 다가올수록 다른 세 후보를 같이 논의하기보다 문재인 후보를 독자적으로 언급하고 홍준표와 안철수 후보는 점차 같이 언급하고 있는 것으로 해석된다. 즉, 정치적 주제들이 점차 다른 두 후보와는 논의되지 않고 문재인 후보와만 논의되고 있다고 볼 수 있다.

〈그림 6-6〉에서는 홍준표 후보 지지 집단의 게시물을 시기별로 살펴보았다. 홍준표 후보 지지 집단 내의 논의를 보면 초기에는 문재인 후보 지지 집단의 초기와 유사하게 세 후보 이름의 단어 벡터가 각각 다른 방향에 분포한 것으로 나타났다. 홍준표 단어 벡터는 문재인과 안철수 단어 벡터 사이에 위치해 홍준표 - 문재인 후보, 홍준표 - 안철수 후보 간의 논의가 비슷한 맥락으로 이루어지고 있음을 추론할 수 있다. 문재인 후보 지지 집단과 달리, 후보 이름 벡터 간 거리는 정치

그림 6-6 홍준표 지지 집단의 워드투벡과 PCA를 통한 시각화

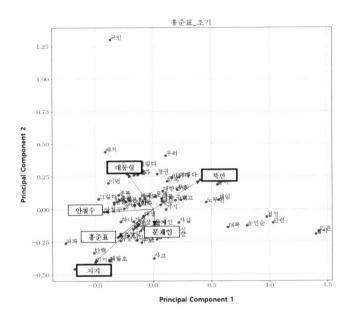

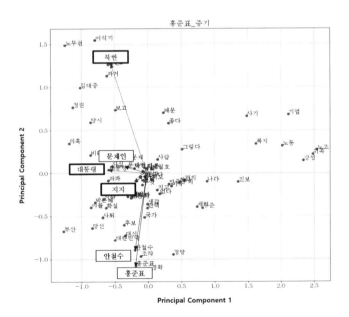

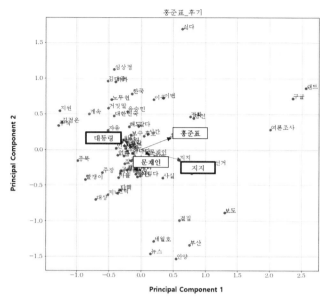

자료: 필자가 분석한 결과를 토대로 직접 작성.

적 성향에 따라 형성되기보다는 자신들이 지지하는 후보, 즉 홍준표 후보를 중심으로 타 후보와의 비교에 의해 형성되고, 타 후보 간 비교 (즉, 문재인과 안철수 후보 간 비교)는 상대적으로 적게 이루어지는 것으로 보인다.

논의가 중기로 넘어가면서 홍준표 단어의 벡터와 안철수 단어의 벡터는 방향과 위치가 유사해지는 것으로 나타났으며 문재인 단어의 벡터는 다른 두 후보 이름 단어의 벡터와 다른 방향을 보이는 것으로 나타났다. 후기의 경우 안철수 단어 벡터는 사라지고 홍준표와 문재인 단어 벡터만 남아 둘 사이의 위치가 가까워진 것을 확인할 수 있다. 논의 후기에 최빈 단어 70개에서 안철수 단어 벡터가 사라진 것은 선거

기간 후기로 갈수록 안철수 후보의 선거 지지율과 게시물 수가 감소하는 것과 같은 맥락으로 해석할 수 있다. 홍준표 후보 지지 집단의 입장에서 보면 주요 경쟁자가 안철수에서 문재인으로 변화해 홍준표 - 문재인 두 후보가 비슷한 맥락에서 논의되었음을 보여준다.

'대통령' 단어 벡터와 후보 이름들의 벡터를 함께 살펴보면, '대통령' 단어 벡터가 초기 세 후보 이름의 벡터와 다른 방향에 위치하고 있는 것으로 나타난다. 논의 중기에는 대통령 단어 벡터가 문재인 단어 벡터와 서로 가까이에 위치해 같은 맥락으로 논의되는 것을 볼 수 있다. 그러나 논의 후기로 넘어오면서 대통령 단어 벡터와 문재인 단어 벡터가 가까운 위치에 있으나 두 단어의 방향이 달라지는 것을 볼 수 있다. '지지' 단어 벡터의 경우 논의 초기 홍준표 단어 벡터와 유사한 방향에 위치하다가 문재인 단어 벡터와 그 각이 점차 좁혀지는 모습을 보인다. '북한' 단어 벡터는 세 후보 이름 단어 벡터와 완전히 다른 방향을 보이다가 문재인 단어 벡터와의 각이 점차 좁혀지며 후기에는 최빈 단어에서 나타나지 않게 되었다. 초기 독자적으로 논의되던 북한 관련 주제가 점차 문재인 후보와 관련된 것으로 변화되었다가 후기에는 자주 언급되지 않은 것으로 해석할 수 있다.

따라서 홍준표 후보 지지 집단은 다른 두 후보를 비슷한 맥락에서 같이 논의하기는 하지만 선거의 최종적인 목표인 대통령이라는 맥락에서는 홍준표 후보를 논의하지 않는 것으로 나타났다. 따라서 각 후보에 대한 독자적인 논의 또는 대통령이라는 주제와 관련해서보다는 다른 후보를 함께 비교하는 맥락에서 토론을 진행한 것으로 추론할 수 있다. 오히려 논의가 진행될수록 경쟁 후보인 문재인 후보를 '대통령'

과 '지지' 맥락에서 논의하고 있는 것으로 나타났다.

안철수 후보 지지 집단에서 생산된 게시물을 시기별로 분석한 〈그림 6-7〉에서 후보 이름들의 벡터를 살펴보면, 논의 초기에 안철수 후보 지지 집단에서는 홍준표 단어 벡터가 상위에 등장하지 않았으며, 문재인 단어 벡터와도 위치하는 방향이 다른 것으로 나타났다. 이는 안철수 후보와 문재인 후보를 각각 다른 맥락에서 독자적으로 논의하고 있다는 것을 의미한다. 논의 중기에는 안철수 단어 벡터는 사라지고 홍준표 단어 벡터가 상위에 등장하는 것으로 나타났다. 또한 홍준표와 문재인 단어 벡터는 유사한 방향과 위치를 가지며 비슷한 맥락에서 논의되고 있음을 추측할 수 있다.

이러한 점은 안철수 후보 지지 집단에 속한 12명의 사용자 중 5명이 홍준표 후보 지지 집단의 사용자와 중복되어 홍준표 후보를 지지하는 경향을 보이면서 시기별로 지지율이 변화하고 게시물 수가 변화한 데서 그 이유를 찾을 수 있다. 즉, 문재인 후보와 경쟁하는 주요 후보가 안철수 후보에서 홍준표 후보로 변화했기 때문이다. 후기에는 홍준표 단어 벡터가 문재인과 안철수 단어 벡터 사이에서 거리는 떨어져 있으나 방향은 유사한데, 이는 세 후보가 비슷하게 논의되면서 주로 홍준표-안철수 후보, 홍준표-문재인 후보가 비슷한 맥락에서 논의되고 있음을 보여준다.

'대통령' 단어 벡터의 위치를 살펴보면 논의 초기 안철수 단어 벡터와 가깝기는 하지만 점차 후보 이름 단어 벡터들과 그 각이 벌어진다. 이는 대통령 단어의 벡터가 그 어떤 후보와도 비슷한 맥락에서 함께 사용되지 않았으며, 안철수 후보 지지 집단에서도 홍준표 후보 지지 집

그림 6-7 안철수 지지 집단의 워드투벡과 PCA를 통한 시각화

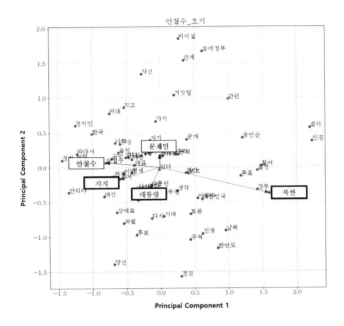

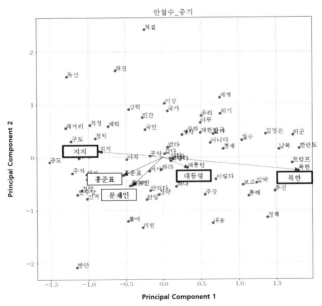

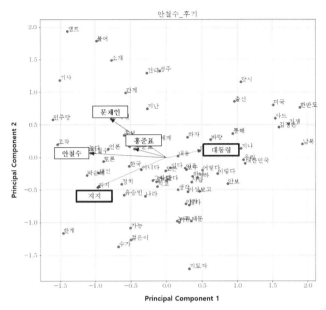

자료: 필자가 분석한 결과를 토대로 직접 작성.

단과 마찬가지로 각 후보들 간의 비교를 중심으로 논의가 이루어지고 있다는 것을 의미한다. '지지' 단어 벡터의 경우 다른 후보 이름 단어 벡터보다 안철수 단어 벡터와 가깝게 위치하고 있어, 자신들이 지지하는 안철수 후보와 지지에 대한 주제는 같이 논의되었다고 할 수 있다. '북한' 단어 벡터의 경우 논의 초기부터 중기에 걸쳐서는 후보 이름 단어 벡터와는 다른 방향에 위치해 독립적인 맥락에서 논의되다가, 논의 후기에는 해당 주제에 대한 논의가 적어졌음을 알 수 있다.

결론적으로 문재인 후보 지지 집단은 다른 두 지지 집단과 달리 정치적 논의들을 자신들이 지지하는 후보와 관련짓고 있는 것으로 볼 수 있다. 다른 두 지지 집단은 대통령이라는 선거의 최종적인 목표를 중심으로 각 후보를 논의하기보다 후보를 서로 비교하는 방식으로 논의하고 있었다. 구체적으로 세 집단 모두 초기에는 같이 논의할 후보를 탐색하는 것으로 나타났다. 문재인 지지 집단은 논의 초기에 어떤 후보와 비교할지 탐색하는 과정을 거친 뒤, 당선 가능성이 높고 지지가 확고했던 문재인 후보를 독자적으로 논의하면서 홍준표 - 안철수 후보를 함께 논의하는 것으로 변화한다.

반면 홍준표 지지 집단은 탐색 과정을 거친 뒤 중기 이후 홍준표 후보의 지지율이 2위로 급부상해 본격적인 논의가 이루어지자 지지율 1위인 문재인 후보와 함께 논의한 것이라고 해석할 수 있다. 안철수 지지 집단의 경우 논의 초기 홍준표 후보의 지지율이 높지 않을 때에는 다른 두 후보 모두를 경쟁상대로 보기 때문에 안철수 후보를 독자적으로 논의했다. 이후 지지율 1위인 문재인 후보와의 경쟁상대가 안철수 후보에서 홍준표 후보로 변화하면서 안철수 후보에 대한 논의는 사라지고 문재인 - 홍준표 후보를 함께 논의한 것으로 볼 수 있다. 따라서 홍준표와 안철수 후보 지지 집단은 경쟁상대를 탐색하다가 논의가 진행됨에 따라 본격적으로 자신이 지지하는 후보와 경쟁상대를 함께 토론했다는 것을 알 수 있다.

계속해서 문재인 후보 지지 집단은 다양한 주제를 경쟁 후보와 관련지어 논의하지 않았으며, 다른 두 지지 집단은 자신들이 지지하는 후보조차 대통령과 관련지어 충분한 논의를 하지 않았다. 북한과 관련된 주제의 경우에도 문재인 지지 집단은 자신들이 지지하는 문재인 후보와 북한을 모든 논의 시기에 비슷한 맥락에서 논의했던 것과 달리, 다른 두 지지 집단은 북한을 독립적으로 논의하거나 후기에는 그 논의의 빈도가 감소한 것으로 나타났다.

6. 실제로 무엇을 이야기하고 있을까?

그렇다면 다음아고라에서 이용자들은 각 후보를 구체적으로 어떠한 주제 또는 단어와 관련지어 논의하고 있을까? 토론을 분석한 기간이 정당 대결 구도의 대통령 선거기간이었다는 점에서 '대통령', '대선', '후보', '보수', '진보' 등의 단어들이 모든 후보의 논의에서 빈번하게 등장한다. 또한 각 지지 집단은 자신이 지지하는 후보에 대해 긍정적인 입장을 취하고 있기 때문에 이러한 단어들에서는 다양한 의미가 포착되지 않을 것으로 예상할 수 있다. 따라서 각 후보에게서 나타나는 특징적인 주제를 살펴보기 위해서는 지지/반대 등 이용자들의 입장이 다양하게 드러날 수 있는 주제와 관련된 단어를 확인해 보는 것이 필요하다. 이를 위해 각 지지 집단에서 논의 시기별로 후보 이름인 '문재인', '홍준표', '안철수' 단어와 유사도가 높은 상위 15개의 단어를 워드투벡을 이용해 계산해 보았다. 분석 결과 후보 이름별 유사단어 중 '대선', '후보', '보수', '진보' 등의 단어들과 '그렇다', '없다', '같다'와 같은 서술어, '유승민', '심상정'을 포함한 5명의 대선 후보 이름 등을 확인할 수 있는데, 이러한 단어들 외에 이용자들의 다양한 입장이 드러날 수 있는 단어들을 중심으로 실제 이용자들이 작성한 게시물의 내용을 살펴보았다.

〈표 6-2〉에서는 문재인 지지 집단의 후보 이름별 유사단어를 살펴

표 6-2 **문재인 지지 집단의 후보 이름별 워드투벡 유사단어**

기간	초기			중기			후기		
단어	문재인	홍준표	안철수	문재인	홍준표	안철수	문재인	홍준표	안철수
1	호남	어떻다	국민의당	사람	**박근혜**	임금	한국	정권	대선
2	대선	문제	후보	우리	다른	안랩	대한민국	이명박	출처
3	그렇다	생각	지지율	문제	보수	출신	대통령	세력	없다
4	정권	같다	의원	없다	대한민국	사실	보수	후보	같다
5	국민	있다	민주당	생각	**거짓말**	후보	나라	민주당	선거
6	대한민국	없다	김미경	**북한**	대선	아니다	그렇다	노무현	세력
7	대통령	주적	대선	**안보**	같다	출처	**북한**	나라	대통령
8	아니다	보수	같다	미국	어떻다	대선	세월호	선거	나라
9	출처	**안보**	지지	한반도	대통령	유승민	선거	국민	**노무현**
10	사람	지지	사람	**남북**	유승민	보수	**노무현**	지지	지지
11	**노무현**	토론	아니다	사드	보고	**거짓말**	정권	있다	후보
12	의원	아니다	없다	그렇다	지지	홍준표	같다	보수	그렇다
13	민주당	송민순	어떻다	때문	국민	국민	세력	대선	있다
14	없다	사람	홍준표	있다	있다	대한민국	국민	**박근혜**	민주당
15	지지	**남북**	출처	보고	때문	다른	**박근혜**	같다	투표

주: 회색은 지지/반대 등의 입장이 다양하게 형성될 수 있는 주제이며, 굵은 글씨는 회색으로 표시한 단어 중 논의 기간 전체를 통틀어 두 번 이상 중복적으로 등장한 단어이다.
자료: 필자가 분석한 결과를 토대로 직접 작성.

보았다. 이용자들의 지지/반대 등의 입장이 다양하게 형성될 수 있는 주제들을 회색으로 표시했는데, 이 중 논의의 모든 시기에 두 번 이상 중복적으로 등장한 단어는 '노무현', '남북', '박근혜', '북한', '안보'로 나타났다. 각 단어를 살펴보면 '노무현' 단어의 경우 노무현 전 대통령 시절의 "호남선 KTX 사업" 등을 언급하면서 노무현 정권이 '호남' 지역에 우호적이었으므로 문재인 후보 또한 그럴 것이라는 논의가 진행되고 있었다.

'남북' 또는 '북한'의 경우 대한민국과 북한 간 관계, 그리고 국가 안보와 관련한 맥락에 대해서 토론이 이루어졌다. 이 논의는 '송민순', '주적', '안보' 단어와 관련이 있는데, 크게 두 가지 맥락으로 논의가 발생했다. 첫째, 송민순 전 장관은 자신의 회고록에서 "2007년 UN의 북한 인권 규탄 결의안 표결" 당시 노무현 전 대통령이 북한에 의견을 물어본 뒤 북한의 뜻을 존중해 당시 정부가 표결에서 기권을 했다고 기록했는데, 이에 대해 새누리당은 해당 행위가 "종북 행위"라고 주장했다. 해당 사건에 대해 다음아고라의 문재인 지지 집단은 "중요한 선거 국면이 되자 개인 메모와 대통령기록물법에 의해 공개 금지된 문건까지 공개하며 문재인 측에 태클을 걸고 있다" 등의 반응을 보였다. 이들은 이는 허위 사실이며 문재인 후보를 탈락시키기 위한 행동이라고 말하면서, 자신이 지지하는 후보에 대한 부정적 이슈에 반박하는 모습을 보였다.

둘째, 북한과의 관계에 대한 논의를 보면, "그래도 잘나가는 남한이 못 나가는 북한을 껴안고 가야 한다", "안보팔이 공작을 당장 멈춰라" 등의 언급이 등장한다. 문재인 후보 지지자들은 홍준표 후보를 중심으로 한 새누리당이 북한을 '주적'으로 보고 '안보' 위협론을 중심으로 북한을 정치에 이용하고 있다고 비판하면서 북한과의 대화가 중요하며 우호적인 관계를 유지해야 한다고 강조한다.

'박근혜'의 경우 "이명박 - 박근혜 정권은 끊임없는 색깔론으로 국민을 분열시키고 안보를 허약하게 만든 가짜 안보 세력이다", "이명박 - 박근혜 정부에서는 참담하게 실패했다는 것을 인정해야 한다" 등과 같이 언급하면서 박근혜 전 대통령 시기에 잘못된 정치를 비판하는 한편, 문재인 후보가 새로운 정치를 펼 것에 대한 기대를 보이기도 한다.

문재인 지지 집단의 후보 이름별 워드투벡 유사단어와 비교해 홍준표 지지 집단의 후보 이름별 워드투벡 유사단어의 경우 중복된 단어가 적고 논의 후기에는 두 번 이상 중복적으로 등장하는 단어가 없어 단 하나의 주제를 계속 논의하기보다 각 시기마다 다른 주제를 논의했다고 추측할 수 있다(〈표 6-3〉 참조). 시기별로 살펴보면 논의 초기에는 '좌빨'이, 중기에는 '홍준표'와 '안철수' 두 후보 이름과 유사한 단어로 공통적으로 '호남'과 '애국'이 등장했다.

논의 초기 '좌빨' 단어를 살펴보면 홍준표 지지 집단의 이용자들은 문재인 후보 지지자들을 '좌빨'이라고 지칭하는데, 이 용어는 좌파 성향의 정치극단주의자에 추가적으로 북한을 추종하고 있다는 의미까지 더해 사용된다. 이는 '종북', '안보', '트럼프' 단어와 같이 사용되는데, '좌빨'인 문재인 후보가 '종북'적 '안보'관을 갖고 있으며 '트럼프'는 사드를 이용해 북한을 제압하고 있다고 말하면서 미국 대통령인 트럼프를 지지하는 모습을 보인다.

논의 중기에 등장하는 '호남'의 경우 "중도 보수층이 안철수를 지지하자 심통이 난 호남인들이 안철수 지지에서 문재인 지지로 돌아서는 낌새" 등의 언급을 통해 호남 유권자들이 안철수 후보에서 문재인 후보를 지지로 돌아서고 있다고 보는 것을 알 수 있는데, 호남 유권자들이 문재인 후보를 당선시킨 뒤 "바지 대통령", "꼭두각시"처럼 부리기 위해 문재인 후보를 지지하고 있다고 이야기한다. 또한 "애국"의 경우 "홍준표는 뼛속까지 애국 보수우파이다", "당선 가능성이 보이는 홍준표를 위해 중도 보수 애국세력이 똘똘 뭉쳐야 한다. 지금 바닥 민심은 홍준표 지지세가 급속이 확산되고 있는 것 같다", "중도 애국 보수 세

표 6-3 **홍준표 지지 집단의 후보 이름별 워드투벡 유사단어**

기간	초기			중기			후기		
단어	문재인	홍준표	안철수	문재인	홍준표	안철수	문재인	홍준표	안철수
1	김대중	유승민	잘못	분명	정말	홍준표	정도	지지	이유
2	한국	하나	그렇다	지도	지지율	호남	발언	마지막	당선
3	거짓말	지지율	좌빨	이렇다	시간	보수	지지율	진보	이번
4	자기	사람	선택	모두	보수	박지원	아니다	정말	같다
5	김정은	이상	하나	사실	지지	논리	어떻다	누가	정확
6	많다	당선	심상정	토론회	우파	후보	이상	중도	거의
7	가장	좌빨	박근혜	이번	안철수	정말	서울	여론	진보
8	하자	인간	촛불	본인	호남	단일	생각	안보	대선
9	먼저	없다	인간	각하	애국	애국	대통령	여론조사	문재인
10	자신	탄핵	종북	절대	가능성	지지	결집	대선	토론
11	없다	언론	언론	아니다	논리	중도	같다	아무	트럼프
12	이기	후보	이기	모든	발표	토론회	후보	지하	중도
13	후보	공약	사람	다른	단일	시간	소리	많다	투표
14	당선	안철수	공약	문제	후보	지지율	많다	또한	구글
15	사실	정치	당선	잘못	지역	다지	마지막	정확	결과

주: 회색은 지지/반대 등의 입장이 다양하게 형성될 수 있는 주제이며, 굵은 글씨는 회색으로 표시한 단어 중 논의 기간 전체를 통틀어 두 번 이상 중복적으로 등장한 단어이다.
자료: 필자가 분석한 결과를 토대로 직접 작성.

력이 안철수로는 힘들다고 판단해 지든 이기든 국가안보관이 투철한 홍준표를 차선책으로 선택해 경남북을 중심으로 홍준표 지지로 돌아 서고 있다" 등의 언급에서 볼 수 있듯이 홍준표 후보가 "애국 보수"이 며, "중도 보수 애국" 세력의 홍준표 후보에 대한 지지세가 증가하고 있다고 말한다.

'호남'과 '애국'에 대한 논의에서는 홍준표 후보의 지지율이 높아지 고 있다는 점을 지속적으로 언급하는데, 이는 논의 후기 '구글' 단어와 관련이 있다. "구글 트렌드가 이미 홍준표의 승리를 점치고 있고", "구글 트렌드는 홍준표가 14% 차이로 이긴다고 예측했다"라고 언급하면서, 홍준표 후보의 지지율이 높고 대선에서 승리할 것이라고 말하는 것으로 나타났다.

홍준표 지지 집단은 '호남'과 '북한' 주제를 중심으로 문재인 지지 집단과는 서로 상반된 입장을 보인다. 문재인 후보 지지 집단이 해당 주제에 우호적인 것과 달리 홍준표 후보 지지자들은 문재인 후보 지지자들을 반대함과 동시에 호남과 북한을 적대적인 관계로 보고 있었다.

안철수 지지 집단의 후보 이름별 유사단어를 살펴보면, 입장이 다양하게 형성될 수 있는 단어 중 논의 초기, 중기, 후기에서 두 번 이상 중복적으로 등장한 단어는 '광주', '세월호', '전두환', '표창장', '호남'으로 나타났다(〈표 6-4〉 참조).

'광주', '전두환', '표창장', '호남' 단어는 같은 맥락에서 논의된다. 2017년 3월 19일 KBS 토론회에서 문재인 후보는 자신의 군복무 시절에 대해 이야기하면서 "12·12 군사반란 때 반란군을 막다가 총에 맞아 참군인 표상이 되었던 정병주 특전사령관으로부터 폭파 최우수 표창을 받았다. 나중에 제1공수 여단의 여단장이었던 전두환 장군, 그때 그 반란군의 가장 우두머리였는데 전두환 여단장으로부터 표창을 받기도 했다"(오원석, 2017.3.20)라고 발언했다. 이에 대해 다음아고라의 안철수 후보 지지자들은 "광주와 호남은 전두환 이름만 들어도 몸서리치는 트라우마가 있다. 문재인 발언은 광주와 호남에 전두환 표창장 자랑을 더한 분별력 문제이다", "문재인 발언은 광주와 호남에 최소한의 배려도 없이 상처를 덧나게 한 치매끼인 것이다"라고 언급하며 해당 발언이 적절치 못했음을 지적하고 있다.

표 6-4 안철수 지지 집단의 후보 이름별 워드투벡 유사단어

기간	초기			중기			후기		
단어	문재인	홍준표	안철수	문재인	홍준표	안철수	문재인	홍준표	안철수
1	하나	유승민	국민의당	**광주**	당선	지지	**세월호**	팔이	다수
2	송민순	심상정	지지	**호남**	여론조사	민심	발언	당선	중도
3	토론	당선	의미	자랑	유승민	하하	자랑	심상정	보도
4	물어	좌빨	방법	**전두환**	단일	마지막	유병언	자유한국당	구글
5	이렇다	후보	시간	이유	지지율	지지율	치매	유승민	트위터
6	북한	지지자	전달	후보	보수	대결	**광주**	집권	각종
7	생각	그렇다	확인	하자	어서	가능성	모조리	구글	팔이
8	있다	토론	의지	어도	중도	중도	**호남**	보수	실제
9	하라	주적	대선	민주당	민심	국민의당	캠프	어서	지지
10	내용	보수	홍준표	최소한	지지	그동안	**표창장**	정말	가지
11	발언	때문	있다	**표창장**	토론	보도	최소한	지지율	소개
12	결의	사드	똑똑	방안	같다	대패	민심	지지자	대선
13	관련	생각	그렇다	**세월호**	다지	젊다	유세	하나	후보
14	투표	지지율	민주당	캠프	정도	이번	장군	조사	일삼
15	보고	촛불	검찰	비서실	지하	단일	**전두환**	그러하다	다음

주: 회색은 지지/반대 등의 입장이 다양하게 형성될 수 있는 주제이며, 굵은 글씨는 회색으로 표시한 단어 중 논의 기간 전체를 통틀어 두 번 이상 중복적으로 등장한 단어이다.
자료: 필자가 분석한 결과를 토대로 직접 작성.

　'세월호'의 경우 2017년 5월 2일 SBS 〈8뉴스〉 보도에서 "솔직히 말해 이거(세월호 인양)는 문 후보에게 갖다 바치는 것"이라는 해수부 공무원의 발언을 인용해 세월호 인양 지연이 문재인 후보의 정치적 이익과 관련되어 있다는 취지로 보도해 논란이 되었다. 이에 대해 안철수 지지 집단은 "문재인 엄청 싫어하지만 이거 가짜뉴스 같다. 만약 사실이라면?", "세월호 인양시기를 문재인에게 유리하게 조절했다는 기사(중략) 아니 땐 굴뚝에 연기 나는 거 봤는가?"라고 언급하며 가짜뉴스라고 의심하거나 실제로 문재인 후보가 세월호 인양에 개입했다고 의심

하는 것으로 나타났다.

문재인 후보가 정치적으로 특정 사건을 조작 또는 관련했다는 논의는 '탄핵', '촛불' 단어에서도 나타나는데, "촛불집회에서 가짜 보수는 거대한 횃불로 태워 죽이라고 선동하고", "전 박근혜 탄핵도 기획된 것이라고 생각하고 있다" 등으로 박근혜 전 대통령의 탄핵과 탄핵을 요구하는 촛불집회가 조작되었음을 의심하고 있었다. 이러한 점에서 안철수 후보 지지자들도 홍준표 후보 지지 집단과 마찬가지로 문재인 후보에 대해 반대 입장을 취하는 것으로 나타났다.

추가적으로 다른 두 지지 집단에서 주요하게 논의되었던 '북한'에 대한 주제를 살펴보면 홍준표 후보 지지 집단과 같이 북한을 '주적'으로 여기면서 '안보'에 위협을 가하는 존재로 보는 의견도 있다. 반면 "개인적으로는 대한민국을 위협했던 공산주의가 사라진 탈냉전인 이 시대에 북한을 주적이라고 생각하지는 않는다", "북한은 우리의 주적인가? (중략) 북한은 우리의 적이 맞다. 하지만 한반도 평화통일의 동반자이기도 하다" 등의 언급도 함께 나타난다. 즉, 안철수 지지 집단의 경우 홍준표 지지 집단과 절반의 이용자가 동일인물이라는 점에서 일부 이용자들은 북한에 대해 적대적인 입장을 보이지만 일부 다른 이용자들은 북한에 대해 중도적인 태도를 취하는 모습을 보인다.

결론적으로 세 후보 지지 집단에서 실제로 무슨 이야기가 오갔는지를 살펴보면, 특정 주제에 대해 양쪽의 입장을 고려하기보다 기존에 형성된 자신들의 입장을 주장하고 반대 입장은 적대시하는 방식으로 논의가 진행되었다고 정리할 수 있다. 특히 홍준표 지지 집단은 문재인 지지자들을 '좌빨'이라며 부르며 조롱하거나, 호남 유권자들이 문재인 후보를 지지하는 것에 대해 "바지 대통령", "꼭두각시"를 만들기 위한 목적이라고 주장한다. 한편 영남 유권자들을 지지하고 호남 유권자들을 적대시하는 모습을 보이면서 지역적 갈등을 보이기도 한다. 또한 홍준표와 안철수 두 집단 모두 근거를 제시하지 않은 채 여론조사, 촛불집회, 세월호 등의 사건이 문재인 후보에게 긍정적으로 작용하도록 조작되었으며 선동이라고 주장하는 모습을 보이기도 했다.

결국 내용적인 측면을 살펴볼 때, 자신이 지지하는 후보에 대해 긍정적인 부분을 제시해 지지를 밝히기보다는 지지하는 후보와 관련한 부정적인 이슈에 대한 반박 또는 다른 후보와 진영에 대한 비판이나 비난이 주를 이루는 것으로 나타났다. 이는 앞서 추천수 상위 게시물들이 경쟁후보에 대해 비판과 반대 등 부정적인 입장을 취했던 것과 같이, 다음아고라에서 관찰된 정치적 논의들이 지지보다는 반대의 입장을 취하고 있다는 점에서 온라인 공간이 혐오와 갈등의 장으로 변질되었다는 주장에 힘을 싣고 있음을 보여준다.

7. 합리적 토론을 통한 숙의민주주의를 향해

지금까지 다음아고라에서 나타난 다양성과 논의의 맥락을 살펴봄으로써 온라인 공론장에서의 정치 토론이 어떠한 모습을 보이는지 알아보았다. 분석 결과 다음아고라 내에 세 후보를 지지하는 그룹이 모두 존재하기는 했지만 후보들에 대한 다양한 입장이 형성되었는가 하는 의견적 측면과 다양한 이용자들이 존재하는가 하는 참여적 측면에서 다양성이 실현되지 못했다는 사실을 발견했다.

지지 집단과 논의 시기별 결과를 정리한 〈표 6-5〉에서 알 수 있듯이, 논의의 주제 또한 선거나 후보들의 공약을 두고 토론을 벌인 것이 아니라 보수/진보의 대립, 호남/영남으로 분리되는 지역감정, 북한과의 정치적 관계, 근거 없는 조작의혹 제시 등이 논의 주제였음을 확인할 수 있었다. 즉, 후보자의 정치적 자질을 평가하기보다는 자신이 지지하지 않는 후보를 반대하는 입장에서 자신과 다른 입장을 적대시하는 논의가 이루어지고 있었다. 정책이나 공약을 구심점으로 삼아 논리적으로 후보 간 비교를 하기보다는, 감정적인 우열가리기로 흐른 경향이 있는 것이다. 따라서 온라인 공론장에 대한 낙관론적 입장에서 주장하는 바와 같이 다양성을 통해 합리적인 토론이 이루어졌다기보다는, 비관론적 접근에서 주장하는 바와 같이 온라인 공론장이 내부집단의 의견을 확고히 함으로써 혐오와 갈등의 장으로 발전할 가능성도 보였다.

그러나 기존의 이론적인 논의에서는 사람들이 기존 관계가 틀어질 것을 우려해 소극적으로 참여할 것이라고 분석했으나, 이와는 구별되게 공론장이 자신의 의견과 부합하지 않는 이질적인 상황임에도 적극적으로 참여하는 사례가 발생했다는 점에서 낙관론적 전망에서 제시한 온라인 공론장의 긍정적인 측면을 찾아볼 수 있었다. 또한 지지도와 대선 결과의 변화에 따라 게시물의 증감 추이가 영향을 받는 것으로 나타났다. 이는 다음아고라가 오프라인과는 별개의 공간으로 독립적으로 존재하는 것이 아니라 오프라인이라는 외부의 영향을 받고 있다는 것을 의미한다. 따라서 온라인 공론장이 현실의 여론을 가늠하게 해주는 하나의 지표가 될 수 있다는 긍정적인 가능성을 보여준 것이라

표 6-5 **다음아고라의 대선 후보자별 지지 집단과 논의 시기별 결과 정리**

			문재인 지지 집단	홍준표 지지 집단	안철수 지지 집단
시기별 특징	초기	후보 비교	문재인 - 안철수, 홍준표 - 안철수	홍준표 - 문재인, 홍준표 - 안철수	
		논의 주제	대통령 - 문재인, 지지 - 홍준표	지지 - 홍준표	지지 - 안철수
		중심 단어	남북, 노무현, 안보	좌빨	
	중기	후보 비교		홍준표 - 안철수	안철수 - 홍준표
		논의 주제	대통령, 북한 - 문재인, 지지 - 홍준표	대통령, 지지 - 문재인	지지 - 홍준표
		중심 단어	박근혜, 북한, 안보	호남, 애국	광주, 세월호, 전두환, 표창장, 호남
	후기	후보 비교	문재인 - 홍준표	홍준표 - 문재인	세 후보 모두 논의
		논의 주제	대통령, 북한 - 문재인	지지 - 문재인	지지 - 안철수
		중심 단어	노무현, 박근혜, 북한		광주, 세월호, 전두환, 표창장, 호남
논의 시기 동안의 추세 및 방향성			'대통령', '북한' 단어 벡터와 '문재인' 단어 벡터가 가까워짐. 다른 두 후보 단어 벡터는 '문재인' 단어 벡터와 멀어짐	'대통령', '지지' 단어 벡터는 '문재인' 단어 벡터와 가까워지고, '홍준표' 단어 벡터는 후보 이름 단어 벡터와 가까워짐	'대통령', '지지' 단어 벡터와는 멀어지고, 후보 이름 단어 벡터와는 가까워짐
종합적인 특징			- 정치적·일반적 주제들을 중심으로 문재인 후보를 논의 - 노무현 정권에 대해 우호적, 박근혜 정권에 대해 적대적, 호남/북한에 대해 우호적	- 다른 후보들과 비교해 논의 - 호남/북한에 대해 적대적	- 다른 후보들과 비교해 논의 - 토론회, 방송 등 커뮤니티 외부 이슈와 관련해 논의
공통점			세 후보 지지 집단 모두 세 후보 모두에 대해 다양한 주제를 논의하지 않으며, 특정 주제가 특정 후보에 편중되어 있음		

자료: 필자가 분석한 결과를 토대로 직접 작성.

할 수 있다. 이러한 긍정적인 가능성이 있음에도 불구하고 다음아고라
에서의 토론은 집단 간에 논의를 벌이기보다는 자신의 입장을 주장하
고 내집단 편향적인 갈등이 발생하는 모습을 보여 숙의적 합의와는 거

리가 먼 형태를 보이고 있었다.

정치 효능감의 개념을 처음 도입한 캠벨은 자신의 저서에서 정치 효능감을 "개인의 정치적 행동이 정치과정에 영향을 미치거나 미칠 수 있다는 감정"이라고 정의한다(Campbell, Guirin and Miller, 1954). 그러나 우리는 이 장을 통해 인터넷의 등장으로 온라인 공간에서 긍정적인 토론이 이루어질 수 있는 조건이 제공되었다고 해서, 그리고 그러한 조건이 탄핵 직후 시민들의 정치 효능감이 높은 시기와 결합되었다고 해서 합리적이고 이성적인 토론으로 이어지는 것이 아니라는 것을 알 수 있었다. 더구나 대통령 선거 이후 벌어진 각종 참여 민주주의 주체 간 갈등을 고려하건대, 온라인 공간에서 숙의가 부재한 문제를 해결하고 긍정적 합의로 나아가는 조건을 찾는 것은 생각보다 어려울 수 있다. 다시 말해 합리성과 시민성 등 토론 참여자들의 이성적인 사고와 시민의식을 발현시키는 것은, 거리의 촛불과 온라인 토론에 적극 참여하는 형태의 시민의식과는 다른 조건들이 필요함을 알 수 있다.

우리는 매순간 온라인 공간을 통해 많은 정보를 접하고 이용하고 있다. 그리고 온라인 공간만큼 이중적인 역할을 동시에 수행하는 장도 드물다. 온라인 공간은 반대 입장의 정치적 정보를 획득하고 자신의 의견을 변화시키는 역할을 하기도 하지만, 편향적인 노출을 통해 자신의 입장을 확고히 하는 데서 큰 역할을 하기도 한다. 온라인에서 정보를 공유함으로써 시위에 참여하는 시민들은 높은 정치 효능감을 맛보지만, 그러한 효능감을 갖고 되돌아간 온라인 공론장에서는 대립하는 진영 간에 타협의 여지가 더욱 줄어들 위험이 높다. 새 정부 출범 이후 만들어진 정부의 '국민청원' 사이트도 정부가 온라인 공간의 영향력을 받아들이고 국민과의 소통을 강화하기 위해 정치적 의견을 수렴하는 채널로 긍정적으로 활용되기도 하지만(정성전, 2018), 특정 집단의 이해를 관철하기 위해 오용되는 부작용도 적지 않다(박상훈, 2018). 이처럼 온라인 공론장에서 이루어지는 토론의 결과는 정부정책 및 현실공간에 영향력을 미치기 때문에 긍정적인 토론을 도출하는 것이 중요하다. 온라인 공간에서의 합리적인 토론은 합리적인 의사결정을 내리는 기반이 될 수 있을 것이다.

문제는 온라인 공간에서 어떻게 내집단 편향을 억제하고 합리적 토론으로 나아갈 수 있는가 하는 것이다. 외부의 강제력에 제약받지 않고 오직 보다 나은 논변의 설득력을 통해서만 합리적인 결정에 이르는 기획(Habermas, 1996)이 쉽지 않다는 것은, 현실 사회에서의 갈등과 본 연구를 통해 확인되었다. 필자들은 합리적인 온라인 공론장을 실현하기 위해 두 가지 제언을 하고자 한다. 첫째는 온라인 공간 밖에서 실천되어야 할 사항이고 둘째는 온라인 토론 공간 안에서 실천되어야 할 사항이다. 우선, 나와 입장이 다른 불특정 다수도 자신과 같은 시민으로서의 권리와 의무가 있다는 것을 인지하고 인정 및 존중하는 시민의식(Gutmann and Thompson, 1996)을 오프라인 생활 세계에서 갖춰야 할 것이다. 이러한 시민의식은 온라인 공간에서의 갈등이 오프라인 현실 정치의 갈등으로 치닫지 않게 해주는 안전장치가 될 것이다. 다음으로는 온라인 공간에서 나와 다른 정치적 입장 가운데 합리적 논변을 갖춘 양질의 주장에 적정 수준 노출될 수 있도록 온라인 공간을 설계하고 구현하는 것이 필요하다. 진영 간 적대적 감정은 일반적으로 자신의 진영에 대한 반대 진영의 비합리적 공격을 선택적으로 접하고 감정적으로 대응하면서 발전한다. 이러한 선택적 노출은 온라인 공간에서 흔히 장려되는 관심 끌기 전쟁(attention war)의 부작용이라 할 수 있는데, 공론장이라면 이러한 관심 전쟁을 자제하고 사용자가 진정한 다양성을 경험할 수 있는 환경을 만들어야 한다. 이를 구현하기 위해서 학계는 숙의민주주의가 이루어질 수 있는 온라인 공간의 조건을 계속 탐색해나가야 할 것이다.

참고문헌

남도영. 2019. 10. 21. "온라인은 온통 맘충·틀딱·좌좀·수꼴… '혐오의 그물'에 갇힌 대한민국". ≪뉴스1≫. http://news1.kr/articles/?3746597
박상훈. 2018. 『청와대 정부』. 서울: 후마니타스.
박영신. 2017. 「공공 분노'에 대해」. ≪사회이론≫ 51: 1~29.
신승희. 2018. 3. 19. "성인남녀 83.7%, '청와대 국민청원 긍정적'. '청원 남발' 등 보완은 필요". ≪베리타스알파≫. http://www.veritas-a.com/news/articleView.html?idxno=110830
양승진·민경석. 2018. 9. 1. "[토요일&] 일베·워마드·메갈리아, 無法의 '혐오 커뮤니티'". ≪영남일보≫. https://www.yeongnam.com/web/view.php?key=2018090101001071841 0001
오원석. 2017. 3. 20. "[팩트체크] 文, '전두환 표창'에 멈추지 않는 비난… '문재인의 운명' 책 보니". ≪중앙일보≫. https://news.joins.com/article/21384555
이기범. 2018. 12. 5. "다음 '아고라' 15년, 요람에서 무덤까지". ≪블로터≫. http://www.bloter.net/archives/325784
장우영. 2012. 「온라인 공론장과 정치참여: 2008년 촛불시위에서의 "아고라"」. ≪한국정치연구≫ 21: 1~26.
정민정. 2019. 12. 18. "[목요일 아침에] 혐오의 시대, 광장의 정치 실종되다". ≪서울경제≫. https://www.sedaily.com/NewsVIew/1VS4GG265A
정성전. 2018. 「국민청원제도의 놀이적 속성과 정치 참여에 관한 고찰」. ≪문화콘텐츠연구≫ 12: 131~152.
한국갤럽. 2017. 「데일리 오피니언 제264호」(2017년 6월 4주).
홍성구. 2018. 「박근혜 탄핵 촛불집회의 민주적 함의: 숙의 민주주의와 파수꾼 민주주의를 중심으로」. ≪한국언론정보학보≫ 89: 149~178.

Campbell, A., G. Gurin and W. Miller. 1954. *The voter decides*. Evanston, Ill: Row, Peterson.
DiMaggio, P., E. Hargittai, W. R. Neuman and J. P. Robinson. 2001. "Social implications of the Internet." *Annual review of sociology* 27(1): 307~336.
Gutmann, A. and D. F. Thompson. 1998. *Democracy and disagreement*. Harvard University Press.
Norris, P. 2002. D*emocratic phoenix: Reinventing political activism*. Cambridge University Press.
Mutz, D. C. 2006. *Hearing the other side: Deliberative versus participatory democracy*. Cambridge University Press.
Habermas, J. 1996. *Between facts and norms: Contributions to a discourse theory of law and democracy*. MIT Press.
Rheingold, H. 1993. *The virtual community: Finding connection in a computerized world*. Addison-Wesley Longman Publishing Co., Inc.
Sunstein, C. R. 2007. *Republic.com 2.0*. Princeton; Oxford: Princeton University Press.

제7장

결속과 연계의 소셜 미디어[*]
이민자에 대한 한국인의 포용성

김기동·이재묵

1. 다가올 이민자 사회, 소셜 미디어의 역할은?

소셜 미디어(social media)는 현대인에게 온라인을 통한 무한한 소통과 연대의 가능성을 선물해 주었다. 그러나 이와 동시에, 우리는 이러한 낙관적 기대와 달리 소셜 미디어에서 우후죽순처럼 확산되는 혐오와 편견의 언어들도 심심찮게 접한다. 말하자면, 현대인은 소셜 미디어를 통한 온라인 공간에서의 소통을 통해 나와 다른 다양한 사람들과 접촉할 수 있는 기회를 얻었지만, 그 소통과 접촉이 항상 낯선 이들에 대한 개방적 태도와 포용성으로 이어지는 것이 아니라 나와 다른 이들에 대한 배타적 편견과 차별로 귀착되기도 한다.

---

[*] 이 장은 ≪정치정보연구≫ 제21권 제3호(2018.10)에 실린 논문을 수정·보완한 것이다.

그렇다면 이렇게 두 얼굴을 가진 소셜 미디어가 이민자에 대한 한국인의 태도에는 어떤 영향을 미칠까? 급속한 세계화와 함께 부상한 지구촌은 국경을 넘어 자유로운 인구이동을 가능하게 했다. 서울뿐만 아니라 국내의 여러 도시 어디서나 우리는 다양한 국적과 인종의 외국인들 혹은 이민자들을 심심찮게 목격할 수 있다. 단순히 여행과 연수 등을 목적으로 한 단기 방문을 넘어, 새로운 일자리를 찾거나 정치적인 이유로 한국에 들어오는 외국인 인구가 늘어나면서, 최근 한국 사회에서는 이민자와 난민 이슈에 대한 사회적 관심이 급속도로 확산되고 있다.

예를 들어, 몇 해 전 '제주도 예멘 난민' 수용에 대한 논란이 불거지면서, 난민 수용과 관련된 우리 현행법의 규정은 어떠하며 이를 어떻게 보완할 것인지에 대한 다양한 논의가 쏟아져 나오기도 했다. 대규모 난민 입국에 대한 비판적인 목소리를 두고 일각에서는 한국 사회의 '외국인 혐오증'이 드러난 것이라는 평가도 있었다. 하지만 다른 한편으로는 최근 이민자가 본국에서 데려온 이른바 '중도입국 자녀'가 한국의 학교에 진학할 수 있도록 지원하는 정부정책이 추진되기도 하고(성도현, 2019.11.25), 새로운 이민자들이 지속적으로 늘어남에 따라 한국에 온 지 오래된 이민자들을 멘토단으로 선정하는 등 다방면의 정책적 노력이 지속되고 있다(최동순, 2020.5.13). 따라서 세계화가 가속화되고 한국의 국제적 위상이 올라갈수록, 이민자나 난민 등 외국인의 국내유입 가능성은 증대될 수밖에 없으며, 이는 우리 사회에 난민과 이민자라는 문제를 지속적으로 야기할 것으로 예상할 수 있다.

이를 수치로 확인해 보면, 법무부(출입국·외국인정책본부)가 발행하는 공식자료에서는 한국에 거주하는 외국인의 수가 지속적으로 증가하고 있다는 것이 명확히 확인된다. 1990년대를 시작으로 등록된 외국인의 수는 2000년대 후반 100만 명을 초과했으며, 최근 2016년에는 200만 명을 넘어서며 더욱 가파른 증가세가 확인된다. 여기서 국내 거주 외국인의 구성을 들여다보면, 2018년 9월 기준 상위에 랭크된 국가는 중국(45.95%)의 뒤를 이어 태국(8.28%), 베트남(8.25%), 그리고 미국(6.68%) 등으로 조사되었다. 미국을 제외하면, 주로 아시아 국가들로부터의 유입이 두드러진다.

이와 같은 외국인 인적구성은 한국과 같이 '후발 이민국가'에서 주로 나타나는 현상이다. 미국, 캐나다, 호주 등 오래전부터 이민자를 받아들여 온 '전통적 이민국가'와는 다르게, '후발 이민국가'에서는 1980~1990년대의 세계화 속에서 주로 노동이나 결혼을 목적으로 한 이민자들을 받아들였다. 후발 이민국가들은 국내의 높은 인건비 문제와 출산율 저하로 인해 나타나는 노동인구 감소문제에 대처하기 위해서 외국인 이민자를 받아들이는 것이다(민태은, 2013; 장승진, 2010; McDonald and Kippen, 2001). 그러나 외국인 이민자의 유입이 급격히 늘어나자 외국인에 대한 차별문제가 사회문제로 등장하는 등 부정적인 현상 역시 목격되고 있다(United Nations, 2012).

이와 같은 배경으로, 이민자의 유입이 우리 사회에 어떠한 영향력을 미치는지, 또는 내국인(한국인)들이 이민자의 유입에 대해서 어떻게 인식하고 있는지 등을 분석하는 연구들이 활발해지고 있다(예를 들어, 송유진, 2013; 민태은, 2013; 장승진, 2010; Ceobanu and Excandell, 2010; Ward and Masgoret, 2008). 이 중에서도 여러 연구들은 내국인의 이민자에 대한 인식을 분석하기 위해 주로 경제적 이해관계나 개인의 가치관 및 국가정체성에 근거해 연구를 진행했다. 또한 최근에는 신뢰, 규범, 관용 등 사회적 자본에 대한 논의를 통해 이민자에 대한 태도를 분석하기도 한다(이재철, 2017; 금희조, 2011; Herreros and Criado, 2009; Tillie, 2004).

여기서 사회적 자본(social capital)은 트위터나 페이스북 등 소셜 미디어의 사용과도 밀접한 관련을 가진다. 왜냐하면 SNS를 사용하는 사람들 사이에서 사회적 자본이 형성될 가능성이 높기 때문이다(금희조, 2010; Ellison, Steinfield and Lampe, 2007). 특히 SNS 이용자들은 다양한 사회이슈에 대한 정보에 손쉽게 접근할 수 있으며, 게시글이나 댓글을 통해서 이에 대한 의견을 제시하거나 다른 이용자의 의견을 접할 수도 있다. 그리고 최근 대두되는 이민자와 난민과 관련된 정보도 SNS를 통해 널리 확산되고 있고, 그 결과로서 이에 대한 다양한 논의와 담론이 SNS에서 형성되고 있다.

따라서 이 장에서는 그렇게 형성된 SNS에서의 논의, 즉 소셜 미디어에서의 논의들이 한국인들의 이민자에 대한 태도에 어떠한 영향을 미치는지 살펴본다. 다시 말해 소셜 미디어의 이용이 이민자에 대한 이해를 높임으로써 한국인들로 하여금 이민자들을 긍정적으로 바라보게 해주는지, 혹은 낯선 이민자들에게 여전히 부정적인 시선을 가지게 하는지를 분석해 본다.

2. 무엇이 이민자에 대한 태도를 결정하는가?

먼저, 한국인들이 이민자를 어떻게 바라보고 있으며 왜 그렇게 바라보는지를 알아보기 위해 기존의 연구들을 살펴본다. 이민자 혹은 다문화에 대한 연구는 주로 전통적 이민국가인 미국과 유럽에서부터 시작되었다(Hainmueller, Hiscox and Margalit, 2015; Hainmueller and Hopkins, 2014; Sides and Citrin, 2007). 반면, 한국을 비롯한 아시아 국가들에서는 이민자에 대한 연구가 그다지 활발하지 못했던 것이 사실이다. 왜냐하면 한국, 대만, 일본 등 아시아 국가들은 앞서 언급되었듯이 비교적 최근에서야 이민자를 받아들였기 때문에 이에 대한 학문적 관심이 적었던 것이다. 아시아 국가들에서는 1990년대를 지나면서 노동이나 결혼을 위해 외국으로부터 이민자들이 유입되기 시작했고, 한국 역시 마찬가지였다. 그 결과, 최근에 이르러서야 이민자의 사회적 영향력이 목격됨에 따라 사회적·학문적 관심이 크게 증대되었다.

학자들은 내국인들이 외국인 이민자들을 어떻게 인식하는지, 그리고 왜 그러한 태도를 가지는지 분석하기 위해서 크게 두 가지 이론에 근거한 설명을 제시했다. 첫 번째 이론은 경제적 논리에 따른 경제이익이론이며, 두 번째 이론은 정체성과 관련된 상징정치이론이다(김태완·서재권, 2015; 이상신, 2015; 송유진, 2008, 2013; 민태은, 2013; 장승진, 2010; Ceobanu and Excandell, 2010; Ward and Masgoret, 2008). 이제부터 두 이론에 대해 좀 더 알아보기로 한다.

1) 경제적 논리와 정체성 논리

경제이익이론은 경제적 논리를 이용해, 이민자에 대한 내국인의 태도를 설명한다. 개인의 경제적 상황과 조건, 즉 경제적 이해관계가 이민자에 대한 태도에 영향을 미친다고 설명하는 것이다. 좀 더 구체적으로 살펴보면, 여기서의 경제적 이해관계는 다시 두 가지 하위 논리로 구분될 수 있다.

첫 번째 하위 논리는 노동시장경쟁이론이다. 이 이론에 따르면, 이민자들이 과도하게 국내 노동시장에 유입되면 노동력의 공급이 증가하는데, 이는 기존의 내국인 노동자들과의 경쟁을 야기할 수 있다. 그 결과, 국내 노동시장에서 내국인들의 노동경쟁력이 약화될 수 있다(Borjas, 2003; Card, 2001; Mayda, 2006). 특히 여기서 내국인들의 기술수준이 중요하다. 왜냐하면 기술수준이 낮으면 이민자 유입으로 인해 경제적 피해를 입기 쉽기 때문이다(Scheve and Slaughter, 2001). 말하자면, 전문직 노동자들은 이민자가 들어오더라도 높은 기술수준으로 자신들의 직장을 유지할 수 있는 반면, 비전문직 노동자들은 외국인 노동자에 의해서 대체되기 쉬울 것이다. 이러한 이유 때문에 실제로 한국인들을 대상으로 한 연구에 따르면 개인의 취업상태와 직종(전문직/비전문직)에 따라서 이민자를 바라보는 태도가 차별적으로 나타난다고 알려져 있다(송유진, 2008, 2013; 민태은, 2013; 장승진, 2010).

경제이익이론의 두 번째 하위 논리는 재정부담이론이다. 이 이론은 이민자가 늘어나면 우리 정부가 더 많은 공공서비스를 제공해야 하기 때문에 내국인들은 늘어난 공공서비스를 위해서 더 많은 세금을 내야 한다는 것이다(Auerbach and Oreopoulos, 1999; Facchini and Mayda, 2006). 흥미로운 것은, 앞선 노동시장경쟁이론은 내국인의 기술수준에 주목했지만, 재정부담이론은 이민자의 기술수준에 주목한다는 것이다. 즉, 기술수준이 높은 전문직 외국인 이민자는 국내에 들어오더라도 늘어난 공공서비스에 대한 세금을 낼 수 있는 능력을 가지는 반면, 기술수준이 낮은 비전문직 이민자는 세금을 낼 능력마저 부족할 수 있다. 따라서 전문직 이민자보다 비전문직 이민자의 유입이 이민자에 대한 내국인들의 태도를 더 부정적으로 만들 수 있다는 것이다. 미국의 연구를 보면, 내국인, 즉 미국인들은 자신들의 기술수준과는 관계없이 공통적으로 비전문직의 이민자보다 전문직의 이민자를 더욱 선호하는 것으로 나타났다(Hainmueller and Hiscox, 2010).

이민자에 대한 태도를 분석하는 두 번째 이론은 상징정치이론이다. 앞선 경제적 논리와 달리, 상징정치이론은 정체성의 논리에 근거한다. 자신이 누구인지에 대하여 어떠한 가치관을 가지고 있는지에 따라서 이민자를 바라보는 인식이 달라진다는 것이다(Tajfel and Turner, 1986). 심리학의 사회정체성이론(social identity theory)은 인간은 자신이 속한 집단(in-group)과 자신이 속하지 않은 집단(out-group)을 본능적으로 구분하며, 자신의 집단은 긍정적으로 생각하는 반면, 다른 집단은 부정적으로 생각한다고 설명한다(Diehl, 1990). 예를 들면, 한국 대표팀과 일본 대표팀의 축구경기가 열리면, 누가 알려주지 않아도 한국인은 한국팀(in-group)을 '우리 팀'이라고 생각하며 응원하는 반면, 일본팀(out-group)을 '적'이라고 생각한다는 것이다.

이처럼 '나는 누구인가?'에 대해 스스로 내린 답(예를 들면, 한국인, 서울 사람 등)과 그 소속감은 이민자에 대한 태도를 형성할 때 국가정체성이나 문화정체성으로 나타날 수 있다. 즉, 국가자긍심과 같은 '나의' 국가에 대한 배타적인 일체감이 높은 사람은 '나의' 국가에 속하지 않은 이민자에 대해서 부정적인 태도를 가질 수 있다. 이러한 이론적 설명은 많은 국내외 연구를 통해서 실제로 들어맞는 것으로 확인되고 있다(이상신, 2015; 송유진, 2013; 민태은, 2013; 장승진, 2010; Lahav, 1997; Kinder and Sanders, 1996; Sears, 1996).

2) 사회적 자본과 이민자에 대한 태도

한편 개인이 가지고 있는 사회적 자본의 수준이 이민자에 대한 태도에 영향을 미친다는 연구가 최근 늘어나고 있다(이재철, 2017; Herreros and Criado, 2009; Tillie, 2004). 사회적 자본은 사회학자인 로버트 퍼트넘(Robert Putnam)에 의해서 만들어진 개념이다. 퍼트넘(Putnam, 1993)은 사회적 자본을 "협력적 행동을 통해 사회적 효율성을 증진시켜 주는 신뢰, 규범, 네트워크의 일체"라고 표현했다. 그에 이어서, 후쿠야마(Fukuyama, 1995)는 사회적 자본을 하나의 규범으로 파악했고, 그것의 핵심에는 신뢰가 자리한다고 설명했다. 사회적 자본이 등장한 초창기에는 사회적 자본이 정확히 무엇을 의미하는지에 대해서 학자들 사이에서 논란이 있기도 했지만, 그러한 논란과 논의의 결과로서 최근에는 사회적 자본이 다음과 같이 합의된 개념으로 받아들여지고 있다. 첫째, 사회적 자본은 상호주의적인 개념이고, 둘째, 집단 구성원 간 공유를 통해 재생산되고 증진될 수 있으며, 셋째, 사회적 자본의 공통적인 핵심 구성요소는 신뢰이다.

사회적 자본에 대한 학문적 연구는 1980~1990년대에 활발히 이루어졌다(Coleman, 1988; Putnam, 1993, 2000; Fukuyama, 1995). 이 연구들에 따르면, 사회적 자본은 민주주의, 경제발전 등 국가차원의 현상뿐만 아니라, 개인의 정치 참여나 이민자에 대한 태도 등 개인적 차원의 현상을 설명하는 데에도 유용하다(송경재, 2013; 이숙종·유희정, 2010; Huang, Whang and Xuchuan, 2017; Giugni, Michel and Gianni, 2014; Zúñiga, Jung and Valenzuela, 2012). 이 장에서 우리는 개인적 차원에서 나타나는 이민자에 대한 태도를 논의하기 때문에, 개인 수준에서 나타나는 사회적 자본의 효과에 주목하기로 한다.

먼저, 사회적 자본의 핵심 요인으로 알려진 신뢰가 이민자에 대한 태도를 어떻게 형성시키는지 살펴본다. 〈표 7-1〉과 같이, 퍼트넘(Putnam, 2000)은 신뢰의 대상에 따라 신뢰를 '사적인 신뢰'와 '공적인 신뢰'로 구분했다. 사적인 신뢰는 가족, 친구, 낯선 사람 등 다른 사람에 대한 신뢰 수준을 의미한다. 반면, 공적인 신뢰는 정부, 대통령, 국회, 정당, 법원, 군대 등 공공기관이나 제도에 대한 신뢰수준을 말한다. 이 중에서 사적인 신뢰는 다시금 신뢰의 대상이 얼마나 가깝냐에 따라서 '특수한 신뢰'와 '일반적 신뢰'로 구분된다. 특수한 신뢰는 가족이나 친구 등 나와 가까운 대상에 대한 신뢰이며, 일반적 신뢰는 낯선 사람이나 우리 사회의 구성원과 같이 나와 직접적인 관계가 없는 대상에 대한 신뢰이다.

이러한 구분법에 따르면, 특수한 신뢰는 나와 직접적인 관계를 맺는 가까운 사람에 대한 신뢰이기 때문에 폐쇄적이고 동종애(同種愛, homophily)의 특성을 가진다. 반면, 일반적 신뢰는 낯선 사람들에 대한

표 7-1 **신뢰의 유형**

유형		특징	예시
사적 신뢰	특수한 신뢰	가까운 사람에 대한 신뢰	가족, 친구 등
	일반적 신뢰	낯선 사람에 대한 신뢰	낯선 사람, 우리 사회 구성원 등
공적 신뢰		공공기관/제도에 대한 신뢰	정부, 국회, 정당, 군대 등

자료: Putnam(2000).

신뢰이기 때문에 오히려 개방적이며 이종애(異種愛, heterophily)의 특성을 가진다.[1] 따라서 일반적 신뢰수준이 높은 사람은 다른 사람의 권리를 더욱 존중하고(Putnam, 2000), 이민자를 포함한 나와 다른 사람에게 더 포용적이며(Uslaner, 2002), 심지어 낯선 사람들과 더 쉽게 협력적 관계를 형성하는 것으로 알려져 있다(Yamagishi, 2001). 결과적으로, 특수한 신뢰보다 일반적 신뢰가 더욱 높을 때 이민자에 대해서도 포용적인 태도를 가질 수 있다(Herreros and Criado, 2009).

다음으로, 사회적 자본을 구성하는 또 다른 주요 요소인 단체참여를 살펴본다. 일반적으로 단체(결사체)에 참여하는 것은 공동체적 가치와 민주적 의사결정을 습득할 수 있기 때문에 민주주의의 증진에 큰 도움이 되는 것으로 알려져 있다(배정현, 2014; 박종민·배정현, 2008; 김의영·한주희, 2008; Verba, Schlozman and Brady, 1995; Putnam, 1993; Tocqueville, 1969). 단체 활동에 참여하는 시민들의 비율이 높은 사회가 그렇지 못

---

1   여기서 특수한 신뢰가 높다고 해서 반드시 일반적 신뢰가 낮은 것은 아니다. 특수한 신뢰와 일반적 신뢰 모두 높을 수도 있고, 둘 다 낮을 수도 있다. 예를 들면, 가족에 대한 신뢰수준이 매우 높은 사람이 지역사회에 대해서는 신뢰가 낮을 수도 있지만, 반대로 지역사회에 대해서도 신뢰가 높을 수도 있다.

한 사회보다 전반적인 관용과 타협의 수준이 높다는 연구결과도 존재한다(Warren, 2001; Diamond, 1999). 마찬가지로 단체 활동에 참여하는 개인은 그렇지 않은 개인보다 민주시민의식과 정치 참여의지 등이 강하다는 연구결과도 있다(Diamond, 1999; Putnam, 1993).

하지만 단체 활동이 항상 민주적·포용적·개방적인 태도를 형성할 수 있다는 분석은 많은 비판에 직면하기도 했다. 왜냐하면 모든 단체의 속성이 동질적이지만은 않기 때문이다. 다시 말해서 모든 단체는 회원구성, 조직, 운영방식 등의 면에서 다르기 때문에 어떠한 단체에 참여하느냐에 따라 그 결과가 달라질 수 있는 것이다.

이를 고려해, 퍼트넘(Putnam, 2000)은 〈표 7-2〉와 같이 단체의 유형을 결속형(bonding) 단체와 교량형(bridging) 단체로 구분했다. 그에 따르면, 결속형 단체는 배타적, 내부지향적, 폐쇄적인 특성을 가지는 반면, 교량형 단체는 포용적, 외부지향적, 개방적인 특성을 가진다.[2] 예를 들어, 백인의 우월성을 강조하는 남아공의 아파르트헤이트(Apartheid)나 미국의 KKK(Ku Klux Klan)는 대표적인 결속형 단체이다. 그들의 배타적인 인종차별주의는 사회적 갈등을 심화시키곤 한다. 이렇게 극단적인 경우가 아니더라도, 우리 한국 사회에서 흔히 발견되는 학연이나 지연 등을 기반으로 한 사적인 단체도 결속형 단체이다. 왜냐하면 이들은 같은 학교 혹은 같은 지역 출신이라는 동질성을 바탕으로 응집력을 강화하고 외부인들을 의도적으로 배제하는 특징을 가진 단체이기 때

---

[2] 여기에서도 마찬가지로, 결속형 단체에 속한다고 해서 교량형 단체에 속할 수 없는 것은 아니다. 두 가지 모두에 동시에 속할 수도 있고, 둘 모두에 속하지 않을 수도 있다. 예를 들어, A고등학교 동창회(결속형 단체)에 속한 사람이 자선단체(교량형 단체)에 속할 수도 있다.

표 7-2 **단체의 유형**

유형	특징	예시
결속형 단체	배타적, 내부지향적, 폐쇄적	아파르트헤이트, KKK, 학연, 지연, 혈연을 기반으로 한 동창회, 종친회 등
교량형 단체	포용적, 외부지향적, 개방적	공익단체, 자선단체, 시민단체 등

자료: Putnam(2000).

문이다. 반면, 교량형 단체로서 공익단체나 자선단체들은 구성원들 간 응집력이 약할지라도 다양한 사람들을 포용함으로써 여러 의견과 태도를 받아들일 수 있다. 그 결과, 나와 다른 낯선 사람들에 대한 이해와 배려가 가능할 것이다(이현우·이지호·한영빈, 2011; 이숙종·유희정, 2010; Huang, Whang and Xuchuan, 2017; Tillie, 2004). 따라서 우리 사회의 외부인이라고 할 수 있는 이민자에 대해서도 결속형 단체보다 교량형 단체에 속해 있는 사람들이 더 긍정적인 태도를 가질 수 있을 것이다(이재철, 2017).

3) SNS의 사용과 이민자에 대한 태도

이제부터 우리는 SNS 등 소셜 미디어를 이용하는 것이 한국인들의 이민자에 대한 태도에 어떤 효과가 있는지 분석하고자 한다. 앞서 살펴본 사회적 자본에 대한 논의는 소셜 미디어의 효과를 논의하는 데 매우 필수적이다. 왜냐하면 소셜 미디어의 이용이 사회적 자본을 형성시키고 또 발달시키기 때문이다. 최근 많은 사람들이 이용하는 페이스북이나 트위터 등 SNS의 공식 명칭은 사회관계망 서비스(Social Network

Service: SNS)이다. 학문적으로 SNS는 "개인적 정보를 공개함으로써 관계를 형성하고 유지하는 웹 기반 서비스"로 정의된다(boyd and Ellison, 2007). 따라서 관계를 형성한다는 측면에서 SNS의 사용은 이용자들 간의 상호작용을 형성하고 심화시켜 줄 수 있다(Neves, 2013; Vitak et al., 2011; Ellison, Steinfield and Lampe, 2007).

이러한 특성 덕분에 많은 연구는 SNS의 긍정적인 기능에 주목해 왔다(Brundidge, 2010; ZúñigaPuig-I-Abril and Rojas, 2009; Price and Capella, 2002). SNS가 다른 사람들과의 접근과 만남을 증가시킴으로써 상호 이해의 범위를 확대할 수 있다는 것이다. 그러나 이후 SNS가 항상 긍정적인 기능만 하는 것은 아니라는 것도 연구를 통해 밝혀졌다(Utz, 2009; Sunstein, 2007). 예를 들어, SNS를 통해 다른 사람들과의 소통이 더 활성화될 수는 있겠지만, 그 소통이 나와 이질적인 대상이 아닌 동질적인 대상과의 교류에 머문다면 그 결과는 그다지 긍정적이지 않다는 것이다. 더군다나 SNS상에서는 선택적 자기노출이 가능하다. 현실에서는 나의 선택과 무관하게 여러 사람들을 만나게 되지만, 온라인에서는 내가 만나고 싶은 사람과 선택적으로 만날 수 있기 때문이다. 따라서 이는 관용적인 시민성의 형성을 방해하며, 결국 의견극화 현상을 더 심화시킬 수 있다(Prior, 2005; Tewksbury and Althaus, 2000).

이와 같이 SNS의 효과가 대립적으로 나타나는 이유는 SNS가 사회적 자본을 형성시키기 때문이다. 더 정확하게는 SNS가 폐쇄적인 특성의 사회적 자본과 개방적인 특성의 사회적 자본을 모두 발달시키기 때문이다. 앞서 살펴보았듯이, 사회적 자본은 동질성에 기반해 강한 유대의 특성을 지니는 결속형 사회자본과 이질성에 기반해 약한 유대의 특성을 가지는 교량형 사회자본으로 구분될 수 있다(Putnam, 2000). 만약 SNS의 사용이 결속형 사회자본과 연계된다면, 이는 이민자에 대한 태도를 부정적으로 만들 수 있다. 그러나 SNS 사용이 교량형 사회자본과 연계된다면, 이민자에 대한 태도를 긍정적으로 변화시킬 수 있을 것이다.

종합적으로 볼 때, SNS 사용이 이민자에 대한 태도에 미치는 영향은 결국 SNS 사용이 결속형 사회자본을 증진시키는지 혹은 교량형 사회자본을 증진시키는지에 달려 있다. 먼저, SNS의 사용이 이민자에 대한 태도에 부정적인 영향을 미칠 것이라는 주장은 SNS가 결속형 사회자본을 증진시킬 것이라는 기대에 근거한다. SNS에서의 관계맺음과 상호작용은 결국 오프라인 인맥의 연장선상에서 이해될 수 있으며, 이는 자신과 동질적인 속성을 가진 대상에 대한 유대감과 공감대를 강화할 수 있다. 요컨대 동종애를 통해 자신들만의 긴밀한 네트워크가 형성됨에 따라 이민자에 대해서도 부정적인 태도를 가지게 되는 것이다(장우영·김석주, 2014; 장덕진·김기훈, 2011; Halberstam and Knight, 2016).

반면, SNS의 사용이 이민자에 대한 긍정적인 태도를 형성할 수 있다는 주장은 SNS가 교량형 사회자본을 증진시키리라는 기대에 근거한다. 말하자면, 이종애를 통해 현실적인 물리적 제약에서 벗어나 나와 다른 속성을 가진 대상에게 접근할 수 있을 뿐만 아니라 그들에 대한 이해를 향상시킬 수 있다는 것이다. 결국 SNS를 통한 개방적 소통과 상호작용이 이민자에 대한 태도에 긍정적인 영향을 미치게 되는 것이다(Rogers and Bhowmik, 1970; 안민호, 2014; 금희조, 2010).

3. 설문조사 자료를 통해 살펴본 이민자에 대한 한국인의 태도

그렇다면 한국인들 사이에서 SNS 사용이 이민자에 대한 태도에 어떤 영향을 미칠까? 이러한 질문에 답하기 위해 설문조사 자료를 이용해 통계분석을 실시했다. 자료는 아시아 바로미터 서베이(Asian Barometer Survey, 이하 ABS) 제4차 자료를 이용했다.[3]

한국인이 이민자에 대해서 어떠한 태도를 가지고 있는지 알아보기 위해 "귀하께서는 정부가 외국 이민자의 유입을 증가 혹은 감소해야 한다고 생각하십니까?"라고 질문했다. 그리고 응답자는 '더 이상 받아들여서는 안 된다(1)', '유입을 감소해야 한다(2)', '유입을 현재 수준으로 유지해야 한다(3)', 그리고 '유입을 더 늘려야 한다(4)'의 네 개의 답변 중 하나를 선택했다.

다음으로, 한국인들이 SNS를 얼마나 사용하는지 물어보았다. 응답자들은 '사용하지 않는다(0)', '거의 사용하지 않는다(1)', '1년에 몇 번 사용한다(2)', '한 달에 몇 번 사용한다(3)', '일주일에 1~2회 사용한다(4)', '일주일에 여러 번 사용한다(5)', 그리고 '매일매일 사용한다(6)'의 일곱 개의 답변 중 하나를 선택했다. 또한 앞서 살펴본 것처럼, SNS 사용 외에도 경제, 정체성, 사회적 자본의 다른 요인들도 이민자에 대한 태도에 영향을 미칠 수 있기 때문에, 이와 관련된 질문들도 〈표 7-3〉과

---

3 ABS에 대한 소개는 홈페이지(http://www.asianbarometer.org/)를 참고하기 바란다. 이 데이터는 개별 조사 국가를 대상으로 일대일 개별면접조사(face-to-face)를 통해 설문을 실시하며, 한국에 대한 분석은 2015년 10~12월에 이루어졌다. 투표권 연령 이상의 1200명을 대상으로 지역별·연령별·성별 등에 따라 비례적으로 응답자를 선정했으며, 조사의 신뢰수준은 95%이고, 표본오차는 ±3.0%이다.

표 7-3 **통계분석에 이용된 설문 문항**

이론	설문 문항	응답
경제이익이론	주관적 계측인식	가장 가난함(1) ~ 가장 부유함(10)
	취업상태	직업 없음(0), 직업 있음(1)
	국가경제평가	매우 나쁨(1) ~ 매우 좋음(5)
	가계경제평가	매우 나쁨(1) ~ 매우 좋음(5)
	소득불평등 인식	매우 불평등(1) ~ 매우 평등(4)
상징정치이론	국가자긍심	전혀 자랑스럽지 않다(1) ~ 매우 자랑스럽다(4)
사회자본이론	일반 신뢰	대부분의 사람들은 매우 믿을 수 없다(1) ~ 매우 믿을 수 있다(4)
	특수 신뢰	친인척과 이웃을 전혀 신뢰하지 않는다(1) ~ 매우 신뢰한다(4)
	교량형 단체	스포츠동호회, 문화단체, 주민공동체, 자선단체, 공익집단 등
	결속형 단체	노동조합이나 농민단체, 전문직 단체, 종교집단 등

같이 설문조사 참여자들에게 물어보았다. 이와 더불어 성별, 교육수준, 연령, 그리고 거주지역 등 인구학적 변수들을 통계분석에서 함께 고려했다.

4. 이민자에 대한 한국인의 태도에 SNS가 미치는 효과

1) 이민자에 대한 한국인의 태도

먼저, 〈그림 7-1〉을 통해 한국인들이 전반적으로 이민자에 대해서 어떠한 태도를 가지고 있는지 살펴보자. 그림에 따르면, 상당수의 한국인들이 이민자에 대해서 중도적인 입장을 취하고 있다. 외국 이민자의 유입을 "현재 수준으로 유지해야 한다"라고 응답한 비율이 55.59%

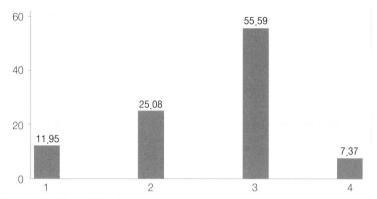

그림 7-1   **이민자에 대한 한국인의 태도***　　　　　　　　　　　　단위: %

*"정부는 외국 이민자의 유입을…"
1="더 이상 받아들여서는 안 된다."
2="감소해야 한다."
3="현재 수준으로 유지해야 한다."
4="더 늘려야 한다."
자료: ABS Wave IV.

로 가장 높게 나타난 것이다. 그러나 "현재 수준으로 유지해야 한다"라
는 응답이 무엇을 의미하는지에 대한 고민이 필요하다. 여기에는 두
가지 가능성이 존재할 것이다.

　첫째, 한국인들이 이민자에 대해서 뚜렷한 의견을 가지고 있지 못하
다는 소극적 의미이다. 다시 말해서, 긍정도 부정도 표명하지 않은 유
보적인 입장인 것이다. 왜냐하면 우리 사회에서 외국인 이민자의 수가
늘어나고는 있지만, 이민자를 직접적으로 경험한 한국인들의 수는 여
전히 소수에 불과하므로 이민자에 대한 뚜렷한 태도를 형성할 경험이
나 기회가 충분하지 못했을 가능성이 있기 때문이다. 그 결과, 설문조
사에서 자신의 경험과 무관하게 가장 바람직하다고 여겨지는 중도적
인 답변을 선택한 것이다.

만약 이 설명이 옳다면, 우리는 뚜렷하게 긍정적 혹은 부정적 응답을 보인 비율에 관심을 가져야 할 것이다. 이민자의 유입을 "더 늘려야 한다"라는 긍정적 답변은 7.37%에 머무는 반면, "유입을 감소해야 한다"와 "더 이상 받아들여서는 안 된다"라는 부정적 답변의 합은 37%를 상회한다. 결국 다수의 한국인들은 이민자에 대해 뚜렷한 입장을 가지지 못한 와중에, 이민자에 대해 부정적으로 인식하는 비율이 긍정적으로 인식하는 비율보다 더 높다고 이해할 수 있다.

둘째, 그러나 다른 한편으로, "유입을 현재 수준으로 유지해야 한다"라는 응답을 적극적인 의미에서 하나의 뚜렷한 의견으로 이해할 수도 있다. 비록 앞선 소극적 해석은 응답자 개인이 직접 경험해 보지 못한 것에 대한 답변이라서 큰 의미가 없다고 볼지 모르지만, 아직 경험이 없더라도 자신이 가진 의도나 생각이 충분한 의미를 가질 수도 있다.[4] 따라서 "유입을 현재 수준으로 유지해야 한다"라는 응답은 비록 "유입을 더 늘려야 한다"라는 응답만큼 매우 긍정적이지는 않더라도, "유입을 감소해야 한다" 혹은 "더 이상 받아들여서는 안 된다"라는 부정적 입장보다는 긍정에 더 가깝다고 볼 수도 있다.

만약 이러한 입장을 따른다면, 이민자의 유입을 "더 늘려야 한다"(7.37%) 또는 "현재 수준으로 유지해야 한다"(55.59%)라고 답한 긍정적 응답의 비율(62.96%)이 부정적 응답의 비율(37.03%)보다 더 높다고 할 수 있다. 따라서 한국인들의 이민자에 대한 태도가 마냥 부정적

---

4   이와 관련해, 잉글하트(Inglehart, 1990)는 첫째, 실제 행동은 태도나 의도에서 발현되기 때문에 이론적으로 타당할 뿐만 아니라, 둘째, 실제 경험에만 근거해 측정하는 것은 설문조사의 현실에서 사실상 불가능에 가깝기 때문에 경험적인 측면에서도 적절하다고 지적한다.

표 7-4 **SNS 사용에 따른 이민자에 대한 태도**   단위: 명, %

SNS 사용	이민자에 대한 태도				통계량
	유입 불가	유입 감소	유입 유지	유입 증가	
사용 안 함(n=201)	30(14.93)	67(33.33)	89(44.28)	15(7.46)	
거의 안 함(n=479)	63(13.15)	114(23.80)	278(58.04)	24(5.01)	
1년에 몇 번(n=65)	7(10.77)	8(12.31)	38(58.46)	12(18.46)	
한 달에 몇 번(n=109)	11(10.09)	29(26.61)	62(56.88)	7(6.42)	F=3.06*
일주일에 1~2회(n=118)	8(6.78)	29(24.58)	76(64.41)	5(4.24)	
일주일에 여러 번(n=104)	10(9.62)	18(17.31)	64(61.54)	12(11.54)	
매일(n=99)	10(10.10)	29(29.29)	49(49.49)	11(11.11)	
합계(N=1,175)	139(11.83)	294(25.02)	656(55.83)	86(7.32)	

*$p \leq 0.05$, **$p \leq 0.01$, ***$p \leq 0.001$
자료: ABS Wave Ⅳ.

이지만은 않다고 해석할 수 있다.

그렇다면 우리가 이 장에서 주요하게 관심을 가지는 SNS의 사용과 이민자에 대한 태도 사이의 관계는 어떠할까? 〈표 7-4〉를 통해서 그 관계에 대한 개괄적인 분석을 실시해 보았다. SNS를 '사용하지 않는' 사람들 사이에서 이민자의 유입을 유지 또는 증가해야 한다는 비율이 가장 낮게 나타났다(51.74%). 반면, 그들 사이에서 부정적인 의견(48.26%)은 가장 높게 나타났다. 그리고 대체로 SNS 사용수준이 늘어남에 따라 이민자에 대한 중도적 및 긍정적 태도는 높아지는 반면, 부정적 태도는 지속적으로 낮아지는 것을 볼 수 있다.

특히 SNS를 '1년에 몇 번' 사용한다고 답한 응답자들이 가장 높은 중도적 및 긍정적 태도(76.92%)와 가장 낮은 부정적 태도(23.08%)를 보였다. 이러한 패턴은 SNS를 '한 달에 몇 번' 사용하는 응답자들 사이에서 역전되기는 하지만, '일주일에 1~2회' 사용하는 응답자들에서부터 '일주일에 여러 번' 사용하는 응답자들에게서도 다시금 동일한 패턴이 확인된다. 따라서 SNS의 사용은 이민자에 대한 태도와 긍정적인 관계에 있음을 확인할 수 있다.

2) 이민자에 대한 태도에 SNS가 미치는 긍정적 효과

SNS의 사용이 이민자에 대한 태도와 긍정적인 관계에 있다는 우리의 기대는, 이민자에 대한 태도에 영향을 미치는 다른 요인들을 함께 고려하더라도 유지될 수 있을까? 이를 확인하기 위해서, 앞선 〈표 7-3〉의 설문 문항들과 성별, 교육수준, 연령, 거주지역 등을 모두 고려해 통계분석을 실시해 보았다.[5]

〈그림 7-2〉는 그 결과로서, SNS가 이민자에 대한 태도에 미치는 긍정적인 효과를 명확히 보여준다. 그래프의 가로축은 SNS를 '사용하지 않는다'에서 '매일매일 사용한다'까지의 사용빈도를 의미하고, 세로축은 이민자에 대해 긍정적인 태도를 가질 확률을 의미한다. 두 그래프는 동일한 그래프이며, 단지 신뢰구간을 포함했는지 여부만 다를 뿐이다. 여기서는 더 간단한 좌측 그래프를 통해 분석 결과를 해석하도록 한다.

그래프의 패턴은 SNS를 더 자주 사용하는 사람들일수록 '이민자의

---

5 통계분석에 대한 전체 결과표는 여기에 보고하지 않는다. 여기서는 〈그림 7-2〉를 통해 SNS 사용이 이민자에 대한 태도에 어떠한 영향력을 발휘하는지를 살피기로 한다. 이 그림은 순서형 로지스틱 회귀분석(ordered logistic regression)을 토대로 계산된 예측확률을 보여준다. 순서형 로지스틱 분석은 이 장에서 분석 대상인 이민자에 대한 태도에서처럼, '더 이상 받아들여서는 안 된다(1)', '유입을 감소해야 한다(2)', '유입을 현재 수준으로 유지해야 한다(3)', '유입을 더 늘려야 한다(4)' 등 설문조사의 응답이 순위 혹은 순서를 가질 때 적합한 통계분석방법이다.

유입을 더 늘려야 한다'라는 긍정적인 태도를 가진다는 것을 명확하게 보여준다. 이는 SNS의 사용이 폐쇄적인 속성의 사회적 자본과 개방적인 속성의 사회적 자본을 모두 발달시킬 가능성이 있다는 것을 고려했을 때, 이민자에 대한 태도와 관련해서는 SNS가 개방적인 사회적 자본을 증진시켜 준다는 것을 의미한다. 바꿔 말하면, SNS의 사용은 결속형 사회자본이 아닌 교량형 사회자본과 더욱 강하게 연계됨으로써 자신과 이질적인 대상에 대한 이해를 향상시킬 수 있다는 것이다.

SNS 사용이 이민자에 대한 태도에 미치는 긍정적인 효과를 더욱 구체적으로 확인하기 위해서, 〈그림 7-2〉에 제시된 예측확률을 살펴보았다. 그림에 따르면, SNS를 사용하지 않을 경우 이민자에 대해 긍정적인 태도를 가질 확률은 약 5.7%에 머무는 반면, SNS를 매일 사용할 경우 그 확률은 9.3%로 증가한다. 이와 반대로, 〈그림 7-2〉에 제시되지는 않았으나, '정부는 이민자를 더 이상 받아들여서는 안 된다'라는 부정적인 태도를 가질 확률은 SNS를 사용할수록 감소한다. 즉, SNS를 사용하지 않을 경우 부정적인 태도의 확률은 12%인 반면, SNS를 매일 사용하는 응답자들 사이에서는 그 확률이 7.5%로 감소하는 것으로 확인되었다. 따라서 이 장에서의 분석을 통해 우리는 경제적 논리, 정체성의 논리, 사회적 자본의 영향력을 모두 고려하더라도, SNS의 사용이 이민자에 대한 태도에 긍정적인 효과를 가질 수 있다는 것을 확인할 수 있다.

그러나 여기서 더 나아가, 일부 독자들은 한 가지 의문을 가질 수 있을 것이다. SNS가 이민자에 대한 태도에 긍정적인 영향력을 발휘하는 것은 명백히 확인되었다. 그리고 SNS가 그러한 영향력을 발휘할 수 있

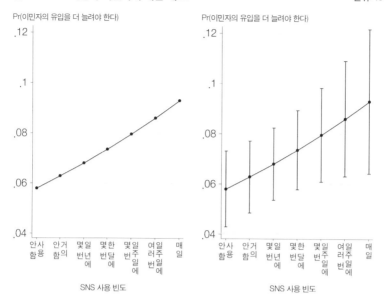

그림 7-2 **SNS 사용과 이민자에 대한 태도**

단위: %

Pr(이민자의 유입을 더 늘려야 한다)

Pr(이민자의 유입을 더 늘려야 한다)

SNS 사용 빈도

SNS 사용 빈도

주: 여기서 1.0은 100%를 의미함.

는 이유는 SNS의 사용이 사회적 자본, 특히 개방적인 교량형 사회적 자본을 형성시키기 때문이라고 설명했다. 그렇다면 SNS의 사용은 기존의 신뢰나 집단 참여의 사회적 자본을 거쳐서 이민자에 대한 태도에 긍정적인 영향을 발휘하는 것일까(간접적 경로), 아니면 SNS가 자체적으로 하나의 사회적 자본을 형성함으로써 직접적으로 이민자에 대한 태도에 긍정적인 영향을 발휘하는 것일까(직접적 경로)? 이러한 의문에 답하기 위해, 아래에서는 SNS가 이민자에 대한 태도에 영향을 미치는 경로에 대해 추가적인 분석을 실시한다.

3) SNS의 효과는 직접적인가, 간접적인가?

SNS 사용이 이민자에 대한 태도에 긍정적인 영향력을 발휘한다고 할 때, 그 경로가 직접적인지 간접적인지 살펴보기 위해 구조방정식 분석을 실시했다. 구조방정식은 연구자가 관심을 가지는 여러 가지 요인들 간 영향력의 직간접적 경로를 분석하는 데 용이한 분석방법이다. 〈그림 7-3〉은 그 분석 결과를 보여준다. 따라서 여기서는 SNS 사용이 그 자체로 하나의 사회적 자본을 형성함으로써 이민자에 대한 태도에 직접적으로 영향력을 발휘할 가능성과(직접적 경로), 신뢰와 단체참여 등 사회적 자본을 통해서 이민자에 대한 태도에 간접적으로 영향력을 발휘할 가능성을 설정한 것이다(간접적 경로).

분석 결과에 따르면, SNS 사용이 이민자에 대한 태도에 긍정적인 효과를 발휘할 때는, 사회적 자본을 매개로 한 간접적 경로일 때보다 SNS가 그 자체로 이민자에 대한 태도에 영향을 미치는 직접적 경로일 때인 것으로 나타났다. 더 구체적으로 설명하면, SNS 사용은 사람들의 신뢰수준을 높이거나 단체참여를 유도함으로써 이민자에 대한 태도에 간접적으로 영향을 미치기보다는 그 자체로 하나의 사회적 자본을 형성함으로써 직접적으로 긍정적인 영향력을 행사하는 것으로 확인된다.

따라서 SNS 사용의 증가는 소셜 미디어 사회적 자본(Social Media Social Capital)을 증가시킬 수 있으며, 이는 집단소속이라는 오프라인 사회적 자본(Offline Social Capital)을 매개하지 않은 채 직접적으로 이민자에 대한 태도에 영향력을 발휘한다고 이해할 수 있다(Zúñiga, Barnidge and Scherman, 2017). 결과적으로, SNS에서의 익명적 속성은 나와 다른

그림 7-3 **경로분석의 결과**

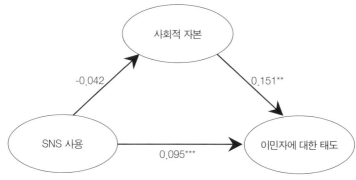

$^*p \leq 0.05$, $^{**}p \leq 0.01$, $^{***}p \leq 0.001$(RMSEA=0.073, CFI=0.899)

집단 간의 상호작용을 더욱 촉진시킬 수 있을 뿐만 아니라(김홍규·오세정, 2011), 그들과의 소통을 유도함으로써 이질적 문화에 대한 관심을 확장시킬 수 있다(Jiang and Bruijn, 2014). 이러한 결과는 SNS를 통한 관계 맺기와 그 관계의 유지가 그 자체로서 이질적인 대상에 대한 정보공유와 상호 공감 및 이해를 가능하게 하며 궁극적으로는 사회통합을 위한 밑거름으로 작용할 것이라고 기대하게 한다(오주현·강정한, 2014; Ko and Kuo, 2009).

결론적으로, SNS 사용은 본질적으로 나와 다른 사람 간의 교류를 활성화시킬 수 있기 때문에(Penni, 2017), 많은 사람들이 SNS를 통해 외국인 이민자에 대한 다양한 정보를 공유하고 또 다양한 논의를 이끌어낸다면 궁극적으로 우리 사회에서 이민자에 대한 혐오감이나 차별이 줄어들 수 있을 것이다.

5. 소셜 미디어, 결속과 연계의 가능성

이 장에서 우리는 한국에서 SNS를 사용하는 것이 외국인 이민자에 대한 태도에 어떤 영향을 미치는지 살펴보았다. 국내에 거주하는 외국인의 수가 지속적으로 증가하는 현상은 엄연한 우리의 현실이며, 그들에 대한 적대감을 줄이고 함께 공존할 수 있는 방안을 모색하는 일은 더 중요해졌다. 따라서 내국인, 즉 한국인들이 가지고 있는 이민자에 대한 태도가 어떠하며, 또 어떤 요인들이 그 태도에 영향을 미치는지 살펴보는 작업은 큰 의의가 있을 것이다.

이민자에 대한 태도를 분석한 선행연구들은 주로 경제적 논리나 정체성의 논리에 근거했다. 하지만 이 장에서 우리는 사회적 자본의 논의를 함께 제공했으며, 특히 이를 바탕으로 SNS 사용이 이민자에 대한 태도에 어떤 영향을 미치는지 밝혀내는 것을 주된 목적으로 삼았다. SNS는 개방적인 사회적 자본과 폐쇄적인 사회적 자본 모두를 형성시킬 수 있지만, 만약 SNS에서 개방적인 교량형 사회적 자본이 증진될 수만 있다면 이민자와 같이 나와 다른 이들에 대한 포용적 태도가 우리 사회에서 확산될 수 있을 것이다.

이 장에서의 분석 결과에 따르면, SNS 사용은 이민자에 대해서 긍정적인 태도를 형성할 수 있는 것으로 확인되었다. 다시 말해, SNS의 사용이 결속형 사회자본이 아니라 교량형 사회자본과 더욱 강하게 연계됨으로써 이민자에 대한 관용과 포용적 태도를 증진시켜 준 것이다. 더군다나 추가적인 경로분석을 통해 SNS 사용이 신뢰나 단체참여를 통해 간접적으로 이민자에 대한 태도에 긍정적인 영향력을 발휘하는 것이 아니라, 직접적으로 그 효과를 발휘한다는 것을 알 수 있었다. 이는 SNS 사용 그 자체로서 교량형 사회자본의 속성을 증진시킬 수 있고 그 결과 역시 긍정적이라는 것을 의미한다.

따라서 이와 같은 분석 결과는 이제는 부정할 수 없는 외국인 이민자의 증가 추세에 대응하는 하나의 정책적 실마리를 마련해 줄 수 있다. 구체적으로 보자면, SNS의 사용이 이민자에 대한 경계심을 줄여줄 수 있다면 관련 정부기관 및 시민단체들은 다가올 다문화 사회에 대한 대응전략의 하나로서 SNS를 적극적으로 활용할 수 있을 것이다. 예를 들어, 이민자의 유입이 우리 사회에 초래할 여러 사회경제적 변화가 반드시 부정적이지 않다는 것을 보이기 위한 해외사례나, 실제로 국내에서 외국인 이민자와 함께 사회 및 경제활동을 하고 있는 내국인의 사례를 SNS를 통해 소개할 수 있을 것이다. 또한 내국인들이 이민자에 대해 주로 가지고 있는 부정적인 편견 및 선입견들을 해소하기 위해서 관련 영상이나 자료를 SNS를 통해 공유할 수도 있을 것이다. 이처럼 SNS를 통해 접하는 이민자 관련 정보들은 내국인들로 하여금 한국 사회에 다문화 사회가 도래하고 있음을 인지하도록 도와줄 뿐만 아니라, 그들에 대한 막연한 부정적 태도를 자연스럽게 감소시키는 데도 효과적일 것이다.

다만, SNS상에서는 누구나 자유로운 의견 표현이 가능하기 때문에 다문화 사회 또는 이민자에 대해 부정적인 입장을 가진 사람들의 생각도 충분히 표출될 수 있다는 사실을 간과해서는 안 된다. 더욱이 검증되지 않은 정보의 공유는 이민자에 대한 왜곡된 시각을 더욱 확산시킬 우려도 충분하다. 즉, 우리 사회가 다문화 사회로 변해가는 과정에서

SNS의 활용이 반드시 긍정적인 결과를 초래할 것이라고 보장할 수만은 없다. 따라서 이 장에서 논의한 SNS의 긍정적인 결과를 이끌어내기 위해서는 관련 정부기관 및 시민단체들의 적극적인 전략과 더불어 국민 개개인의 의식 있는 SNS 활용이 필요할 것이다.

참고문헌

금희조. 2010. 「온라인 소셜 미디어와 참여적 사회 자본: 한국과 미국 대학생의 연결적 vs. 결속적 이용을 중심으로」. ≪한국방송학보≫ 24(5): 9~46.

_____. 2011. 「소셜 미디어 이용과 다문화에 대한 관용: 연계형 사회자본의 영향을 중심으로」. ≪한국언론학보≫ 55(4): 162~186.

김의영·한주의. 2008. 「결사체 민주주의의 실험: 성마산 지키기 운동과 모포연대의 사례」. ≪한국정치학회보≫ 42(3): 143~166.

김태완·서재권. 2015. 「이주민에 대한 지역주민의 태도 결정요인: 사회통합을 위한 제도·환경적 요인을 중심으로」. ≪지방정부연구≫ 19(1): 173~199.

김홍규·오세정. 2011. 「SNS 이용자들의 심리적 유형: 새로운 커뮤니케이션의 가능성을 향해」. ≪주관성연구≫ 22: 161~177.

민태은. 2013. 「상징정치이론과 경제이익이론으로 본 한국인의 이민자 태도」. ≪국제정치논총≫ 53(2): 215~247.

박세훈·정소양. 2009. 「다문화사회의 전개에 따른 외국인의 공간분포 특성과 시사점」. ≪국토정책≫ 254: 1~8.

박종민·배정현. 2008. 「한국에서 단체는 민주주의의 학교인가_단체참여의 내부효과」. ≪한국정치학회보≫ 42(3): 121~141.

배정현. 2014. 「정치참여와 단체참여가 민주주의 지지에 미치는 영향: 한국과 대만을 중심으로」. ≪사회과학연구≫ 40(2): 157~181.

성도현. 2019.11.25. "법무부, 결혼이민자가 데려온 아이 한국학교 진학 지원". 연합뉴스.

송경재. 2013. 「사회적 자본과 한국의 시민참여: 관습적·비관습적 참여와 사회적 자본」. ≪한국정당학회보≫ 12(2): 221~244.

송유진. 2008. 「한국, 대만, 일본의 이민자에 대한 태도」. ≪한국인구학≫ 31(2): 1~20.

_____. 2013. 「외국인과의 접촉 경험이 외국인 수용정도에 미치는 영향」. ≪한국인구학≫ 36(3): 1~19.

안민호. 2014. 「SNS는 얼마나 동종애적인가?」. ≪한국방송학보≫ 28(5): 111~149.

오주현·강정한. 2014. 「이질적 연결망 기반 사회자본이 사회통합적 관심에 미치는 영향과 SNS의 역할: 2012 한국종합사회조사 분석」. ≪사이버커뮤니케이션학보≫ 31(4): 141~188.

이상신. 2015. 「소수집단에 대한 사회적 인식 결정요인 연구: 우파권위주의 성격과 사회적 거리감」. ≪다문화사회연구≫ 8(2): 39~67.

이숙종·유희정. 2010. 「개인의 사회자본이 정치참여에 미치는 영향」. ≪한국정치학회보≫ 44(4): 287~313.

이재철. 2017. 「사회자본과 다문화 수용성에 대한 한국인의 태도 및 인식 분석」. ≪정치·정보연구≫ 20(2): 275~304.

이현우·이지호·한영빈. 2011. 「사회자본(Social Capital) 특성이 지역주의에 미치는 영향: 결속과 교량형을 중심으로」. ≪한국정치학회보≫ 45(2): 149~171.

장덕진·김기훈. 2011. 「한국인 트위터 네트워크의 구조와 동학」. ≪언론정보연구≫ 48(1): 59~86.

장승진. 2010. 「다문화주의에 대한 한국인들의 태도: 경제적 이해관계와 국가 정체성의 영향을 중심으로」. ≪한국정치학회보≫ 44(3): 97~119.

장우영·김석주. 2014. 「트위터 선거캠페인과 정치동원: 2011년 서울시장 재보궐선거 사례를 중심으로」. ≪한국지역정보화학회지≫ 17(1): 93~123.

최동순. 2020.5.13. "'한국은 처음이지?' 외국인 멘토단, 새 이민자에게 적응법 전수한다." ≪한국일보≫.

Auerbach, Alan J. and Philip Oreopoulos. 1999. "Analyzing the Fiscal Impact of U.S. Immigration." *American Economic Review* 89(2): 176~180.

Borjas, George J. 2003. "The Labor Demand Curve Is Downward Sloping: Reexamining the Impact of Immigration on the Labor Market." *Quarterly Journal of Economics* 118(4): 1335~1374.

boyd, danah m. and Nicole B. Ellison. 2007. "Social Network Sites: Definition, History, and Scholarship." *Journal of Computer-Mediated Communication* 13(1): 210~230.

Brundidge, Jennifer. 2010. "Encountering 'Difference' in the Contemporary Public Sphere: The Contribution of the Internet to the Heterogeneity of Political Discussion Networks." *Journal of Communication* 60: 680~700.

Card, David. 2001. "Immigrant Inflows, Native Outflows, and the Local Labor Market Impacts of Higher Immigration." *Journal of Labor Economics* 19(1): 22~64.

Ceobanu, Alin M. and Xavier Escandell. 2010. "Comparative Analyses of Public Attitudes Toward Immigrants and Immigration Using Multinational Survey Data: A Review of Theories and Research." *Annual Review of Sociology* 36: 309~328.

Coenders, Marcel and Peer Scheepers. 2003. "The Effect of Education on Nationalism and Ethnic Exclusionism: An International Comparison." *Political Psychology* 24(2): 313~343.

Coleman, James S. 1988. "Social Capital in the Creation of Human Capital." *American Journal of Sociology* 94: S95~S120.

Diamond, Larry. 1999. *Developing Democracy: Toward Consolidation*. Baltimore: The Johns Hopkins University Press.

Diehl, M. 1990. "The Minimal Group Paradigm: Theoretical Explanations and Empirical Findings." *European Review of Social Psychology* 1(1): 263~292.

Ellison, Nicole B., Charles Steinfield and Cliff Lampe. 2007. "The Benefits of Facebook 'Friends': Social Capital and College Students' Use of Online Social Network Sites." *Journal of Computer-Mediated Communication* 12: 1143~1168.

Facchini, Giovanni and Anna Maria Mayda. 2006. "Individual Attitudes Towards Immigrants: Welfare-State Determinants Across Countries." CESifo Working Paper. No. 1768: 1~34.

Fukuyama, Francis. 1995. *Trust: The Social Virtues and the Creation of Prosperity*. New York: The Free Press.

Giugni, Marco, Noémi Michel and Matteo Gianni. 2014. "Associational Involvement, Social Capital and the Political Participation of Ethno-Religious Minorities: The Case of Muslims in Switzerland." *Journal of Ethnic and Migration Studies* 40(10):

1593~1613.

Hainmueller, Jens and Daniel J. Hopkins. 2014. "The Hidden American Immigration Consensus: A Conjoint Analysis of Attitudes toward Immigrants." *American Journal of Political Science* 59(3): 529~548.

Hainmueller, Jens and Michael J. Hiscox. 2010. "Attitudes toward Highly Skilled and Low-skilled Immigration: Evidence from a Survey Experiment." *American Political Science Review* 104(1): 61~84.

Hainmueller, Jens, Michael J. Hiscox and Yotam Margalit. 2015. "Do concerns about labor market competition shape attitudes toward immigration? New evidence." *Journal of International Economics* 97(1): 193~207.

Halberstam, Yosh and Brian Knight. 2016. "Homophily, group size, and the diffusion of political information in social networks: Evidence from Twitter." *Journal of Public Economics* 143: 73~88.

Herreros, Francisco and Henar Criado. 2009. "Social Trust, Social Capital and Perceptions of Immigration." *Political Studies* 57: 337~355.

Huang, Min-hua, Taehee Whang and Lei Xuchuan. 2017. "The Internet, Social Capital, and Civic Engagement in Asia." *Social Indicators Research* 132(2): 559~578.

Inglehart, Ronald. 1990. *Culture Shift in Advanced Industrial Society.* Princeton: Princeton University Press.

Jiang, Yifan and Oscar de Bruijn. 2014. "Facebook helps: a case study of cross-cultural social networking and social capital." *Information, Communication & Society* 17(6): 732~749.

Kinder, Donald R. and Lynn M. Sanders. 1996. *Divided by color: Racial politics and democratic ideals.* Chicago: University of Chicago.

Ko, Hsiu-Chia and Feng-Yang Kuo. 2009. "Can Blogging Enhance SubjectiveWell-Being Through Self-Disclosure?" *CyberPsychology & Behavior* 12(1): 75~79.

Lahav, Gallya. 1997. "Ideological and Party Constraint on Immigration Attitudes in Europe." *Journal of Common Market Studies* 35(30): 377~406.

Matejskova, Tatiana and Helga Leitner. 2011. "Urban encounters with difference: the contact hypothesis and immigrant integration projects in Eastern Berlin." *Social and Cultural Geography* 12(7): 717~741.

Mayda, Anna Maria. 2006. "Who is against Immigrations? A Cross-Country Investigation of Individual Attitudes toward Immigrants." *The Review of Economics and Statistics* 88(3): 510~530.

McDonald, Peter and Rebecca Kippen. 2001. "Labor Supply Prospects in 16 Developed Countries." *Population and Development Review* 27(1): 1~32.

Neves, Barbara B. 2013. "Social Capital and Internet Use: The Irrelevant, the Bad, and the Good." *Sociology Compass*, 7/8: 599~611.

Penni, Janice. 2017. "The future of online social networks (OSN): A measurement analysis using social media tools and application." *Telematics and Informatics* 34(5): 498~517.

Pettigrew, Thomas F. 1998. "Intergroup contact theory." *Annual Review of Psychology* 49:

65~85.

Price, Vincent and Joseph N. Capella. 2002. "Online Deliberation and its Influence: The Electronic Dialogue Project in Campaign 2000." *IT&Society* 1: 303~329.

Prior, M. 2005. "News vs. entertainment: How increasing media choice widen gaps in political knowledge and turnout." *American Journal of Political Science* 49(3): 577~592.

Putnam, Robert D. 1993. *Making Democracy Work: Civic Traditions in Modern Italy.* Princeton: Princeton University Press.

_____. 2000. *Bowling Alone: The Collapse and Revival of American Community.* New York: Touchstone Books.

Rogers, Everett M. and Dilip K. Bhowmik. 1970. "Homophily-Heterophily: Relational Concepts for Communication Research." *The Public Opinion Quarterly* 34(4): 523~538.

Scheve, Kenneth F. and Matthew J. Slaughter. "Labor Market Competition and Individual Preferences over Immigration Policy." *Review of Economics and Statistics* 83(1): 133~145.

Sears, Donald O. 1996. "Symbolic Politics: A Socio-psychological Theory." S. Iyengar and W. McGuire(Eds.). *Explorations in Political Psychology.* Durham, North Carolina: Duke University Press.

Sides, John and Jack Citrin. 2007. "European Opinion about Immigration: The Role of Identities, Interests and Information." *British Journal of Political Science* 37: 477~504.

Sunstein, Cass R. 2007. *Republic.com 2.0.* Princeton: Princeton University Press.

Tajfel, Henri and John C. Turner. 1986. "The Social Identity Theory of Intergroup Behavior." In Stephen Worchel and William G. Austin(Eds.), *Psychology of Intergroup Relations.* pp.7~24. Chicago, IL: Nelson Hall.

Tewksbury, D. and S. L. Althaus. 2000. "Differences in knowledge acquisition among readers of the paper and online versions of a national newspaper." *Journalism and Mass Communication Quarterly* 77(3): 457~479.

Tillie, Jean. 2004. "Social Capital of Organisations and Their Members: Explaining the Political Integration of Immigrants in Amsterdam." *Journal of Ethnic and Migration Studies* 30(3): 529~541.

Tocqueville, Alexis de. 1969. *Democracy in America.* New York: Anchor Books.

Tropp, Linda A. 2007. "Perceived discrimination and interracial contact: predicting interracial closeness among black and white Americans." *Social Psychology Quarterly* 70(1): 70~81.

United Nations. 2012. *Report on the Committee on the Elimination of Racial Discrimination: Eightieth session.* New York(13 February~9 March 2012).

Uslaner, Eric. 2002. *The Moral Foundations of Trust.* Cambridge: Cambridge University Press.

Utz, Sonja. 2009. "The (potential) benefits of campaigning via Social Network Sites." *Journal of Computer-Mediated Communication* 14(2): 221~243.

Verba, S., K. L. Schlozman and H. E. Brady. 1995. *Voice and equality: Civic voluntarism in American politics*. Cambridge: Cambridge University Press.

Vitak, Jessica, Paul Zube, Andrew Smock, Caleb T. Carr, Nicole Ellison and Cliff Lampe. 2011. "It's Complicated: Facebook Users' Political Participation in the 2008 Election." *Cyberpsychology, Behavior, Social Networking* 14(3): 107~114.

Ward, Colleen and Anne-Marie Masgoret. 2008. "Attitudes toward Immigrants, Immigration, and Multiculturalism in New Zealand: A Social Psychological Analysis." *International Migration Review* 42(1): 227~248.

Warren, Mark E. 2001. *Democracy and Association*. Princeton: Princeton University Press.

Yamagishi, Toshio. 2001. "Trust as a Form of Social Intelligence." In Karen S. Cook(Eds.), *Trust in Society*. pp.121~147. New York: Russell Sage Foundation.

Zúñiga, Homero Gil de, E. Puig-I-Abril and H. Rojas. 2009. "Weblogs traditional sources online & political participation: An assessment of how the Internet is changing the political environment." *New Media & Society* 11: 553~574.

Zúñiga, Homero Gil de, Matthew Barnidge and Andrés Scherman. 2017. "Social Media Social Capital, Offline Social Capital, and Citizenship: Exploring Asymmetrical Social Capital Effects." *Political Communication* 34(1): 44~68.

Zúñiga, Homero Gil de, Nakwon Jung and Sebastián Valenzuela. 2012. "Social Media Use for News and Individuals' Social Capital, Civic Engagement and Political Participation." *Journal of Computer-Mediated Communication* 17(3): 319~336.

제8장

투표 불평등의 사회구조
주거 이질성

김범수

1. 다양함과 차별

차이는 어느 사회에나 있다. 문제는 차이를 극복하는가 아니면 차이를 분리로 만드는가 하는 것이다. 차이를 극복하면 사회의 다양성이 존중되고 시민들이 공존할 수 있다. 하지만 차이가 분리로 이어지면 사회관계는 단절된다. 무지개는 차이를 다양성으로 승화한 대표적인 예이다. 반면에 차이를 분리로 만든 사례로는 임대아파트 아이와 자신의 아이를 한 학교에 보내기 원치 않는 학부모에 의해 분리가 시도된 '도심 속 과소학교'를 들 수 있다. 그 결과 다른 학교들은 과밀학급인데 임대아파트 옆에만 과소학교가 되었고, 폐교의 위기에 처했다(≪한겨레≫, 2020.3.17). 과소학교가 폐교되면 임대아파트 아이와 일반 아파트 아이는 다시 뒤섞이게 된다. 아이러니가 아닐 수 없다.

이러한 분리의 중심에는 '혐오'가 자리한다. 2019년 ≪머니투데이≫(2019.11.17)는 "이백충, 월거지··· 초등학교 교실에 퍼진 '혐오'"라는 기사를 게재했다. '이백충'은 월급여가 200만 원 이내인 부모를 둔 친구를 비하하는 명칭이고, '월거지'는 월세아파트에 사는 거지를 의미한다. 이 외에 '빌거'와 '엘사'도 있는데, 빌거는 빌라에 사는 거지를 뜻하고, 엘사는 'LH(한국토지주택공사)에 사는 사람'을 뜻한다. 이전에는 '휴거'라는 말이 등장했는데, LH 브랜드의 전신인 '휴먼시아(임대아파트)에 사는 거지'를 의미했다. 이 기사는 초등학생들이 거주지의 불평등을 혐오로 전환한 원인으로 어른들을 지목한다. 어른들에게 만연한 주거 불평등으로 인한 혐오와 차별이 초등학생인 우리의 자녀들에게까지 전염된 것이다.

사회관계의 불평등과 혐오/분리는 정치 참여에 악영향을 미친다. 역사 속의 사례로는 미국 1960년대 남부 주에서 있었던 흑백분리 정책을 들 수 있다. 미국 남부의 정치인들은 흑백분리가 서로에게 편리하다고 주장했다. 그러나 흑백분리의 이면에는 흑인에 대한 인권침해가 깔려 있었고, 흑인은 불편을 감수해야 했다. 특히 이 역사에서 주목할 점은 흑인의 참정권 배제이다. 흑인을 사회적으로 분리하고 그들의 참정권을 배제함으로써 미국 남부 주[1]에서는 백인 우선주의(white

---

1   1861년부터 1965년까지 존재했던 미 연합(Confederate States of America)에 기원을 두며, 노예제를 지지해 링컨 대통령의 당선을 부정하고 독립을 주창했다. 남부 주 연합은 사우스캐롤라이나, 미시시피, 플로리다, 앨라배마, 조지아, 루이지애나, 그리고 텍사스 7개 주였다. 미국 남북전쟁 이후 북군의 승리로 노예제는 폐지되었지만, 남부 주에서는 흑백 차별이 용인되었고, 1960년대 흑인 인권운동과 인권법의 제정 및 개정으로 흑인에 대한 법적 참정권 부여, 차별조사 등이 이뤄졌다.

supremacy)가 주류가 되었고 공권력을 장악할 수 있었다. 사회관계의 분리는 차이에서 출발하기 때문에 강자의 과대대표와 약자의 과소대표, 즉 정치적 불평등을 만든다. 그리고 불평등의 정치는 불평등의 사회구조를 유지하고 강화한다. 사회관계의 분리가 무서운 이유는 보통 강자가 분리를 주장하고 약자는 배제되기 때문이다. 사회 분리는 강자가 사회적·정치적 자원을 독점하는 전략이다. 제1차 세계대전에서 히틀러의 나치는 "분리하라, 그리고 정복하라(Divide and Conquer)"가 모토였다고 한다. 반면에, 당시 연합군의 모토는 "연합 안에 강함이 있다(In Union there is Strength)"였다.

우리는 시민의 한 사람으로서 분리하고 있는가 아니면 연합하고 있는가? 차이는 어디에나 존재한다. 한 사람의 시민으로서 차이를 다양성으로 승화할 것인가, 아니면 차이를 분리와 배제, 불평등으로 만들 것인가는 우리 자신의 선택에 달려 있다. 특히 시민들의 집합적인 선택에 놓여 있다.

이 장은 사람들이 만드는 차이 중 하나인 주거 유형의 차이에 주목한다. 주거 유형은 아파트와 주택으로 나눌 수 있다. 그리고 주택은 개인주택과 다가구주택, 다세대주택 등으로 구분할 수 있다. 아파트는 평수에 따라 차이가 있긴 하지만 주거의 질이 다가구주택이나 다세대주택보다는 높다. 질 좋은 주거환경과 질 나쁜 주거환경은 피할 수 없는 차이이다. 이 장에서는 이러한 차이를 다양성으로 극복하고 있는지 아니면 분리와 배제로 악화시키고 있는지 확인해 보고자 한다.

2. 동별 투표 불평등

2018년 6월 13일 실시된 서울시장선거에서 서울시민의 투표율은 59.9%였다.[2] 그런데 동별로 투표율이 달랐다. 〈그림 8-1〉은 서울 423개 동별 투표율을 표시한 것이다. 가로축의 0.6 지점에 가장 높은 막대 그래프가 있다. 그 높이가 50을 넘어선 것으로 보아 50여 개의 행정동의 투표율이 60%라는 것을 알 수 있다. 하지만 극단적인 경우이지만 0.4인 행정동도 있으며, 0.7에 가까운 행정동도 있다. 이는 곧 투표율이 40% 수준이거나 혹은 70%에 육박하는 행정동이 있다는 것을 의미한다. 이 그림은 행정동별로 투표율의 불평등이 존재하며, 그 차이가 약 30%에 달한다는 것을 보여준다.

투표율이 낮은 하위 10개 동과 상위 10개 동을 살펴보았다(〈표 8-1〉 참조). 투표율이 가장 낮은 동은 구로구 가리봉동으로 36.3%이다. 이는 서울시 평균 투표율인 59.9%의 절반 수준이다. 이 외에 강남구의 역삼1동이 40.4%, 논현1동이 41.6%로 하위 2위와 3위이다. 하위 10개 동의 평균 투표율은 43.7%로 전체 투표율인 59.9%보다 16.2%가 낮다. 특이한 점은 하위 10개 동이 강남구과 중구, 구로구와 용산구 등 강남과 강북에 걸쳐 넓게 분포한다는 점이다.

반면에 투표율이 높은 행정동은 송파구 잠실7동으로 68.7%이다. 서울시 전체 투표율 평균보다 8.8%가 높다. 이 외에 송파구의 오륜동이

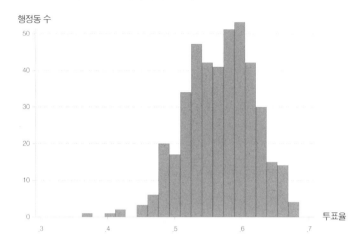

그림 8-1 **2018년 서울시장 선거의 행정동별 투표율**

2위, 잠실4동 4위, 잠실3동 5위, 잠실2동 10위이다. 그런데 투표율이 가장 낮았던 구로구 가리봉동과 같은 구에 속한 구로1동은 투표율 상위 10위 중 9위이다. 투표율이 66.2%로 가리봉동보다 30% 높다. 같은 구로구 안에 속한 행정동 사이에서도 투표 불평등이 심각한 것이다.

　이러한 투표 불평등의 원인은 무엇일까? 가장 쉽게 찾을 수 있는 이론은 강남과 강북의 구별 부의 차이이다. 경제적 수준이 높은 강남과 그렇지 않은 강북의 차이가 원인이라는 이론이다. 그런데 위의 결과는 그것만으로는 설명될 수 없다. 같은 구에서도 투표율 차이가 크기 때문이다. 가리봉동과 구로1동의 투표율 차이는 30%였고, 송파구의 가락1동과 잠실7동의 투표율 차이도 22.2%였다.

　물론 부의 차이가 투표 불평등을 만드는 가장 큰 원인이다. 하지만 부의 차이와 결합한 다른 이유도 있을 것이다. 이 장에서는 그 원인으

표 8-1 2018년 서울시장선거 동별 투표율 사례

하위 10개 동			상위 10개 동		
구	행정동	투표율	구	행정동	투표율
구로구	가리봉동	36.3%	송파구	잠실7동	68.7%
강남구	역삼1동	40.4%	송파구	오륜동	67.7%
강남구	논현1동	41.6%	양천구	신정6동	67.6%
종로구	종로1,2,3,4가동	42.4%	송파구	잠실4동	67.3%
영등포구	대림2동	45.3%	송파구	잠실3동	67.0%
중구	회현동	45.7%	강동구	암사3동	66.5%
용산구	한남동	45.8%	강동구	명일2동	66.2%
구로구	구로2동	46.1%	양천구	목5동	66.2%
송파구	가락1동	46.5%	구로구	구로1동	66.2%
용산구	남영동	46.9%	송파구	잠실2동	66.0%
평균		43.69%	평균		66.94%

로 사회관계로서의 주거 이질성에 주목한다. 주거 형태의 차이가 사회
관계를 단절시켜 투표 불평등을 가져온다는 가설이 있는데, 여기서는
주거 이질성이 불평등을 더욱 증폭시키는 것은 아닌지 질문해 보고자
한다.

3. 투표＝민주주의

　김춘수의 시 「꽃」에서 "내가 그의 이름을 불러주었을 때, 그는 나에
게로 와서 꽃이 되었다"라는 구절은 읽을 때마다 감동을 준다. 투표도
마찬가지라 생각한다. 일반 시민들이 투표에 대해 평소 느끼는 감정은
딱딱하다. 그러나 꽃을 자세히 보면 빛깔과 향기를 느끼게 되는 것과

같이 투표의 의미를 한 번 더 생각해 보면 그 의미가 새롭게 다가온다. 투표는 우리가 사는 현대 사회의 민주주의, 특히 대의민주주의를 지탱하는 기초이다. 투표가 잘못되면 한 나라의 정치가 무너진다. 정치가 무너지면 시민의 사회적·경제적 삶도 무너진다. 그런 면에서 투표가 갖는 의미를 수단과 효과 차원에서 설명해 보고자 한다.

투표는 한 나라의 정치체제가 민주주의 체제인가 아니면 권위주의 독재체제인가를 구분하는 기준으로 사용된다. 매년 자유주의 지수를 발표하는 프리덤하우스는 정치적 자유를 결정하는 기준으로 '자유롭고 경쟁적인 투표'를 적용한다. 2019년 우리나라는 100점 만점에 83점을 받아 자유주의 국가로 평가받았다. 자유지수는 40점 만점의 정치적 권리 분야와 60점 만점의 시민적 자유 분야로 나뉜다. 투표는 정치적 권리 분야의 40점 중 12점을 차지한다. 우리나라는 투표 관련 12점 만점에 11점을 받았다. 대통령 선거와 국회의원 선거가 모두 자유롭고 공정해 만점을 받았으나, 선거법 중 비례대표 비율이 낮아 1점을 잃었다. 2020년 제21대 국회의원 선거에서 비례의석은 전체 300석 중 47석에 불과했다. 제1당인 더불어민주당은 위성정당인 더불어시민당과 열린민주당의 지지를 합해 정당 지지도가 43.5%였다. 하지만 국회 의석은 300석 중 180석을 차지해 60%이다. 이처럼 정당 지지율과 국회 의석률이 차이 나는 것은 선거법이 왜곡되었기 때문이다. 이로 인해 만점에서 1점이 깎였다.

투표가 언제부터 한 나라의 민주주의를 평가하는 기준이 된 것일까? 가장 대표적인 출발점은 1942년 조지프 슘페터(Joseph Schumpeter)가 쓴 책이다. 그는 『자본주의, 사회주의 그리고 민주주의(Capitalism,

Socialism and Democracy)』라는 책에서 자본주의가 발전할수록 사회주의가 되는데 이러한 과정은 투표라는 민주주의적인 방법을 통해 이루어진다고 말했다. 경제 수준이 높아지면 교육수준도 높아지고 지식인들이 양산된다. 그런데 경제주기로 인해 불황이 오면, 경제위기 속 실업으로 인해 지식인들의 불만이 커지게 된다. 이때 지식인은 분배를 우선시하는 사회주의를 선호하게 되고, 다수의 서민을 조직해 투표로 사회주의 정부를 세운다는 논리이다. 쿠데타로 사회주의가 되는 것은 민주주의가 아니지만, 투표로 사회주의가 되는 것은 민주주의라는 것이다. 이 논리에 근거해 투표는 민주주의의 수단으로 정착되었고 투표로 정책, 법, 그리고 정부의 구성과 성격을 결정하는 것이 민주주의로 이해되었다. 북한의 독재정부, 남한의 군사정부, 세계 곳곳의 권위주의 정권은 쿠데타 이후에 국민투표를 한 사례가 많다. 그만큼 투표는 민주주의의 상징이자 기준이다.

사회주의가 100% 옳은 것도, 개인주의가 100% 옳은 것도 아니다. 계획경제와 자유경제의 정책이 경제 상황과 조건에 따라 적용되고 개인의 정치적 자유와 함께 사회의 공동체적 가치가 공존할 때 사람은 행복할 수 있다. 단, 상황을 평가하거나 정책을 선택할 권한이 소수 엘리트에게 주어지지 않고 누구나에게 평등하게 주어진 정치가 민주주의이다. 따라서 투표는 선거법에 따라 누구에게나 1인 1표라는 평등한 권리를 부여함으로써 공동체의 운명을 결정하는 주권을 행사하게 하는 것이다.

그런데 문제는 시민이 자신이 의도하지 않은 상태에서 사회경제적 구조로 인해 투표에서 배제되는 경우이다. 물론 이러한 사회적 배제가 이루어지고 있는 것을 인식했다면 가만히 있을 개인은 없을 것이다. 자신의 투표행사를 가로막는 대상에게 저항할 것이다. 그러나 구조적 현실은 눈에 쉽게 보이지 않는다. 특히 개인과 개인이 만드는 사회관계로 인한 영향력은 구조를 분석하지 않고는 파악하기 어렵다. 사회관계의 구조는 투표에 어떤 영향을 미치는 것일까?

4. 친구 따라 투표하기

투표를 설명하는 이론들은 많다. 이 이론들은 크게 두 가지 범주로 구분할 수 있다. 하나는 개인의 특성에 원인을 둔 개인적 요인이며, 다른 하나는 사회관계의 영향력에 원인을 둔 사회관계 요인이다. 유권자 개인의 특성에 초점을 둔 연구들에 따르면, 유권자는 정치적 관심이 많을수록, 자신이 지지하는 정당과의 일체감이 강할수록, 혹은 정당에 대한 지지도가 높을수록 투표할 가능성이 크다(Campbell et. al, 1965; 이재철, 2018). 또한 소득과 학력이 높을수록 투표에 참여할 가능성이 높다. 고소득자이면서 학력이 높은 계층, 즉 사회경제적으로 상위에 있는 유권자들이 사회적 하층의 유권자보다 투표할 가능성이 높다. 이것이 사회경제적 지위이론이다(Lazarsfeld, Berelson and Gaudet, 1944: Berelson, Lazarsfeld and McPhee, 1954; 정준표, 2008).

그런데 투표 참여는 사회관계 요인에 의해서도 영향을 받는다. 사회관계는 유권자에게 정치정보를 제공하는 정보 연결망의 기능을 한다. 또한 사회관계는 유권자가 투표처럼 사회적으로 정당하다고 여겨지는 규범에 순응하게 하는 사회 동조(social conformity)의 효과를 발휘하기도 한다(Sinclair, 2012; Rolfe, 2012: Cox, Posenbluth and Thies, 1998). 20세기 초 미국의 선거정치를 분석한 샤츠슈나이더(E. E. Schattschneider)는 "민주주의에 관한 모든 고전적 개념은 사람들이 정치 공동체에 참여하는 이유를 개개인의 자발적인 요구의 강도로 보았고, 이 이유의 보편성을 과대평가해 왔다"라고 지적하면서, 투표기권에 대해 "법 외적 과정, 사회적 과정, 그리고 정치체제가 조직되고 구조화되는 방식을 통해 인민 혹은 유권자를 배제하는 것이 더 효과적일 수 있다"라고 주장했다(샤츠슈나이더, 2008: 182). 이 말은, 고전적인 투표이론가들은 투표 참여가 개인의 선택임을 강조했지만 실제로는 투표 참여가 사회경제적·정치적 시스템에 의해 구조적으로 제약되거나 촉발될 수 있다는 것을 의미한다. 즉, 동일한 개인이 투표에 적극적인 동료나 가족들과 사회관계를 맺고 있는 경우와 1인 가구로서 혼자 사는 경우, 즉 사회관계가 단절된 경우는 각각의 투표 참여 가능성에 차이가 난다는 말이다.

사회관계가 투표에 미치는 영향의 중심에는 동화 효과가 작용한다. 투표에 대한 행태 연구를 수행한 라자스펠트, 베럴슨, 고뎃은 가족 간, 친구 간에 서로 같아지려는 동화(homogenity) 효과가 투표 참여를 증진한다고 설명했다(Lazarsfeld, Berelson and Gaudet, 1944). 최근의 선거 연구가인 로젠스톤과 한센은 사회연결망(social networks)에 의한 "동원(mobilization)"을 강조했다. 그들은 "사람들은 자신의 환경과 선택에 의해 인도될 뿐 아니라, 사회관계를 맺고 있는 이웃들이 처한 환경과 그들의 선택에 의해서도 인도된다"라고 분석했다(Rosenstone and Hansen, 2003: 5). 그들은 1960년 62.8%였던 미국 대통령 선거 투표율이 1988년

50.1%로 낮아진 것에 주목했다. 1960년부터 1988년 사이에 미국 유권자들의 소득수준과 교육수준은 증가했기 때문에 개인적 요인에 근거한 이론에 따르면 투표율이 높아져야 한다. 그러나 현실은 정반대로 나타났다. 무엇이 투표율을 낮춘 것일까? 그들은 "유권자가 정치에 다가가기도 하지만 정치가 유권자들에게 다가오기도 한다"라고 설명한다(Rosenstone and Hansen, 2003: 5). 사회관계 속의 가족과 친구들이 정치를 유권자에게로 가져온다는 의미이다.

사회관계가 투표에 미치는 영향은 두 단계로 구분해 설명할 수 있다. 첫 번째 단계는 사회관계가 정치정보의 비용을 줄인다는 투표의 비용 절감 효과이다. 라자스펠트, 베럴슨, 고뎃은 "두 단계의 의사소통 흐름(the Two-Step Flow of Communications)"을 통해 이것을 설명한다(Lazarsfeld, Berelson and Gaudet, 1944: 150~158). 정치정보가 가족이나 친한 동료를 통해 전달될 때, 정보 습득 비용은 0에 가깝다. 또한 신뢰하는 지인을 통해 얻는 정치정보는 신뢰도가 더 높고 영향력이 더 크다. 유권자는 정보원을 신뢰하기 때문에 정보원이 전한 정보에 대해 의심을 내려놓는 경우가 많다. 또한 일대일로 정보를 전달하는 과정에서 화자는 청자에게 대화소재와 주제를 맞춤형으로 제공할 수 있다.

둘째, 사회관계는 투표 규범을 강화하는 효과를 발휘한다. 투표하는 개인은 투표를 통해 얻는 이득과 투표 비용 간의 차이만으로 행동하지 않는다. 유권자는 비용과 효용을 비교하는 것과 더불어 시민으로서의 의무도 고려한다. 투표에 참여하는 것이 사회적으로 바람직한 시민의 의무라는 규범을 받아들인 유권자일수록 투표를 통해 얻는 사회적 "인정"과 "만족감"은 더 크다(Riker and Ordeshook, 1968: 28). 그리고 시민적 의무 규범이 사회관계 속에 내재할 경우, 개인들은 그 영향을 받는다. 투표 참여에 대한 의무 규범이 강한 사회에 속한 유권자일수록 투표에 참여할 가능성은 커진다.

한편 가족관계에서 정치에 무관심한 아내 혹은 남편이 배우자를 따라 투표장에 따라가는 경우나, 친구를 따라 정당에 후원금을 내는 경우, 특정 정당에 대한 정당 일체감이 없지만 권유에 의해 그 정당을 지지하는 경우도 있다. 이러한 사회적 특성에 착안해 미국의 선거학자 싱클레어(Sinclair, 2012)는 "사회적 시민(social citizen)"이라는 개념을 제시했다. 사회적 시민은 사회관계로부터 영향을 받으며, 사회관계 속에서 자신의 정체성과 규범을 형성하는 시민을 의미한다. 가족이나 친구 등 타인과 맺는 사회관계, 혹은 동료들과의 연결망(peer network)은 개인의 투표 참여나 정치자금 기부, 후보 선택 등 정치행태에 영향을 미친다.

5. 주거 이질성은 투표에 영향을 미칠까?

부의 불평등을 측정하는 방식에는 개인의 주권적 인식을 측정하는 방법과 불평등의 객관적 조건을 측정하는 방법이 있다. 전자는 설문조사를 통해 응답자가 느끼는 부의 불평등 수준을 측정한다. 후자는 분석단위 공동체의 개인들이 소유한 실제 부의 수준을 측정한다. 이 글에서는 서울 시내 423개 전체 행정동을 분석단위로 설정하고 각 행정동의 부동산 거래 가격의 차이, 즉 주거 불평등을 측정했다. 자료는 선거가 있었던 2018년에 국토교통부 실거래가 공개시스템에 보고된 거래정보를 활용했다.[3] 아파트 매매, 연립/다가구 매매, 단독/다가구 매매, 오피스텔 매매 정보를 분석한 결과, 2018년 1월 1일부터 같은 해 12월 31일까지 서울시 전체의 부동산 거래 건수는 15만 3408건이었다. 거래 건수를 행정동별로 분류한 후, 행정동별로 부동산 거래 가격에 대한 분산을 구했다. 부동산 거래 가격 간 분산이 크다는 것은 평균 가격을 기준으로 거래 가격이 넓게 분산되었음을 뜻하며, 이는 부동산 가격의 격차가 크다는 것, 즉 부의 불평등이 크다는 의미로 해석할 수 있다.

〈표 8-2〉는 투표율이 낮은 행정동 2개와 투표율이 높은 행정동 2개를 선택해, 4개 행정동의 투표율과 부동산 거래정보를 나타낸 것이다. 구로구 가리봉동은 2018년 서울시장선거 투표율이 36.3%로 매우 낮았다. 그리고 같은 구로구 신도림동의 투표율은 65.9%로 가리봉동 투표율의 2배에 육박했다. 가리봉동과 신도림동의 투표율 차이를 설명하는 첫 번째 원인은 부동산 평균 가격 차이이다. 투표율이 낮은 가리봉동의 부동산 평균 가격은 3억 대이며, 투표율이 높은 신도림동의 부동산 평균 가격은 6억대로 2배 차이를 보인다.

두 번째 이유는 주거 이질성이다. 부동산 가격의 분산이 클수록 주거 불평등이 크다고 할 수 있다. 이러한 주거 불평등의 지표로서 분산값[4]을 비교해 보면, 투표율이 낮은 가리봉동의 부동산 가격분산은 14

---

3   웹 주소는 http://rtdown.molit.go.kr/
4   분산값은 평균을 기준으로 개별 가격의 차이를 제곱한 후에 합산한다. 분산값이 클수록 부동산 가격 차이가 크다.

표 8-2 **동 단위 투표율과 부동산 거래 정보**

동명	투표율	부동산 평균 가격	부동산 가격분산	연간 부동산 거래빈도
구로구 가리봉동	36.3%	3억 8247만 원	14조 269억 원	149건
구로구 신도림동	65.9%	6억 1115만 원	5조 8796억 원	752건
강남구 역삼1동	40.4%	6억 5279만 원	82조 5121억 원	1356건
강남구 일원본동	65.4%	11억 1567만 원	35조 3229억 원	243건
송파구 잠실7동	68.7%	20억 1045억 원	37조 6108억 원	75건

조 원으로, 신도림동의 3배에 육박한다. 같은 구로구이지만 부동산 가격이 낮고 부동산 가격분산(부동산 불평등)이 큰 가리봉동의 투표율은 낮았다. 부동산 평균 가격이 6억대로 비슷한 구로구 신도림동과 강남구 역삼1동을 비교해 보자. 두 행정동의 부동산 평균 가격은 비슷하지만, 투표율은 구로구 신도림동이 65.9%로 강남구 역삼1동의 40.4%에 비해 25.5%가 높다. 두 행정동의 비교에서 주목할 점은 부동산 가격분산의 차이이다. 이는 부동산 가격분산의 차이가 투표 불평등의 원인이될 수 있음을 보여주는 결과이다.

부동산 불평등은 주거 이질성과 깊이 관련되어 있다. 예를 들어 아파트단지가 다수인 행정동과 아파트단지, 다가구주택의 원룸, 연립주택, 아파트가 혼합된 행정동의 경우, 두 동네 사이의 부동산 가격도 차이가 있지만, 부동산 사이의 이질성도 크다. 〈그림 8-2〉는 2018년 서울시장선거에서 투표율이 가장 낮았던 구로구 가리봉동과 투표율이 가장 높았던 송파구 잠실7동의 주거 형태를 구글지도에서 캡처한 사진이다. 가리봉동의 주거 형태는 다세대주택이 밀집한 모습이다. 잠실7동은 전형적인 아파트 단지로 구성된다.

그림 8-2 **구로구 가리봉동(왼쪽)과 송파구 잠실7동(오른쪽)의 주거 형태**

자료: https://www.google.com/intl/ko_ALL/permissions/geoguidelines/(검색일 2020년 5월 14일)

〈그림 8-3〉의 그래프는 두 동네의 주거 이질성을 표시한 것이다. 2015년 조사된 서울시 주택 종류별 통계에 따르면, 가리봉동은 다세대 주택이 902채, 다가구주택이 862채로 주택이 다수이고, 아파트는 114채이다. 가리봉동에는 이 외에 단독주택 108채, 연립주택 104채, 그리고 영업겸용주택이 105채, 비거주용주택이 48채로 주거 형태가 다양하다. 다가구주택은 3층 이하의 주택이면서 소유자가 한 명이되 각 호수별로 독립된 가족이 거주하는 형태이며, 다세대주택은 다가구주택과 유사하지만 구분소유가 가능한 경우이다. 이 외에 상가와 주택이 결합된 주상복합 주택도 있다. 가리봉동은 이렇게 주거 형태가 혼재되어 있으며, 주거환경이 상대적으로 열악하다. 반면에 잠실7동은 전체 주택 수가 3198채인데 모두 아파트이다.

2018년 1월 1일부터 12월 31일까지 거래된 주거용 부동산의 거래 가격을 비교해 보았다. 가리봉동은 아파트 거래 9건, 연립 및 다세대주택 거래 74건, 단독주택과 다가구주택 46건, 그리고 오피스텔 20건 등

그림 8-3 **가리봉동과 잠실7동의 주거 형태** 단위: 채

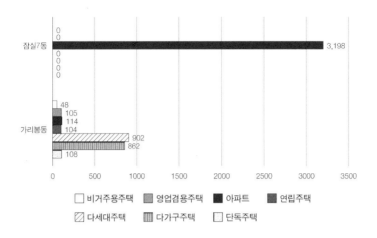

총 149건이 거래되었다. 최소 거래 가격은 8000만 원이었고, 최대 거래 가격은 23억 9000만 원이었다. 최댓값과 최솟값의 차이가 수십 배이다. 반면에 잠실7동은 75건의 아파트 거래가 이루어졌으며, 최소 거래 가격은 10억 9500만 원, 최대 거래 가격은 33억 원이었다. 최댓값과 최솟값의 차이가 3배이다. 〈그림 8-4〉는 가리봉동과 잠실7동의 2018년 주거용 부동산 거래 가격의 빈도표이다. 투표율이 낮은 가리봉동과 투표율이 높은 잠실7동을 비교하면 주택가격의 평균 차이와 주택가격 사이의 격차, 즉 주거 불평등의 차이가 확인된다.

부동산 가격 차이로 대표되는 주거 불평등이 투표율에 미치는 영향은 투표 참여의 가능성을 낮출 수 있다. 주거 불평등이 심하면, 사회연결망이 약해져 정치정보의 사회적 유통을 저해한다. 또한 투표 참여에 대한 사회적 의무 규범이 영향력을 발휘할 가능성이 줄어든다. 그 결

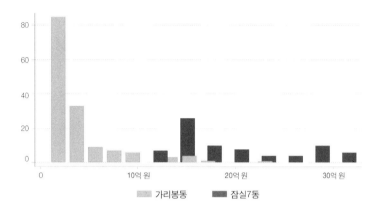

그림 8-4 **가리봉동과 잠실7동의 주거용 부동산 거래 가격 빈도표** 단위: %

가리봉동   잠실7동

과 투표율은 낮아진다. 반대로 주거 형태가 동질화된 행정동일수록 정치정보 획득비용이 절감되고 투표 참여라는 규범과 사회적 압력이 강력하게 작용해 투표율을 높일 것이라 예측할 수 있다.

6. 통계 분석에 나타난 주거 이질성의 효과

행정동별 투표율과 주거 이질성(부동산 가격분산) 사이의 관계를 파악하기 위해 산점도와 회귀선을 분석했다(〈그림 8-5〉 참조). 첫 번째 그래프는 행정동들의 부동산 가격분산의 상용로그 값(X축)과 투표율(Y축)을 산점도와 회귀선으로 표현한 것이다. 미약하지만 부동산 불평등이 커질수록 투표율이 낮아지는 관계가 나타난다.

두 번째 그래프는 부동산 가격이 높을수록 투표율이 높아진다는 것

그림 8-5 **투표율과 변수들 사이의 산점도와 회귀선**

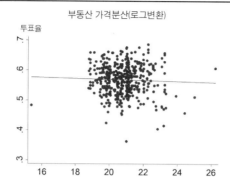

부동산 가격분산(로그변환)

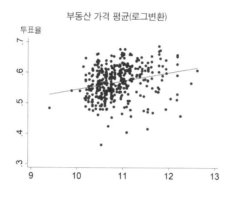

부동산 가격 평균(로그변환)

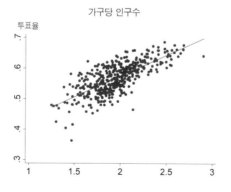

가구당 인구수

을 보여준다. 그리고 세 번째 그래프는 가구당 인구수가 많을수록 투표율이 높아진다는 것이다. 세 그래프 모두 행정동의 투표율과 각 변수 사이의 관계를 표현한 것이다.

다음으로는 투표율에 미치는 세 가지 변수, 즉 주거 이질성, 부동산 가격, 그리고 가구당 인구수를 함께 모델에 반영해, 상호 통제관계 속에서 나타나는 영향력을 분석하고자 한다. 〈그림 8-6〉은 부동산 가격 차이와 투표율 사이의 관계를 표시한 것이다.

〈그림 8-6〉에서 X축의 수치는 15에서 시작해 27로 증가하고 있다. 이는 행정동의 부동산 분산 수치가 증가하는 것을 의미한다. Y축은 행정동의 투표율이다. Y축의 아래의 값 .5는 투표율이 50%라는 의미이고, 위의 값 .65는 투표율이 65%라는 의미이다. 따라서 부동산 분산이 커질수록 행정동의 투표율은 낮아진다는 것을 알 수 있다.

그리고 부동산의 분산값과 투표율이 만나는 지점에는 점을 중심으로 상하 최소점과 최대점이 수직으로 표시되어 있다. 이것은 해당 분산값을 기준으로 투표율의 최솟값 및 최댓값을 보여준다. 예를 들어 부동산 분산이 15인 경우에 평균 투표율은 60%가 조금 넘지만, 최소 투표율은 58% 수준이며, 최대 투표율은 63%가 된다는 것이다. 〈그림 8-6〉은 이러한 최댓값과 최솟값을 고려한 경우에도, 평균적으로 부동산 분산이 커질수록 행정동의 투표율이 낮아진다는 것을 보여준다.

〈그림 8-6〉과 〈그림 8-5〉의 첫 번째 그림에는 차이점이 있다. 〈그림 8-6〉은 부동산 분산이 투표율과 맺는 관계를 계산할 때, 두 가지 다른 변수인 부동산 가격과 가구당 가구수를 통제한 것이다. 즉, 부동산 가격과 1인 가구수가 동일하다고 할 때, 부동산 분산이 커질수록 투표율

그림 8-6 **부동산 불평등과 투표율**

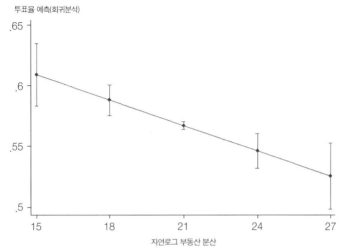

주: 95% 신뢰수준에서의 한계 변화.

이 낮아지는 정도를 나타낸 것이 〈그림 8-6〉이다. 〈그림 8-5〉의 첫 번째 그림은 다른 변수를 통제하지 않은 조건에서 부동산 분산과 투표율이 맺는 관계를 나타낸 것이다. 〈그림 8-6〉은 투표율에 미치는 두 가지 변수를 통제한 조건을 전제하기 때문에, 이 그림이 부동산 분산과 투표율의 관계를 더 명확히 보여준다고 할 수 있다.

이러한 해석은 행정동 간 비교를 통해 확인해 볼 수 있다. 논현동과 수서동은 같은 강남구에 속하면서도 투표율이 논현동은 44.3%, 수서동은 61.3%로 큰 차이가 난다. 이러한 차이의 원인으로 본 연구가 지목하는 것은 부동산 분산이다. 2018년에 거래된 주택 거래 가격을 기준으로 계산한 결과, 논현동의 부동산 가격분산은 118조 원이고, 수서동의 부동산 가격분산은 22조 원이다. 논현동의 부동산 가격분산이 큰 이유는 아파트 비율이 논현1동은 21.5%, 논현2동은 41.3%로 낮고 나머지는 단독주택, 다가구주택, 다세대주택, 연립주택 등으로 주거 형태가 이질적인 것과 연관 지어 볼 수 있다.[5] 이에 비해 수서동은 아파트 비율이 99.3%이며, 연립주택이나 다가구주택은 없고 단독주택과 다가구주택이 소수 존재해 주거 유형이 동질적이다.

우리가 예상할 수 있는 것은 아파트 거주민들의 선거일 당일 풍경이다. 아파트에 거주할 경우, 선거 당일에 관리사무소는 아파트 내 방송을 통해 선거안내 방송을 한다. 또한 아파트 단지 안의 주민은 엘리베이터 이용과 쓰레기 분리배출 등으로 이웃 주민과 접촉할 기회가 높고, 사회관계를 맺을 가능성이 크다. "투표하셨나요?"와 같은 인사말이 오갈 수도 있다. 반면에 단독주택, 다가구주택 등이 복합적으로 구성된 행정동에서는 선거참여 안내방송을 하는 주체가 없을 가능성이 높다. 또한 주거 형태의 차이로 주택 입출입구가 분리되어 있어서 이웃 주민과 접촉할 가능성도 상대적으로 낮다. 이러한 주거 이질성이 투표 참여를 견인하는 사회적 접촉의 가능성을 줄인 것으로 예상할 수 있다. 요약하자면, 서울시 지역에서 주거 이질성은 투표 참여를 낮추는 구조적 요인이다.

〈그림 8-7〉은 행정동의 부동산 평균 가격과 투표율 사이의 관계를 표시한 것이다. 부동산 평균 가격은 행정동에서 2018년 한 해 동안 거래된 주거형 부동산의 평균 가격이다. X축은 부동산 평균 가격이 9에

---

5   서울시 행정동별 주택 종류는 서울열린데이터광장에서 제공하는 2015년 '서울시 주택종류별 주택(동별) 통계' 자료를 근거로 했다.

그림 8-7 **부동산 가격과 투표율**

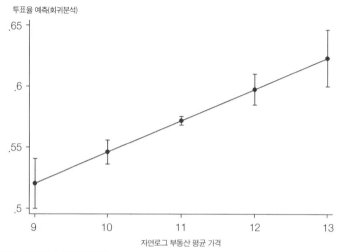

주: 95% 신뢰수준에서의 한계 변화.

서 시작해 13으로 점차 증가하는 것을 나타낸다. 부동산 가격이 높아
질수록 Y축의 투표율은 높아진다. 부동산 평균 가격이 9인 지점에서
는 투표율이 약 52%이다. 부동산 평균 가격이 10으로 증가하면 투표율
은 55%로 증가한다. 그리고 부동산 평균 가격이 13으로 높아지면 투표
율은 63%로 증가한다.

〈표 8-3〉은 서울시의 행정동 중 부동산 거래 가격이 낮은 5개 행정
동의 투표율을 나타낸 것이다. 중구 광희동과 장충동, 그리고 성동구
의 사근동과 강북구의 우이동은 투표율이 48.3~54%로 낮다. 부동산
가격이 낮은 행정동의 투표율이 평균적으로 낮다는 것을 보여준다. 그
런데 구로구 수궁동은 부동산 가격이 이 5개 행정동과 비슷한데, 투표
율은 61.9%로 약 10%가 높다. 그 차이의 원인은 가구당 인구수의 차이

표 8-3 **부동산 거래 가격과 투표율**

자치구	행정동	부동산 가격(억 원)	투표율	가구당 인구수(명)
중구	광희동	9.4	48.3%	1.7
중구	장충동	9.9	54.0%	1.8
성동구	사근동	10.1	54.0%	1.7
구로구	수궁동	10.1	61.9%	2.6
강북구	우이동	10.2	51.5%	2.3

에서 찾을 수 있다. 구로구 수궁동의 가구당 인구수는 2.6명으로 다른 동에 비해 높다. 이것은 평균적으로 부동산 가격이 낮을수록 투표율이 낮지만, 다른 요인, 즉 가구당 인구수가 높으면 투표율은 높아질 수 있음을 보여준다.

〈그림 8-8〉은 가구당 평균 인구수와 투표율 사이의 관계를 나타낸 것이다. 행정동의 인구와 가구수를 기준으로 계산한 것이다. X축은 가구당 평균 인구수를 나타낸다. 행정동의 평균 가구당 인구수가 1명에서 시작해 3명으로 증가하는 것을 표시한 것이다. 가구당 인구수가 1명인 경우에 투표율은 45% 수준이다. 2명으로 증가하면 투표율은 57%로 높아진다. 그리고 3명이 되면 투표율은 70%가 된다. 이는 행정동의 가구당 평균 인구수가 1명 증가할수록 행정동의 투표율이 10% 이상 증가한다는 것을 의미한다. 가구당 인구수가 투표율에 미치는 영향이 매우 크다는 사실을 보여준다. 423개 행정동 중에서 가구당 인구수가 가장 적은 행정동은 관악구 신림동으로, 1.24명이고, 투표율은 42.0%이다. 반대로 강남구 대치1동은 가구당 평균 인구수가 2.9명으로 가장 높고, 투표율은 64.1%이다. 대치1동의 경우 가족 연결망이 증가해 가족들 사

그림 8-8 **가구당 인구수와 투표율**

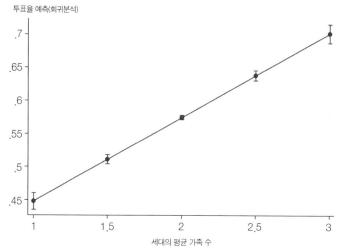

이의 투표 참여 효과가 작용했을 것이라 해석할 수 있다.

행정동의 가구당 평균 인구수가 적다는 것은 한 가족의 인원이 적은 것을 의미하지만, 동시에 1명만으로 구성된 1인 가구가 많다는 것을 의미하기도 한다. 관악구 신림동의 경우 가구당 평균 인구수는 1.24명이었는데, 이것은 신림동의 1인 가구수가 많다는 것을 의미한다. 2018년 6월 말 기준으로 신림동의 가구수는 1만 5563가구인데, 1인 가구수는 1만 2308가구로 1인 가구 비율이 79.1%이다. 당시 신림동의 인구수는 2만 852명인데, 1인 가구가 1만 2308가구이므로, 전체 인구의 59%가 1인 가구로 산다는 것이다.

1인 가구들은 모두 노인일까? 그것은 아니다. 동일한 시점에 신림동의 65세 이상 인구는 1817명이었다. 이들이 모두 1인 가구로 살아가지는 않을 것이다. 신림동의 1인 가구 1만 2308명에서 65세 노인인구 1817명을 제외하면, 1만 491가구가 남는다. 산술적으로 1인 가구의 다수는 65세 이하가 된다. 따라서 신림동의 1인 가구는 독거노인만 있는 것이 아니라 전 연령에 걸쳐 존재하는 것으로, 즉 독거청년과 독거중년도 다수 존재하는 것으로 예상할 수 있다.

문제는 이러한 가족 구성의 변화, 즉 독거노인, 독거중년, 독거청년의 존재가 투표율 감소와 연계된다는 점이다. 1인 가구 비율이 80%에 육박하는 신림동의 투표율은 48%이다. 여기에 주거 이질성 효과가 결합된다. 신림동의 아파트 비율은 26.4%에 불과하다. 3521채의 신림동의 주택 중에서 아파트는 931채, 다세대주택은 1355채, 다가구주택은 547채, 단독주택은 318채, 비거주용 건물 내 주택은 185채, 영업겸용 주택은 171채, 연립주택은 14채로 다양하다. 신림동의 투표율이 낮은 것은 이러한 주거 이질성이 사회적 접촉의 가능성을 낮춘 결과라고 볼 수 있다.

관악구 신림동과 비교하면, 같은 관악구의 난향동은 상황이 다르다. 난향동의 아파트 비율은 관악구에서 가장 높은 80%이다. 1인 가구 비율은 28.1%로 신림동과 비교해 50% 낮다. 가구당 평균 인구는 2.58명이다. 1인 가구 비율이 낮고 주거 동질성이 높은 난향동의 투표율은 관악구에서 가장 높은 59.8%이다.

요약하자면, 서울시 행정동 사이에는 체계적이고 구조적인 차이가 확인되었다. 주거 이질성이 높고 1인 가구 비율이 높으며 부동산 가격이 낮은 행정동은 그렇지 않은 행정동에 비해 투표율이 낮았다. 주거 불평등이 구조화되어 정치 불평등으로 고착되고 있거나, 주거환경의 차이가 사회적·정치적인 분리와 차별로 고착되고 있는 것은 아닌지 의심해 볼 수 있다.

7. 투표 참여의 확대와 민주주의의 전진

투표에 유권자 100%가 참여하는 상황과 유권자 60%만 참여하는 상황은 어떤 의미를 지닐까? 이것을 "범위의 정치"로 이해한 사람이 샤츠슈나이더이다. 미국 정치를 불평등 관점에서 다룬 샤츠슈나이더 (2008)는 정치 문제를 결정하는 대상을 소수에서 시민 전체로 확대시 킨 것이 보통선거권이며, 이러한 참여 범위의 확대가 특정 계급이나 엘리트의 정치 독점을 예방할 수 있다고 보았다. 그는 정치에서 참여의 '범위'가 중요하다고 강조했다. 샤츠슈나이더는 소수의 엘리트는 정치의 범위를 줄이려는 정치의 사사화(privatization)를 선호하고, 다수 지배를 주장하는 민주주의자는 정치의 범위를 확대하려는 정치의 사회화(socialization)를 선호한다고 분석했다.

우리나라에서도 정치 엘리트들은 정치의 범위를 확대하려 않았다. 정치를 미워하고 부정하는 반정치 문화를 키웠고, 그 결과 정치적 냉소주의가 한국 사회에 적지 않게 퍼져 있다. 유권자들이 투표기권을 한다면 축소된 정치 범위 속에서 누가 이득을 볼 것인가? 소위 정치계급이라고 불리는 정치 엘리트일 것이다. 1960년대 미국에서 흑인 인권 운동이 벌어진 시점을 기준으로 이전의 두 번의 대통령 선거에서는 공화당의 아이젠하워가 당선되었고(1952년과 1956년), 이후의 두 번의 대통령 선거에서는 민주당의 케네디 대통령(1960년)과 린든 존슨 대통령(1964년)이 당선되었다. 케네디 대통령과 린든 존슨 대통령 모두 미국 남부 흑인의 인권과 참정권을 보장한 것으로 유명하다. 민주당은 미국에서 흑인의 교육, 취업, 그리고 정치적 차별을 해소하는 정책을 추진했다. 당시 흑인 인권운동과 민주당의 정책이 결합하면서 '인권법(civil rights act)'이 제정 및 개정되어 남부 흑인의 투표 참여가 가능해졌으며, 미국은 새로운 정치의 시대를 맞이했다.

물론 정치 참여의 확대는 새로운 과제를 만든다. 확대된 참여자들이 어떻게 권력을 공유할 것인가에 대한 과제이다. 정치의 범위를 축소함으로써 소수의 엘리트가 정치를 독점할 것인가, 아니면 정치의 범위를 확대하되 그 과제들을 구성원들이 함께 해결할 것인가 하는 것은 그 시대 시민들의 선택에 달려 있다.

천상의 하모니는 다양한 소리가 조화되는 것을 의미한다. 이와는 달리 세상에서 울리는 정치적 합창은 불협화음이라는 비유가 있다. 슐로즈먼(Schlozman)과 그의 동료들은 2012년 『세속의 합창(unheavenly chorus)』이라는 책을 발간했다. 이 책은 '불평등한 정치적 약속과 깨어진 미국 민주주의의 약속(Unequal Political Promise and the Broken Promise of American Democracy)'이라는 부제를 달고 있다. 미국의 헌법은 유권자 모두를 위한, 유권자 모두에 의한, 유권자 모두의 정치를 지향하지만, 현실에서 투표율이 높은 계층은 백인이자 사회경제적으로 상층에 속하는 유권자들이다. 특정 계층에서는 다수가 투표에 참여하고 다른 계층에서는 소수만 투표에 참여한다면 투표의 결과는 다수가 참여한 계층에 유리할 것이다. 경제적 상층이 투표에 많이 참여하고 경제적 하층이 투표에 불참한다면 그 나라의 예산과 정책은 경제적 상층을 위한 정책에 지출될 것이다.

8. 민주주의: 분리주의에서 다원주의로

이 장은 서울의 사례를 통해 주거 불평등이 투표 참여의 불평등과 밀접한 관계를 갖고 있음을 다루었다. 빌거(빌라에 사는 거지), 엘사(LH에 사는 사람), 휴거(휴먼시아 임대아파트에 거주하는 사람)라 불리며 혐오의 대상이 되는 유권자들은 투표 참여율이 낮았다. 소위 원룸으로 명명되는 다가구주택과 다세대주택이 많은 동네일수록, 1인 가구가 많은 동네일수록, 부동산 가격이 낮은 동네일수록 투표율이 낮았다. 그리고 그 차이는 평균 59.9%를 기준으로 최솟값 40%와 최댓값 70%에 육박해 30%의 격차가 확인되었다. 혐오 발언은 사회를 파편화시킬 뿐만 아니라 주류가 비주류를 압박하는 수단이기도 하다. 유명 상표 아파트에 사는 초등학교 자녀들이 교실 안에서 주류가 되고, 임대아파트와 빌라에 사는 자녀들은 비주류가 되는 중심에는 혐오가 있다. 혐오는 차이를 불평등으로 만들 뿐만 아니라 정치적 권력 관계로도 발전한다.

이 장은 우리 사회에 존재하는 부동산 차이가 정치적 불평등으로 전환할 수 있음을 보여주었다는 데 의미가 있다. 2018년 서울시장 선거의 결과는 주거 불평등이 주류에 의한 지배를 구조화하고 있음을 보여준다. 특히 분석 결과, 주거 불평등 수준이 심할수록 투표율이 낮았다. 아파트와 빌라, 원룸이 혼재된 행정동의 투표율은 아파트의 비율이

90%인 행정동의 투표율보다 낮았다. 이는 주거 이질성이 사람들을 분리시켜 정치 참여의 이웃효과가 작동하지 못하게 막은 것으로 해석할 수 있다. 이웃효과는 사회연결망효과라고 부를 수 있는데, 투표하러 가는 가족, 친구, 친지를 따라 나도 투표를 하는 효과를 의미한다. 주거 환경이 이질적인 동네에 사는 주민들은 이웃과 소통할 기회가 적어 공적인 일에 협력할 가능성이 줄어들며, 투표할 가능성도 줄어든다는 것이다.

우리는 본능적으로 차이를 회피하고 자신과 비슷한 사람을 선호한다. 이것을 표현하는 말이 같은 무리끼리 어울린다는 고사성어 '유유상종(類類相從)'이다. 영어에도 '같은 깃털의 새들이 함께 모인다(Birds of a feather flock together)'라는 말이 있다. 비슷한 사람들이 모인 곳에서 이웃효과가 더 많이 작동한다. 그리고 이것은 본능일 것이다. 그런데 사회와 정치는 본능을 극복해야 한다. 그래야 공존할 수 있기 때문이다. 우리는 차이를 회피하거나 그 차이를 불평등과 혐오로 만들기보다는 차이를 넘어 공존하려는 사회적·정치적 노력을 더 기울여야 할 것이다.

참고문헌

김항기·권혁용. 2017. 「부동산과 복지국가: 자산, 부채 그리고 복지태도」. ≪한국정치학회
      보≫ 51(1): 261~285.
샤츠슈나이더, E. E.(E. E. Schattschneider). 2008. 『절반의 인민주권』. 현재호·박수형 옮김.
      서울: 후마니타스.
이재철. 2018. 「제19대 대통령 선거에서 유권자의 투표참여 당일투표와 사전투표의 결정요인
      비교분석」. ≪정치정보연구≫ 21(1): 187~214.
정준표. 2008. 「사회경제적 지위와 투표: 제18대 총선과 제17대 총선의 비교」. ≪현대정치연
      구≫ 1(2): 37~74.
≪한겨레≫. 2020.3.17. "일반아파트 옆 과소학교 vs 임대아파트 옆 과소학교".

Berelson, Bernard R., Paul F. Lazarsfeld and William N. McPhee. 1954. *Voting: A Study of
      Opinion Formation in a Presidential Campaign*. Chicago: The University of
      Chicago Press.
Campbell, Angus, Philip E. Converse, Warren E. Miller and Donald E. Stokes. 1965. *The
      American Voter*. New York·London·Sydney: John Wiley & Sons, Inc.
Cox, Gray W., Rrances M. Posenbluth and Michael F. Thies. 1998. "Mobilization, Social
      Networks, and Turnout: Evidence from Japan." *World Politics* 50(3): 447~474.
Lazarsfeld, Paul, Bernard Berelson and Hazel Gaudet. 1944. *The People's Choice: How
      the Voter Makes Up His Mind in Presidential Campaign*. New York: Columbia
      University Press.
Riker, William H. and Peter C. Ordeshook. 1968. "A Theory of the Calculus of Voting."
      The American Political Science Review 62(1): 25~42.
Rolfe, Meredith. 2012. *Voter Turnout: A Social Theory of Political Participation*.
      Cambridge: Cambridge University Press.
Rosenstone, Steven J., John Mark Hansen. 2003. *Mobilization, Participation, and
      Democracy in America*. New York: Longman.
Schlozman, Kay Lehman, Sidney Verba and Henry E. Brady. 2012. *The Unheavenly
      Chorus: Unequal Political Promise and the Broken Promise of American
      Democracy*. New Jersey: Princeton University Press.
Sinclair, Besty. 2012. *The Social Citizen: Peer Networks and Political Behavior*. Chicago
      and London: The University of Chicago Press.

지은이(수록순)

조화순 현재 연세대학교 정치외교학과 교수로 재직 중이며 데이터 중심의 정책과 연구를 지향하는 디지털사회과학센터의 소장이다. 미국 노스웨스턴대학교에서 정치학 박사학위를 받았고, 정보사회진흥원 책임연구원, 하버드대학교 방문교수를 역임했다. *Building Telecom Markets*,『디지털 거버넌스: 국가, 시장, 사회의 미래』,『집단지성의 정치경제: 네트워크 사회를 움직이는 힘』,『소셜네트워크와 정치변동』,『빅데이터로 보는 한국정치트렌드』,『사회과학자가 보는 4차 산업혁명』 등의 저서와 다수의 논문을 출판했다.

임정재 국민대학교 사회학과에서 학사학위를, 연세대학교 사회학과에서 석·박사학위를 받았으며, 연세대학교 디지털사회과학센터 전임연구원을 거쳐 현재 연세대학교 사회학과 BK21 교육연구단의 연구교수로 재직 중이다. 주요 관심 분야는 온라인 미디어, 사회조사, 보건사회학 등이며,《한국사회학》,《조사연구》,《보건과 사회과학》 등에 논문을 게재했다.

강신재 단국대학교 경영학과에서 학사학위를, 정치외교학과에서 석사학위를 받았으며, 현재 연세대학교 대학원 정치학과에서 박사를 수료했다. 관심 연구 분야는 의회정치, 정치행태, 종교와 정치, 성소수자 이슈이며, 이와 관련된 연구 논문을《한국정당학회보》,《국제정치논총》,《의정연구》,《의정논총》 등의 학술지에 게재해 왔다.

연지영 경희대학교 정치외교학과를 졸업하고 동 대학원 언론정보학과에서 석사학위를 받았다.《한국정치학회보》에 논문을 게재했다. 주요 관심 분야는 정치심리학, 정치 커뮤니케이션으로, 최근에는 유튜브나 온라인 커뮤니티 등에서 나타나는 정치적 양극화 현상에 관심을 두고 있다.

이훈 현재 경희대학교 미디어학과 교수로 재직 중이다. 미국 스탠퍼드대학교 정치학에서 석사학위를, 미시건대학교 통계학에서 석사학위를, 미시건대학교 커뮤니케이션 미디어학과에서 박사학위를 취득했으며, 미시건대학교 한국학연구소 방문교수를 역임했다. 정치 커뮤니케이션을 전공했으며 소셜 미디어를 통해 이념적 양극화를 해소하는 방안에 관심을 갖고 있다. 저서로는『현대사회와 미디어』(공저) 등이 있으며 다수의 논문을《한국정치학회보》, *Communication Research*, *Journal of Broadcasting and Electronic Media*, *Mass Communication and Society*, *Computers in Human Behavior*, *Cyberpsychology, Behavior, and Social Networking*, *Telematics and Informatics* 등의 학술지에 게재해 왔다.

이선형 연세대학교 사회학과에서 박사학위를 받았고, 데이터과학자로 일하고 있다. 한국교육개발원 위촉연구원과 디지털사회과학센터 연구교수를 거쳐 퍼포먼스바이TBWA 데이터팀 팀장으로 일했으며, 현재는 회사의 자문을 맡고 있다. 주로 통계분석, 패널데이터분석, 데이터마이닝 연구를 하며, 사업 분야에서 로그(log) 또는 트래픽 데이터(traffic data)를 활용하거나 머신 러닝(machine learning)을 위한 피처 엔지니어링(feature engineering)과 알고리즘 고도화 작업을 수행한다.

오주현 연세대학교 사회학과에서 박사학위를 받았으며, 현재 연세대학교 바른ICT연구소에서 연구교수로 재직 중이다. 주요 관심 분야는 사회자본, 정보격차, 디지털 리터러시, 스마트폰 과의존이다. 학자로서, 자녀로서, 부모로서 디지털 기술이 가져올 수 있는 부작용을 최소화하고 모두가 디지털 혜택을 누릴 수 있는 삶을 기대하면서 연구하고 있다. 저서로는 『비대면 시대, 바른ICT로 온택트 하기』(공저) 등이 있으며, 다수의 연구 논문을 ≪사이버커뮤니케이션학보≫, ≪정보통신정책연구≫, ≪육아정책연구≫, ≪Information Systems Review≫, *Information Development*, *Asian Journal of Information and Communications* 등의 학술지에 게재해 왔다.

권은낭 연세대학교 사회학과 박사과정에 재학 중이다. 관심 분야는 온라인 커뮤니케이션, 소셜 미디어, 집합행동이다. 주로 온라인 공간에서 발생하는 다양한 유형의 커뮤니케이션을 분석하기 위해 텍스트 분석을 활용하고 있으며, 이를 통해 합리적 토론을 형성하는 조건을 탐색하고 있다.

강정한 서울대학교 수학과에서 학사학위를, 사회학과에서 석사학위를, 시카고대학교 사회학과에서 박사학위를 받았으며, 코넬대학교 연구원을 거쳐 2008년부터 연세대학교 사회학과 교수로 재직 중이다. 경제조직과 수리사회학을 전공했으며, 데이터 경제의 바람직한 발전에 기여할 수 있는 학계와 시민사회의 역할에 관심이 많다. 저서로는 『카카오톡은 어떻게 공동체가 되었는가』(공저) 등이 있으며, 다수의 연구 논문을 ≪한국사회학≫, *Journal of Mathematical Sociology*, *Cyberpsychology, Behavior, and Social Networking*, *Sociological Methods and Research*, *Administrative Science Quarterly* 등의 학술지에 게재해 왔다.

김기동 한국외국어대학교 정치외교학과에서 학사 및 석사학위를 취득하고 현재 미국 미주리대학교 정치학 박사과정에 있으며, 동 대학교 한국학연구소(Institute for Korean Studies) 연구원으로 있다. 비교정치적 관점에서 정치행태, 정치심리, 정치경제에 대해 주로 연구하며, 최근에는 국가 자긍심 등 내셔널리즘(nationalism)의 맥락이 국가와 개인 수준에서 어떤 정치적·경제적 영향을 미치는지에 대해 관심이 많다. 다수의 연구 논문을 ≪한국정치학회보≫, ≪한국정당학회보≫, ≪한국사회학≫, *Asian Perspective*, *Korea Observer*, *Issues and Studies* 등의 학술지에 게재해 왔다.

이재묵 연세대학교 정치외교학과에서 학사학위를, 정치학과에서 석사학위를, 미국 아이오와대학교 정치학과에서 박사학위를 받았으며, 공군사관학교 전임강사, 연세대학교 국가관리연구원, 동서문제연구원 등을 거쳐 2015년부터 한국외국어대학교 정치외교학과 교수로 재직 중이다. 미국 정치와 방법론 등을 전공했으며, 주요 연구 분야는 투표행태, 여론, 그리고 디지털 사회와 민주주의 등이다. 주요 저서로는『미국정치와 동아시아 외교정책』(공저), 『다문화 사회 찾아가는 시민학교』(공저) 등이 있으며, 다수의 연구 논문을 ≪한국정치학회보≫, ≪한국정당학회보≫, ≪한국사회학≫, *Social Indicators Research*, *Korea Observer*, *Issues and Studies*, *PS: Political Science and Politics* 등의 학술지에 게재해 왔다.

김범수 연세대학교 정치외교학과에서 학사·석사·박사학위를 받았으며, IT정치연구회 소속으로 전자 민주주의를 주제로 하여 온라인을 통한 시민참여 방안과 대의제의 변화를 연구하고 있다. 현재 연세대학교 디지털사회과학센터 전임연구원으로 근무하고 있으며, 가짜/진짜 뉴스 판별 온라인 조사와 게임을 개발 중이다. 연구 논문으로는 「네트워크 사회의 변동 요인과 포스트 대의제의 등장」, 「온라인 기반 시민참여 정치의 탐색적 연구」, 「인터넷 시대의 사회운동과 정치변동: 다중운동 이론의 적용」이 있으며, 저서로는『한국 정당의 미래를 말하다』(공저)가 있다.

한울아카데미 2288

네트워크와 혐오사회

ⓒ 조화순, 2021

엮은이 ǀ 조화순
펴낸이 ǀ 김종수
펴낸곳 ǀ 한울엠플러스(주)
편집 ǀ 신순남

초판 1쇄 인쇄 ǀ 2021년 2월 15일
초판 1쇄 발행 ǀ 2021년 3월 5일

주소 ǀ 10881 경기도 파주시 광인사길 153 한울시소빌딩 3층
전화 ǀ 031-955-0655
팩스 ǀ 031-955-0656
홈페이지 ǀ www.hanulmplus.kr
등록번호 ǀ 제406-2015-000143호

Printed in Korea.
ISBN 978-89-460-7288-6 93300(양장)
　　　978-89-460-8038-6 93300(무선)

※ 책값은 겉표지에 표시되어 있습니다.
※ 이 책은 강의를 위한 학생판 교재를 따로 준비했습니다.
강의 교재로 사용하실 때에는 본사로 연락해주십시오.